教育部人文社科青年基金项目（16YJC820022）资助成果

我国食品安全责任保险制度的重构

Reconstruction of Food Safety Liability Insurance System in China

卢玮／著

法律出版社 | LAW PRESS
北京

图书在版编目(CIP)数据

我国食品安全责任保险制度的重构 / 卢玮著. -- 北京:法律出版社,2023
ISBN 978-7-5197-8073-9

Ⅰ. ①我… Ⅱ. ①卢… Ⅲ. ①食品安全-法律责任-责任保险-保险制度-研究-中国 Ⅳ. ①D922.164 ②D922.284.4

中国国家版本馆 CIP 数据核字(2023)第125349号

我国食品安全责任保险制度的重构
WOGUO SHIPIN ANQUAN ZEREN BAOXIAN ZHIDU DE CHONGGOU

卢 玮 著

策划编辑 张 颖
责任编辑 张 颖
装帧设计 臧晓飞

出版发行 法律出版社
编辑统筹 法律应用出版分社
责任校对 裴 黎
责任印制 刘晓伟
经　　销 新华书店

开本 710毫米×1000毫米 1/16
印张 18.25　**字数** 309千
版本 2023年11月第1版
印次 2023年11月第1次印刷
印刷 北京新生代彩印制版有限公司

地址:北京市丰台区莲花池西里7号(100073)
网址:www.lawpress.com.cn
投稿邮箱:info@lawpress.com.cn
举报盗版邮箱:jbwq@lawpress.com.cn

销售电话:010-83938349
客服电话:010-83938350
咨询电话:010-63939796

书号:ISBN 978-7-5197-8073-9　**定价**:92.00元
凡购买本社图书,如有印装错误,我社负责退换。电话:010-83938349

作者简介

卢玮　女，法学博士，上海政法学院副教授，硕士生导师，美国威廉玛丽学院访问学者，全国外国法制史研究会理事，上海市法学会消费者权益保护法研究会理事。主要从事经济法学、公司法学教学以及经济法学、食品安全法学研究。对食品安全责任保险领域形成了系统性研究框架和成果，已出版相关主题专著1部，在《法学》《华东政法大学学报》《山东社会科学》等期刊发表相关论文数篇，主持教育部项目、中央财政项目、上海市司法局项目3项，参与国家重大、重点项目2项。本书为2016年教育部人文社科青年基金项目“食品安全责任保险立法模式的比较与选择”（项目编号：16YJC820022）的最终成果。

自　序

虎嗅网曾经制作了一个专题片，名字叫《大数据胃》，笔者觉得和本书主题非常契合。它的角度和观点都很新颖，突破了对于食品安全即“from farm to table”的传统认知。《大数据胃》从食品和科技关系的角度，提出了一个新观点——食品科技的发展正在加速制造本来不存在的食物需求。从市场和消费者需求的角度来看，这个逻辑突破了传统食品市场的科技参与的范式。传统范式其核心是以食品为中心，对已有的食品从科技角度去保障其安全性。这个范式下我们新近的话题是修改基因食品的法律伦理性问题。现在，在数字经济环境下，已经不再是食品引发食品科技，而是食品科技直接获得了造物权。简单来说就是：现在食品和科技的关系不再是你想吃什么，科技就尽可能满足你的需求；而是如果你对食物想象力不够，科技会想象和创造新的食物给你。例如人造肉——这两年非常热的概念，据说，一小块人造肉可以生产出上亿个汉堡。从市场的角度来看，这实质上是制造出新的食物消费需求，以需求推动市场，进而扩大食品市场。如果这个市场打开，可以在资源、环境、动物保护等很多方面产生积极影响。这就是数字经济给我们传达的东西：科技将成为食品的主导。科技创造食品消费和市场，并且通过互联网算法推介等来推动食品产业转型，塑造新的食品消费场景和习惯。这些必然会在法律适用和监管领域引起新的变化。

那么，面对数字经济和“大数据胃”时代的新挑战，《食品安全法》应该如何构建体系和逻辑来保障食品从农场到餐桌各阶段各方面的安全呢？我国的法律制度显然正在往这个方向努力，但是距离老百姓对食品安全的诉求满足还有很大的距离。我们国家 2009 年出台了《食品安全法》，2015 年经历重大修订，2018 年首次修正，2019 年国家出台了相关指导意见，2021 年又进行了修正。《食品安全法》产生了一些非常有特点的制度，如食品召回制度、食品惩罚性赔偿制度以及食品安全责任保险制度等。笔者也注意到，相比十几年前，在网络信息日益发达的现在，我们国家大面积爆发食品安全引发的公共卫生事件在逐渐减少。这些都反映出食品安全法律制度体系正在逐步产生功效。但是，《食品安全法》仍然有一些适用上的“瓶颈”。一些非常有特色的制度并没有获得充分的实施。例如，《食品安全法》中“国家鼓励食品生产经营企业参加食品安全责任保险”条款，实质上就是鼓励食品安全监管的社会共治，即将食品安全的政府单一监管模式转变为政府主导第三方市场主体重点参与的模式。这无论是对食品安全还是保险制度，都是一个内涵扩充。但是，司法实践中这一条款的适用并不乐观，诉讼率低，保险市场的投保率也很低，可以说食品安全责任保险制度并没有充分实现国家和市场对它的期待。一部法律一个条款制定出来，如果在司法实践中无法获得真正的适用，这个条款是不是本身有问题？或者是市场需求没有达到，或者是条款本身不具体，或者是有其他替代或者竞争性保险规则？基于以上疑虑、思考和兴趣，笔者尝试通过对食品安全责任保险制度进行一次系统梳理和思考，希望能够为我国食品安全法律体系的完善及深入研究提供一个视角和参考。

目录

绪　论

党的十九大提出“实施食品安全战略，让人民吃得放心”[1]，从国家战略高度部署强调食品安全责任。《食品安全法》确立了“国家鼓励食品生产经营企业参加食品安全责任保险”。[2]该条款目的在于鼓励食品安全监管的社会共治，将食品安全由政府单一监管模式转变为政府主导第三方市场主体参与的模式。无论是对食品安全还是保险制度，这一条款都实现了法律规范内涵上的延伸。食品安全立法中确立责任保险制度有利于分散食品市场经营与消费风险，从根本上有效解决我国食品安全高发问题，责任保险制度也将成为我国社会参与治理社会问题的重要制度。2015年《食品安全法》明确了“国家鼓励食品生产经营企业参加食品安全责任保险”，从而在立法上首次将责任保险制度吸收进入食品安全监管体系，确立了食品安全责任保险制度在我国食品安全保护领域的地位。

一、研究意义

在此背景下研究食品安全责任保险这一命题具有

---

〔1〕 中共中央宣传部编：《习近平新时代中国特色社会主义思想学习纲要》，学习出版社、人民出版社2019年版，第161页。

〔2〕 参见《食品安全法》第43条。

如下理论和实践意义：

第一，立足我国食品安全责任保险的实践及问题，借鉴美国、欧盟、日本、我国台湾地区等国家和地区的食品安全责任保险经验，为本土食品安全责任保险制度路径的构建与完善提供制度建议。目前，各国和地区专门针对食品安全责任的保险不多，更多的是将食品安全责任保险纳入产品责任保险之中。例如，美国的食品安全责任保险作为商业保险制度的一项特别内容，由各州州产品责任法律进行分别规定，联邦统一法律并不对此进行要求。美国商务部曾在1979年提出了《统一产品责任法》，同时通过判例确立了严格责任原则，并于1965年编入《侵权行为法重述》第二编。美国各州法律规定虽然有一定差别，但都在执行严格责任原则。欧盟的食品安全责任保险制度也是产品责任保险制度中的特别规定。欧盟的食品安全法的主要法律渊源是1985年通过的对缺陷产品责任的指令，只在欧洲国家实行严格的产品责任，在此之前，各成员没有针对产品责任的特别法律；但德国除外，德国1976年出台的《药品安全法》实行了严格责任。日本法院主要依据《日本民法典》第709条关于侵权法中疏忽责任的规定来处理产品责任案件；但是《日本民法典》自1898年以来并未修改过，日本法院没有机会应用新的理论如严格责任理论来处理产品责任案件。我国台湾地区“食品卫生管理法”确立了食品安全强制责任保险，并对强制保险的范围、承保条件、风险类型、实施阶段等做了细致规定。美国、欧盟、日本、我国台湾地区等国家和地区关于食品安全责任保险的规定，对于我国目前的食品安全责任保险体系的构建从理论运用、制度架构、路径改革等方面提供了借鉴。第二，从责任保险的角度比较研究食品安全问题，可以促进比较法学、法律史学、保险法学对于经济法学、行政法学等食品安全问题以传统学科研究为主的理论运用，同时也能够拓宽比较法学、法律史学和保险法学的研究思路。

二、研究目标

食品安全责任的风险管理虽已成为社会各界高度关注的问题，但以责任保险作为研究方向的较少。我们将对食品安全责任保险法律制度进行较为系统的研究，重点对美国、欧盟、日本、我国台湾地区等国家和地区的食品安全责任保险制度进行系统全面的总结与比较，并从保险市场、法律环境、本土资源等方面对上述国家和地区食品安全责任保险制度与我国食品安全责任保险制度进行综合比较，论证我国相关制度构建的可行性。我们的课题在进行制度设计时，充分考虑了食品安全责任保险制度相关主体的利益平衡，所提出的制度构想容易为各利益相关方所接受，力求具有较大的可行性。食品安全责任保险法律体系的设计，将以《食品安全法》和《商业保险法》为基础，主要以保险法律体系的适用与规范化为目标，厘清食品安全责任保险与大规模侵权责任的关系，并归纳整理出我国食品安全责任保险法在保险目标、保险利益、范围等方面的特殊性，为提高食品安全责任保险立法的针对性和效益性提出建议。

本书研究的难点概括如下：（1）如何对普遍存在于产品责任制度领域的美国、德国、日本等国家和地区的食品安全责任保险制度进行分类。在此基础上，进而对欧盟的“食品责任保险作为政府福利保障的补充”立法模式、美国的“责任保险与惩罚性赔偿的互补”立法模式、日本的“政府监管控制风险为主、食品安全责任保险为辅”立法模式等进行比较，并运用经济法、商法、税法理论对食品安全责任保险制度的本土化问题进行系统论证，证明其本土适用的合理性，以及对我国构建食品安全责任保险制度的借鉴意义进行总结与归纳。（2）如何设计我国的食品安全责任保险制度。目前对于食品安全责任保险制度的研究并不充分。现有文献中笼统介绍得居多，深入探讨得很少，对于如何实施责任保险，并没有统一的模式和标准。食品安全责任保险制度在国际上主要有强制责任保险与非强制责任保险。前者是以国家立法强制某一范围的食品生产者或销售者参加责任保险，并将其作为相关市场准入标准。后者则与之相反，不由国家法律强制实施，而将是否购买该险种的选择权交由食品生产者决定，但是很多国家会采取鼓励机制。是否强制实施食品安全责任保险反映了各国立法价值取向和具体要求的不同。如何根据我国国情制定符合自身发展要求的食品安全责任保险制度是本课题必须解决的难题。

笔者通过以下思路开展研究：(1) 合作调研，采集分析数据，力求对国内外食品安全责任保险现状进行整体把握。通过与上海市一些食品安全问题研究机构如上海市食品药品监督管理局、上海市法学会、上海市平安保险企业等合作，对我国食品安全责任保险数据采集、相关企业保险参保率等现状进行系统调研，力求对该市场的现状有一个整体了解与把握。(2) 从促进发展与规范引导并重的思路出发，认真梳理已有的国内外食品安全责任保险制度构建、实施的规范性文件，对重点案例进行分析，寻找其相似性与特征性，并对其进行社会、经济、法制等多维层次的分析论证。(3) 完善我国食品安全责任保险体系，对食品安全风险分散机制进行立法跟进，构建安全的食品市场与消费环境。

笔者采用的研究方法包括：(1) 比较研究方法。其一，进行纵向比较，即以历史的角度考察国内外食品安全责任保险制度构建及其社会环境、改革历程，探索制度形成背景，评价改革效果。其二，立足本土食品安全责任保险制度的横向比较，即以美国、欧盟以及日本等国家和地区的相同或者类似问题及其解决路径为参考寻找可借鉴之处。(2) 规范分析方法：对食品安全责任保险规制进行规范分析，以形成可操作的制度性建议。(3) 文献梳理方法：对国内外食品安全责任保险领域的现有法律法规与文献进行系统整理分析，结合国际相关制度的最新发展趋势，找出本土体系构建存在的不足，并努力给出完善的方向。(4) 经验分析方法：对我国及美国、欧盟、日本等国家和地区的食品安全责任保险典型案例及资料数据进行经验实证分析，以考察食品安全责任保险机制的具体效果。

研究的创新之处在于：(1) 在研究视角上，我们避免对该命题的泛泛而谈或者资料堆砌，而是从具体问题入手，以食品安全责任保险的本土化构建为研究目标，对食品安全责任保险制度的内涵和具体规制开展系统的比较法研究。(2) 在研究论据上，本书除收集美国、欧盟、日本、我国台湾地区等国家和地区的相关数据和案例资料作为论据外，更是立足于本土现实问题，以我国食品安全责任保险数据和案例资料作为论据。

三、研究综述

保险理论有一个基础性共识——商业保险公司参与监管有利于风险的防范和控制。责任保险作为商业财产保险的组成部分，对于环境责任、食品安全、车辆保险等容易爆发大规模侵权事件、引发公共安全事件的解决具有重要的意义。在此共识之上，理论界对食品安全责任保险展开研究。

（一）食品安全责任保险的社会功能

纵观国际保险理论在过去几十年的发展不难发现其中最为重要的理论，也是一个理论共识——保险制度通过私营保险公司的参与监管有利于社会风险的防范和控制。卡罗尔·海默、肯尼斯·亚伯拉罕、汤姆·贝克、彼德·斯哥曼、奥米里·本·沙哈尔和凯尔·洛格等人都描述了保险公司监管被保险人风险行为的能力。卡罗尔·海默提出“保险（insurance）越多，确保（ensure）越少”，亦即从通过保险实现私人监管的成本和收益对比分析的角度提出要敢于承担保险，改变企业对于保险和责任文化的认识，并且详细阐述了一些特定的行为（如家庭购买保险、租车行为等）如何确定自己的保险需求；卡罗尔·海默还从管理保险合同中的道德风险的角度阐述了保险合同对于保险需求的满足，包括承保的范围和保费的确定，能够促进安全改进技术。[1]肯尼斯·亚伯拉罕认为，保险的功能类似于政府，是通过影响保单持有人的行为来保护他们免遭不幸，他使用“替代监管”一词来描述保险公司的职责——为侵权行为和环境风险提供责任保险[2]。奥米里·本·沙哈尔和凯尔·洛格则提出，“保险公司通常比政府机构能更有效地规范风险和改善公共安全”；他们认为私人保险公司参与安全监管的行为往往超过政府的监管，包括范围和力度[3]。将上述学者的阐述概括起来就会发现，将

---

〔1〕 Carol A. Heimer, *Insuring More, Ensuring Less: The Costs and Benefits of Private Regulation Through Insurance*, 28 in Embracing Risk: The Changing Culture of Insurance and Responsibility 116 (2002).

〔2〕 Kenneth S. Abraham, *Four Conceptions of Insurance*, 161 U. Pa. L. Rev. 653 (2013).

〔3〕 See Ben - Shahar & Logue, supra note 17, at 201.

保险视作私人参与安全监管的基础理论相对简单及容易使人理解与接受。这种理论的逻辑是保险公司通过各种降低风险的技术，包括旨在为被保险人提供财务激励以降低风险的合同条款，尽量减少公司自身的损失。随着这种有意识的相关联的私人风险降低的累积，最终将会实现社会风险总体降低的效应，进而促进社会福利的累积与发展。这种通过降低个人风险促进社会福利的想法，是激励政府、社会以及个人以责任保险来改善食品安全的原因。所以，如果保险公司可以使用责任保险合同的条款来促使食品生产商、供应商降低传播食源性病原体的风险，那么整个社会将从全面减少食源性疾病中受益。这就首先解决了食品安全责任保险的必要性问题。但是接下来的问题更重要，就是我们如何设计食品安全责任保险合同，如何用它来降低食品安全风险。

（二）食品安全责任保险模式的比较与选择

中国、美国及其他国家都针对食品安全制定了广泛的监管制度，但是几乎所有的国家依然持续存在食品安全的问题。这种状况给我们提出了一个思考：对于食品安全，我们还能做些什么呢？随着我们不断思考这个问题的可能性解决方案，我们采取了这样一种推论性调查：市场的私人参与主体能不能提升食品的安全？许多人认为这个答案是肯定的，即市场系统里的私人参与主体能够促进食品安全，其中一个市场体系——食品责任保险体系就被普遍认为是一个非常有效的方法。有的学者建议将食品安全责任保险作为一项企业强制性义务，即强制食品企业购买食品安全责任保险，由专业保险公司管理食品安全的保险产品风险，让责任保险成为食品企业成立的一个必需的营业“执照”和必须接受的监管方式之一，以补充甚至取代政府监管食品安全。[1]政府也逐渐开始探索这一保险制度的利弊。2015 年，中国通过了修改的《食品安全法》，从中可以看出政府正在推动食品安全责任保险的市场覆盖，希望私营保险公司能够作为第三方参与到食品企业监督中，来补充政府的食品安全监管系统。[2]同样地，在美国，食品安全问题也促使越来越多的零售食品

---

〔1〕 See Omri Ben - Shahar & Kyle D. Logue, *Outsourcing Regulation*: *How Insurance Reduce Moral Hazard*, 111 Michigan Law Review 197 (2012).

〔2〕 XuWei, *Liability Insurance Proposed for Food Industries*, China Daily, (Jul. 3, 2014).

购买者和机构食品供应商（如学校和医院）要求其小农食品供应商提供食品安全责任保险，还有一些特种农作物的购买者也要求其供应商提供食品安全责任保险,[1]作为回应，《食品安全现代化法》（FSMA）给予小农场主一些相应的免税支持。[2]甚至国会也认识到食品安全责任保险作为一个食品安全监督者所具有的优点，在其通过的 2014 年农业法案中，国会要求农业部（USDA）开展针对一些特定的农作物进行食品安全保险的可行性研究,[3]即要求他们通过研究来确定，从确保食品安全和防止污染问题的角度给一些特定的农作物覆盖食品安全保险的政策是否有利于农业生产。

毫无疑问，即使在国际上食品安全责任保险也是处于市场化食品安全战略研究的前沿。所以，从这个角度来看，我们国家的食品安全责任保险制度跟上了国际食品安全发展的脚步。当然，这种紧跟前沿有利有弊。有利的是，食品安全责任保险制度对于食品经济和市场的提升与保护有利于我们国家的食品市场更快更好地融入国际环境，同时，其他国家一些好的制度设计也能及时为我们所用，大大提高这一制度对整个食品安全问题解决的效率。而弊端主要在于，走在研究前沿不可避免会遇到一些囿于市场现状的问题，这些问题一方面需要市场消化、接受以及不断调整，另一方面食品安全面前没有小事，制度效果的不确定性会投射到食品安全领域，每一次食品安全事件的发生都是推进这一问题解决的动力，而对于个人和社会来说却又是一个社会隐忧，甚至是公共安全的威胁。所以，正是基于此，我们要小心谨慎，多方调研，在合理比较论证的基础上渐进推进。

（三）食品安全责任保险的辅助监管职责

国际理论界的研究重点在于责任保险制度是否能够有效监管食品安

---

〔1〕 See Kathryn A. Boys et al., *The Food Safety Modernization Act*: *Implications for U. S. Small Scale Farms*, 41 Am. J. L. & Med. 395 (2015); See Kathryn, *A Boys*, *Food Product Liability Insurance*: *Implications for the Marketing of Specialty Crops*, Choices Mag., 4th Q. (2013).

〔2〕 See Boys et al., *The Food Safety Modernization Act*, supra note 20, at 397, 400.

〔3〕 See Agricultural Adjustment Act of 2014, Pub. L. No. 113 – 79, § 11022, 128 Stat. 649 (2014).

全。对此持肯定观点的学者居多，普遍认为食品安全责任保险能够有效降低市场风险，胜任政府监管的“代理人”职责。[1]从监管功能本质来看，政府和保险公司具有类同性，都是通过影响人的行为来保护其免受损失，保险公司参与食品安全监管的行为范围和力度甚至可能超过政府监管。从保险与侵权责任关系来看，责任保险的运作方式就是通过保险介入食品企业，使其免受或者减少食品安全问题带来的侵权赔偿。尽管购买商业保险从表面看似乎会增加企业成本，但实质上却是通过资源的优化实现成本的降低。[2]此外，从成本和收益对比、保险合同管理、监管方法等角度来分析，责任保险能够通过完善保险合同保护和满足投保人的保险利益，降低可能造成的道德风险。[3]此外，也有学者对责任保险防范食品安全风险的有效性持质疑观点。其中，最具代表性的是认为“责任保险导致道德风险”，即安全本是食品生产和经营的原动力，责任保险却将这种内在的控制食品安全风险的警惕性转变为食品企业“保险所涵盖的交易成本”。[4]

（四）食品安全责任保险的效应与局限

国内学者更多是以当前我国食品安全问题为导向，对食品安全责任保险如何迅速、有效解决问题展开分析。以 2015 年为分界点，国内食品安全责任保险制度研究大致分为两个阶段：（1）2015 年之前，研究重心为制度构建之必要性及其模式选择。学者们普遍认为责任保险制度是食品安全问题解决的重要突破，而主要争议点在于是否应实行“强制性”食品安全责任保险。持肯定观点的学者从立法模式比较的角度分析，认为强制性能够促进责任保险制度的有效实施。（2）2015 年之后，国内多家保险公司推出食品安全责任保险产品，食品安全责任保险制度在我国逐步推进。理论界对此过程中出现的新问题开始跟进研究，关注

---

〔1〕 Kenneth S. Abraham, *Four Conceptions of Insurance*, 161 U. Pa. L. Rev. 653（2013）.

〔2〕 Steven Shavell, *Minimum Asset Requirements and Compulsory Liability Insurance as Solutions to the Judgment – Proof Problem*, 36 Rand J. Econ, p. 63（2005）.

〔3〕 Tom Baker & Thomas O. Farrish, *Liability Insurance and the Regulation of Firearms*, in Suing the Gun Industry, p. 292（2005）.

〔4〕 Timothy D. Lytton & Lesley K. McAllister, *Oversight in Private Food Safety Auditing: Addressing Auditor Conflict of Interest*, Wis. L. Rev. 289（2014）.

重心在于如何构建以及发挥食品安全责任保险制度的作用。代表性观点认为，关键在于理顺食品安全制度与责任保险制度的关系，寻找适合责任保险的制度供给。[1]

关于食品责任保险降低食品安全风险的有效性，一些学者对此质疑。他们的质疑实质上是将这一概念进行狭义缩小理解的结果。例如，巴兹·弗伦格和拉斯科表示，责任保险扭曲了生产食品的动力——食品的安全，将这种生产安全食品的动力由控制食源性疾病引起的风险警惕性转变为食品企业的日常业务费用，他们依靠传统道德质疑反驳食品责任保险的这种观点（在许多经济学文献中，保险被视为与风险降低相对立。实际上，信息经济学的基石之一，被许多人视为公理的一个理论就是风险道德问题，即投保风险的一方有减少风险的次优动机）。他们认为，责任保险的运作方式主要是通过隔离那些种植、制造或分销食品的公司，使其免受食源性疾病造成的全面财务影响（使公司的溢价因索赔而增加），但是这样会导致食品安全投资不足的结果。[2]立顿和麦卡利斯特也对责任保险有效监管食品安全的能力表示怀疑。他们认为不同食品对食品安全危害的影响以及追踪食源性疾病的难度是保险公司准确评估食品安全风险的重大障碍。他们还提出，不准确的定价加上保险公司的积极营销会导致道德风险问题，即食品供应商只会将食源性疾病视为“保险所涵盖的交易成本”。[3]

综上所述，食品安全责任保险的理论基础是将保险视作商业主体参与食品安全监管。这种理论的逻辑是，保险公司通过各种规则降低风险，而随着这种有意识的相关的个体风险降低的累积，最终会产生整体风险降低的效应。这是激励政府、社会以及个体以责任保险来保障食品安全的动机。如果责任保险合同条款能促使食品生产商、供应商降低食品安全风险，那么整个社会都将从中受益。

---

〔1〕 肖锋：《我国食品安全制度与责任保险制度的冲突及协调》，载《法学》2017 年第 8 期。

〔2〕 See Jean C. Buzby & Paul D. Frenzen, *Food Safety and Product Liability*, 24 Food Pol'y 637 (1999).

〔3〕 Timothy D. Lytton & Lesley K. McAllister, *Oversight in Private Food Safety Auditing: Addressing Auditor Conflict of Interest*, 2014 Wls. L. Rev. 289 (2014).

第一章 食品安全责任保险制度的提出

新常态下我国经济运行面临的突出矛盾和问题其根源在于市场供给侧的重大结构性失衡。[1]"十四五"规划和2035年远景目标纲要提出要深化供给侧结构性改革，党的十九届五中全会也强调坚持以供给侧结构性改革为主线，将"提升供给体系适配性"确定为第一大任务。[2]2022年3月25日，中共中央、国务院发布了《关于加快建设全国统一大市场的意见》，明确提出"加快建立全国统一的市场制度规则""促进商品要素资源在更大范围内畅通流动"。在此背景下重新审视食品安全战略，构建食品安全责任保险规则的具体适用体系，对于增进民生福祉这一根本发展目的的实现具有重要意义。

---

〔1〕 参见中共中央宣传部编：《习近平新时代中国特色社会主义思想学习问答》，学习出版社、人民出版社2021年版，第246页。

〔2〕 参见郭丁源：《以供给侧结构性改革积极扩大内需》，载中国国家发展和改革委员会网，https://www.ndrc.gov.cn/wsdwhfz/202203/t20220307_1318212.html?code=&state=123。

第一节　食品安全法与食品安全责任保险

食品安全是党的十九届四中全会确定的新时期我国重点领域的立法内容，而食品安全责任保险立法又是其中重要的一环。通过对食品安全责任保险与作为政府福利保障的补充、责任保险制度与惩罚性赔偿的配合、政府监管职责与企业团体保险制度的结合、食品安全责任保险的强制立法等四类制度模式进行分析，提出构建我国食品安全责任保险制度须明确三个基本问题：立法应平衡市场和消费安全之价值取向、制度构建应以法律体系的协调为基础、结合本土资源与国际经验设计相关制度。

一、食品安全与食品安全法

20 世纪 90 年代，美国世界观察研究所所长莱斯特·布朗（Leicester Brown）发表的《谁来养活中国》[1]一文，对当时的中国产生深远的影响。为了向世界证明中国人能够养活自己，当时各种工业化农业的增产技术手段在中国被迅速采纳使用。这些手段对解决 13 亿人的温饱问题客观上起到了积极作用，但是，此后的中国农业也因此犯了“布朗综合征”，即过分重视数量的提升，带来农业土地与食品质量及安全问题。为了解决这一问题，政府也从不同角度与层面着手进行了广泛与深入的思考，并采取了一些制度措施。

我国第一部食品安全法律于 2009 年 2 月 28 日由全国人大常委会表决通过，于 2009 年 6 月 1 日起正式施行，同年公布了《食品安全法实施条例》。该法内容涉及食品安全主要问题之七个方面的法制：政府监管主体与职责、食品安全风险评估体系、食品安全国家标准、经营者社会责任、食品添加剂、事故处理机制、惩罚性赔偿制度等，基本上涵盖了当今中国与国际食品安全领域的重要内容。自食品安全法及其相关监

---

〔1〕 Leicester Brown, *Who Will Feed China*, 9 World Watch 10 (1994).

管体系建立运行以来，我国食品安全问题得到了一定程度的缓解。在2009年颁布的《食品安全法》中，已经糅入部分伦理约束机制，这一点值得肯定。例如，立法明确以“保证食品安全”“保障公众身体健康和生命安全”为宗旨，并对食品安全进行定义，明确其概念与内涵。立法内容包括了风险检测与评估、食品安全标准、生产经营者与行业的诚信建设、食品安全检验程序与要求、不安全食品的召回、消费者监督、食品安全信息公开、食品企业对食品安全的管理与教育以及法律责任体系的建立等。

2010年2月，国务院设立食品安全委员会统筹指导食品安全工作，设立国务院食品安全办作为食品安全委员会的办事机构，加强对全国食品安全工作的综合协调和督查指导。各省市成立由政府牵头的食品安全委员会等议事协调机构。有关部门系统开展了法规清理和配套规章、规范性文件制修订工作，并组建了食品安全国家标准审评委员会，制定了食品安全标准审查制度，初步建立了食品安全标准体系。

2012年，国务院办公厅颁布了《国家食品安全监管体系“十二五”规划》，对于我国食品安全监管现状进行了总结。根据这份规划可知，我国的食品安全监管工作在以下几个方面重点开展工作：整合食品安全国家标准[1]；开展打击食品非法添加和滥用食品添加剂、“瘦肉精”、“地沟油”违法犯罪等专项工作和乳制品、食用油、肉类、酒类、保健食品等重点品种综合治理；建立国家食品安全风险监测制度，由1个国家级、31个省级、288个地市级监测技术机构组成的食品污染物和有害因素监测网，1个国家级、31个省级、226个地市级和50个县级监测技术机构组成的食源性致病菌监测网，对食品中农药残留等方面的154项指标开展监测；建立食物中毒、食源性疾病监测报告系统；建立国家农产品质量安全例行监测制度，监测范围覆盖31个省（自治区、直辖市）的144个主要大中城市；建立国家食品安全和农产品质量安全风险评估制度，成立国家食品安全风险评估专家委员会和农产品质量安全风险评

---

〔1〕 2012年6月11日，卫生部等8部门以卫监督发〔2012〕40号印发《食品安全国家标准“十二五”规划》，未来将以此规划为指导，对国家、行业、地区三类食品安全标准进行清理与整合。

估专家委员会；中央财政安排55.1亿元专门用于支持农业、质检、粮食、食品药品监管系统的食品安全检验机构建设；研究制定《食品工业企业诚信体系建设工作指导意见》及实施方案，发布了《食品工业企业诚信管理体系建立及实施通用要求》和《食品工业企业诚信评价准则》；开展“餐饮服务食品安全百千万示范工程”；实施食品经营主体信用分级监管；建立产品质量信用记录发布平台，发布了《信用基本术语》《企业质量信用等级划分通则》等9项国家标准。[1]

二、食品安全法的适用与问题

从以上内容可以看出国家对于食品安全问题的重视是前所未有的。然而，以上这些制度与治理措施从目前实施情况来看，仍然无法从根本上杜绝食品安全问题。正如我们所知，虽然中国的食品安全法律制度框架已经基本搭建并已经实施，但是当前中国社会中仍然存在大量食品安全问题。例如，转基因食品（GMF）生产的安全性与合法性、如何加强对各类食品添加剂的监管、保护特殊人群（主要是特殊疾病患者、婴幼儿）食品的专门性法律规范、食品加工的安全性监管、农业生产的科学水平和农业污染的治理等。

当然，出现这些食品安全问题的原因是多方面的，主要有当前中国经济发展水平的制约、社会认知与理念的落后、系统性制度设计与保障的缺失以及理论研究为实务提供支持的水平欠缺等。

（一）食品安全的社会群体性认知不足

以食品安全中的农业污染为例，食品安全的源头在于农业生产中出现的农业污染问题，而对于农业污染问题，长期以来整个中国社会都处于一种忽视或者认识不足的状态。前面提到过，早在20世纪90年代，美国人莱斯特·布朗就已经看出我国经济发展可能出现的问题，而这一问题的根源就在于我国农业生产中一直存在过分重视数量的传统。长期以来，中国从政府到百姓都有生存危机意识，即如何用全世界7%的耕

[1] 参见《国家食品安全监管体系“十二五”规划》，国务院办公厅2012年第36号文件。

地养活22%的人口。为了实现这个目标，我们用掉了世界上35%的化肥和20%的农药。[1]全国每年的化肥使用量为4637万吨，按播种面积计算达每平方千米40吨，远远超过22.50吨，而这是发达国家为防止化肥对土壤和水体造成危害而设置的安全上限。[2]相关统计显示，1981年至2008年，中国粮食年产量从3.25亿吨增长至5.29亿吨，氮肥消费量从1118万吨增加至3292万吨。[3]由于对农业科学技术的认识欠缺，中国农民长期对所耕种的土地营养需求情况缺乏了解，常常都是靠单纯追施化肥获取产量，这严重导致了我国土壤过量施肥。这些过量使用的化肥作物是造成农业污染的源头，也成为我国食品安全问题的重要根源。[4]

（二）食品安全法律保护欠缺系统性

如前所述，长期以来我们对于农业生产都以追求产量为目标，这种以数量为导向的农业产品认识必然会延伸至其他食品领域，尤其是工业食品加工方面。这种长期存在的主流社会认知使我国的食品安全意识普遍较低，直到近十几年，随着食品安全公共事件的逐渐曝光，其才进入社会公众视野；但整个社会认知处于较低水平，这其中也包括我们的监管意识与法律保护意识。如前文所述，直到2009年，我国才有了一部统一全国适用的食品安全法律，但这部统一适用的《食品安全法》及其条例实施的效果并不好，其原因是多方面的。

首先，执法主体的权益与职责不对称。从2009年这部食品安全法律中我们可以看出，食品安全的监管部门包括工商、税务、卫生、农业、环境等。这些执法主体在食品安全这一共同利益目标之下仍然存在各自不同的客观利益，他们彼此之间的权益往往会发生冲突；而协调这些部门利益之间的矛盾，将他们的目标统一，就需要以一种制度对其

〔1〕参见郑风田：《中国农业的“布朗综合征”》，载《社会科学报》2013年4月25日，第2版。

〔2〕参见胡笑红：《食品安全源头污染未引起足够警觉》，载《中国食品报》2012年11月28日，第3版。

〔3〕参见宛福生：《全球视野下的“粮食安全”问题》，载《行政与法》2011年第3期。

〔4〕参见郑风田：《中国农业的“布朗综合征”》，载《社会科学报》2013年4月25日，第2版。

“部分利益”进行制约，使个体利益服从于食品安全的“整体利益”，这是制度设计中的一个难点。在具体执法中，由于执法主体的条块状分割，监管主体众多，且分工不明确，从食品原材料加工、食品工业化生产到食品销售各环节进行不同监管权限的切割，使食品安全监管呈现执法主体众多、执法权力不明、执法权责失衡等现象。此外，食品安全涉及众多食品加工企业，而企业作为地方政府税收的重要来源，往往会出现地方政府囿于地方税收利益，对一些违法企业进行包庇的行为，这也使中央政策在具体实施中出现延误或者曲解执行的问题。

其次，部门法之间的协调性不够。就部门立法状况而言，各部门法之间对于食品安全问题的统一认识与保护进度并不相同。我们知道，食品安全法律是一部社会性法律，这在本书第一章就作出界定。〔1〕之所以将食品安全法律置于社会性法之中，一个重要的标准是其具有社会公共利益性的目标特征。当然，就其法律性质的相关性而言，食品安全法律与行政法、经济法、刑法、民商法都有分不开的联系，尤其是前两者，很多学者将食品安全法理解为经济法与行政法的领域。这种分类也具有其合理性，将食品安全法归为经济法，其实质是更为看重食品安全法在整个社会经济生活中的重要性，经济利益与食品安全在此并重。将食品安全法理解为行政法的，则更为强调国家行政机关对于食品安全的作用，这有利于国家食品监管政策的实施，但是弊端在于消费利益群体的参与会随之弱化。除此之外，食品安全的刑法保护也是一项重要的措施，没有刑法规制的食品安全利益是无法真正实现的。〔2〕我国刑法将涉及食品安全的犯罪，主要在刑法分则第三章“破坏社会主义市场经济秩序罪”中进行规制。可见，我国刑法是将食品安全犯罪列为经济犯罪的一类进行规制。2011 年通过的《刑法修正案（八）》对食品犯罪立法又做了进一步修改，总体立法趋势是通过加大惩处力度来限制此类犯罪。但是，与美国、德国和法国等国家相比，我国食品安全的刑事立法还存

---

〔1〕 参见本书第一章第三节“食品安全责任保险的概念与特征”。

〔2〕 肖元：《对食品安全刑法保护的思考》，载《西南民族大学学报（人文社科版）》2006 年第 2 期。

在定罪条款过于原则、犯罪概念过于窄小、处罚不够严厉等问题。[1]

（三）理论研究对于食品监管的贡献有限

此外，从理论研究的角度来看，目前国内多数研究仍然针对制度与问题的显性关系进行，即从社会问题找制度问题，研究层次有待于深入制度之后的社会与伦理价值层面。也就是说，面对已有的法律制度框架和“久治不除”的食品安全问题，我们需要进一步深入思考这对矛盾的深层次原因：到底是什么问题在制约法律发挥作用的能力。因为社会制度的根源是制约制度本身的重要力量，食品安全又绕不开人的本性、道德品质、经济成本等，这些是构成食品安全问题的深层次原因。单纯研究制度很容易陷入片面化、表面化与应急化的尴尬境遇。此外，就制度本身而言，国外尤其是欧美国家的监管制度经得起时间考验，显示出明显的优势。我们必须研究制度背后的本土适应性，否则，即使立法形成了成熟的监管体系，在实际司法与执法层面仍然会有很多问题，不能起到很好的保障作用，这样的法律制度自然无法有效执行，更不要说成为良善之法。因此，研究借鉴国外法律制度关键还是要立足中国法制土壤，食品安全法律制度也应如此。

三、食品安全的监管伦理

食品安全问题本质上是社会问题。这是本书思考的一个起点，即社会问题本质上也是这个社会伦理价值体系的问题。下面笔者将主要从伦理约束机制的欠善性角度来分析思考中国食品安全问题，力求探析其法理原因。

（一）政府监管中行政伦理的缺失

政府监管职权涵盖了“从农场到餐桌”，从食品生产到加工经营再到市场消费。对食品企业市场准入的行政审查与许可、对食品安全标准的风险评估与指定、对企业食品安全的检查检验、对不安全食品的召回监督等，都是我国现行法律中已有的对政府监管职责的规定。但是，其

---

〔1〕 孙平：《食品安全刑法保护问题研究——以法国相关立法为视角》，载《刑法论丛》2013 年第 3 期。

中不难看出政府监管职权分工不清、监管力度不够等问题。

首先，法律规定的政府监管存在权责不清，条状和块状职权的分工过细，协调性机制缺失的问题。例如，2009 年《食品安全法》第 4 条规定设立食品安全委员会。根据立法宗旨，这个委员会应该统领全国食品安全管理，但是在整个法律体系中并没有规定这个委员会的职责，而其职责却被分散给各部门。而这些部门之间又缺乏统一管理，分段管理缺陷凸显。根据相关法律的规定，农业农村部负责食用农产品生产环节；卫生部（现为国家卫生健康委员会，后文不再赘述）负责综合协调、标准制定；质检总局（现为国家市场监督管理总局，后文不再赘述）监督生产环节；工商部门（现为国家市场监督管理总局，后文不再赘述）负责食品流通环节；食品药品监管局（现为国家市场监督管理总局，后文不再赘述）负责餐饮部分。

各部门的职权与立法都侧重于各自管理范围，对于衔接地方缺乏明确规定与协作机制。这种部门立法和环节立法使法律缺乏有效衔接，存在盲点与交叉，[1]导致部门之间对于盲点的推诿以及对于交叉问题的职责重复，政府权力与责任的不对称问题也由此产生。例如，对于企业的行政许可由工商部门审批，而工商部门又不主要负责许可之后企业所有环节的检查检验，企业送审许可的材料与许可之后运营的关系也不大。这就为企业规避法律进行商业贿赂、工商部门利用职权谋利提供了机会，这也是食品安全问题不断出现的重要原因。

其次，相对权力而言，监管责任普遍较低。2009 年《食品安全法》第九章为法律责任的规定，从第 84 ~ 98 条总共 15 条，其中明确规定监管责任的只有第 95 条；包括监管责任的条款有第 93 条和第 98 条，其中第 93 条主要是针对食品检验机构，第 98 条是针对违反本法规定，构成犯罪的（应包括食品安全职务性犯罪），依法追究刑事责任。可见，法律中对监管责任规定的条款不到 1/5，这显然与政府监管在食品安全管理中的权力与作用不符。

再次，《食品安全法》中关于政府监管责任问题存在“主体不全、主观归责”的问题。从 2009 年《食品安全法》第 95 条可见，政府监管

---

〔1〕 徐景和：《完善我国食品安全法律体系》，载《中国法律》2006 年第 1 期。

法律责任的承担主体只是县级以上地方人民政府以及其直接负责的主管人员、其他直接责任人员，这也跟分段监管参与的各监管主体有很大出入，而且对于这部分责任主体的归责原则具有主观性。该条款明确规定，地方人民政府承担法律责任的前提是“本行政区域出现重大食品安全事故、造成严重社会影响”，而法律中并未就何为“重大食品安全事故、严重社会影响”作出明确界定，可见该规定具有主观的自由裁量性。

最后，食品安全国家标准体系需要进一步规范化。食品安全国家标准属于强制性国家标准，是保护公众身体健康、保障食品安全的重要措施，是实现食品安全科学管理、强化各环节监管的重要基础，也是规范食品生产经营、促进食品行业健康发展的技术保障。2009 年《食品安全法》施行前，我国有食品安全国家标准共计 2000 余项，此外，相关行业标准有 2900 余项，地方标准有 1200 余项，这些标准主要围绕食品、食品添加剂和食品相关产品制定。但是存在的问题也比较明显，主要有标准间既有交叉重复又有脱节，标准间的衔接协调程度不高的问题，甚至出现部分配套检测方法、食品包装材料等重要标准或重要指标缺失，不能满足食品安全监管需求的问题。

（二）企业伦理机制缺失

从 2009 年《食品安全法》的立法内容中可见其立法理念，即将食品企业视为食品安全的第一责任人。整部法律对于企业生产从市场进入生产管理以及法律责任都有明确规定。但是，《食品安全法》作为一部社会性法，从维护社会公共安全利益的角度出发，将以扩大生产追逐经济利益为主的市场“经济人”作为社会责任的第一责任主体显然有违社会法的宗旨，也不利于社会整体利益目标的实现。而且第一责任人不等于唯一责任人，对此问题的错误理解直接导致了这部《食品安全法》法律责任部分的偏颇。当食品安全问题出现时应立即对相关企业进行追责的同时也必须及时问责监管机构。

我国目前食品生产经营企业社会责任感的缺失是出现食品企业滥用食品添加剂、防腐剂，生产假冒伪劣甚至有毒食品等安全问题的主要原因。但是这种责任感的缺失，除了是企业自身自律性问题，如对食品安全不够重视、缺乏员工素质培训等，更主要问题在于企业商业伦理约束机制的不完善。食品企业普遍存在这种责任的缺失，并非个例，这就要从体制方面进行反思。

2009年《食品安全法》对于商业伦理约束机制的内容主要涉及以下内容：（1）建立企业诚信档案，并对被吊销许可证的企业规定直接负责的主管人员5年内不得从事食品生产经营管理工作（第92条）；（2）在广告中对食品质量进行虚假宣传，欺骗消费者的，按照规定对其予以处罚（第94条）；（3）生产不符合食品安全标准的食品或销售明知是不符合食品安全标准的食品，消费者可以向生产者或销售者要求支付价款10倍的赔偿金（第96条）；（4）企业应建立健全食品安全管理制度和从业人员健康管理制度，加强对职工食品安全知识的培训（第32条、第34条）。

这里存在两个问题：一是立法对于树立企业社会责任的自觉意识作用未显。[1]法律只对企业的社会责任作出泛化规定，并没有体现制度保障，社会责任或者商业伦理仍然是以企业自律的方式进行。二是对于企业的约束机制以惩罚性为主，基本没有奖励性机制。也就是说，对于食品安全做得好的企业没有给予任何激励性管理，如在税收、星级服务评级等方面给予优惠优先。法律中对于企业的生产经营普遍是责成性规定，鲜有的激励性规定也只是政府鼓励企业的形式，并不见实质意义上的激励措施。另外，对于企业的责任也是以经济责任为主，没有加入企业或个人诚信评价机制。

（三）消费者参与机制落后

消费者利益保护是食品安全法律的重要立法宗旨和原则，这在《食品安全法》中也有所体现：建立和完善了惩罚性赔偿制度，实行首负责任制，即接到赔偿请求的生产经营者有义务对消费者进行先行赔付，消费者在一些法律情形下，可以要求10倍价款或者3倍损失的损失赔偿。此外，作为社会共治原则的具体规范，《食品安全法》规定了消费者对违法企业和监管行为享有有奖举报权利，并有权利要求食品安全监管信息公开。

---

〔1〕 杨岚：《食品安全与现代企业的社会责任》，载《现代商业》2011年第15期。

以上立法的规定对于消费者参与食品安全监管、食品消费权利等有重要的意义。但是，我们也要看到，这与实质意义上的公众或者消费者参与机制还有很大的距离，尤其是消费者团体权在《食品安全法》中并没有体现，也没有建立一个明确的食品消费者团体机构。而美国、德国等国家都建立了公民咨询委员会，鼓励公众参与食品安全管理，构建了全社会食品安全的伦理对话与决策平台，加强了食品安全的伦理治理。可见，消费者参与食品安全管理是一个动态的机制保护问题，而不仅仅停留在消费者独立维权或者监督建议的层面。此外，2015 年《食品安全法》增加了“风险治理、社会共治”等现代食品安全治理的理念和原则,[1]并相应地增设了一些制度，这是对食品安全所遵循的“风险治理”这一基本原则的具体架构。

四、食品安全的社会共治

（一）构建蕴含伦理价值的食品安全法理理论体系

如前所述，法律对于食品安全伦理的重视及运用的效率性是食品法本身法律目标及其效果实现的重要依据与基本保障。综观我国食品法律制度体系，在政府监管、企业社会责任、惩罚性赔偿责任、消费者权益保护领域，食品安全伦理理论的价值体现与实践运用效果已经有了较为初步的与概括性的规范。但是，在法律的具体施行方面，缺乏更为详细的可执行的标准或者方法。这是当前我国食品安全问题频出而且得不到根本治理的一个重要原因。作为经济法、社会法的一部分，食品法的法律规范内容除必须具有法理依据外，更应该重视社会伦理价值的融合。

因此，曾经同样处于社会经济转型时期的美国就为我们提供了一个很好的范本，当然，我们也要充分考虑不同国家的法律文化土壤的差别，要正视两者时代与本土文化理念的差异。我们知道，19 世纪末 20 世纪初是社会学发展的黄金时期，一些社会学经典著作在那个时期呈喷薄发展的状态，这为处于上升发展时期的社会改革提供了全面、丰富的

---

〔1〕 参见徐景和:《科学把握食品安全法修订中的若干关系》，载《法学家》2013 年第 6 期。

理论支撑，使其社会立法具有强有力的精神元素。而我们现在尚缺少这样一份能够反映、表达各阶层公共利益的理论作为引导，食品法律领域也存在这个状况。因此，寻找一种先进的理论，并将其与我们的食品立法进行融合，真正建立一个体现我国社会发展实际特点的食品监管法律体系是我们当前食品立法和监管的一个重点与难点。这个重点和难点又是不可逾越与忽视的问题，因为只有如此，我们的食品法律才能真正成为“活的法律”，成为能够为我们提供生命健康安全保障的公共利益法。食品法律伦理学也许是我们能够实现这一目标的一种途径，在这一理论体系下，构建以“公平、善良”为目标的食品安全规则体系，实现消费安全、企业效益与政府公平等现代经济法律伦理理念；只有这样，我们的食品法制才能“真实而且有温度”，才是一部真正的“活着”的法律。

（二）构建食品安全法律—伦理制度体系

从法理理论的角度为我国的食品安全法建构一个伦理保障与参与体系，是我们的食品安全监管体系真正走向现代性，成为食品正义法律的第一步。在此基础上，必须从法律制度体系的构建中将这一法律理论予以实施，形成法律规范。2014 年，我国颁布了已经实施了 5 年的《食品安全法》的修订草案，该草案经过全国人大常委会初审、公众意见征询之后，并通过全国人大常委会的第二次审议，再次面向公众征询意见。正如徐景和所言，本次《食品安全法》的修订草案着重体现了“风险治理、社会共治”等现代食品安全治理的理念和原则。[1]草案中增加了一些相应的制度以体现这一修订宗旨，如网络食品销售平台的责任、食品安全风险分类分级监管、有奖举报等，都是对食品安全所遵循的“风险治理”这一基本原则的具体架构。

关于新法强调或者增加的条款问题，借鉴前述美国食品安全监管制度的发展历程，笔者提出三个基本观点：首先，进一步强化民事、经济、行政和刑事等多个法律部门之间对食品安全监管进行的系统协调监管。食品安全监管是一个社会运作体系，需要全社会经济、制度和政治

〔1〕 参见徐景和：《科学把握食品安全法修订中的若干关系》，载《法学家》2013 年第 6 期。

以及人文素养的共同完成，这是一个长期的渐进的过程。此外，其也是法律之间协调建构的体系。因此，《食品安全法》的修订必须与相关法律进行沟通形成合力，尽可能不给违法者钻法律“空当”的机会。关于这一点，西方国家其实就有先例，其中最好的方式自然是以“食品安全”为主体制定一部“食品安全基本法”。例如，韩国就曾在2008年修改《食品卫生法》的同时制定了《食品安全基本法》。[1]围绕这部基本法，韩国食品安全基本实现了立法和执法的统一，为其良好的食品安全监管秩序提供了法律保障。德国则采取的是企业自律与政府监督结合的办法，强调了食品企业建立自我监控体系的法律义务。[2]总体而言，立法的目标是将食品安全放入法律运行整体中进行合力保障。

加强食品安全犯罪的行政、民事和刑事惩罚力度，提高犯罪成本，成为我国《食品安全法》及其修订草案的重要内容，也体现了法律部门在此问题上的协调。惩罚性赔偿制度在2009年《食品安全法》中已有规定，但是实施以来的效果却不甚理想。为此，2015年《食品安全法》进一步明确有关“十倍价款或者三倍损失”的规定，以此提高违法生产食品企业的违法成本。故相应的刑法与侵权责任法也应该作出调整。最高人民法院曾发布危害食品、药品安全犯罪典型案例，其中90%的案件是生产销售有毒有害食品、生产销售不符合食品安全标准的食品、生产销售假药等严重危害消费者生命健康的犯罪；但是，从其判决结果来看，最高刑罚是有期徒刑15年，最低为10个月，犯罪成本与其获利价值之间差距较大，需要在立法上进一步进行调整。2013年5月最高人民法院、最高人民检察院联合发布《关于办理危害食品安全刑事案件适用法律若干问题的解释》（已失效），强调了食品安全犯罪的两个从重原则，即在定罪上加强对食品经营者的违法犯罪行为、食品安全监管主体的渎职行为的惩罚力度；同时，在量刑上对于从事食品安全违法犯罪行为的累犯、惯犯、首要分子、主犯和主要获利者等从严惩处。

---

〔1〕 参见崔吉子：《韩国：多部法律构建食品安全体系》，载《法制日报》2013年7月2日，第10版。

〔2〕 参见孙维非：《德国：企业自律政府监督两手都过硬》，载《法制日报》2013年7月2日，第10版。

其次，进一步明确食品安全法律主体的权力、权利、责任关系。《食品安全法》中规定了食品安全委员会制度，食品安全委员会作为国务院下属统一管理全国食品安全机构，将其日常管理权限明确赋予食品药品监督管理机关。这在一定程度上解决了原先的分段监管、缺乏统领的问题。但是在具体实施中仍然会有问题，食品药品管理局和卫生、工商等部门都属于纵向行政管理部门，它们之间在食品安全监管上仍然是分块监管。这种实际上的分块分段监管和法律规定的相对统一的监管之间需要一些明确的权限、责任的划分。另外，在法律责任部分，行政、民事和刑事责任主体的范围及其责任事由应有所区分和限定，现行立法及其修订草案中对于监管主体责任不够明确。

最后，完善社会共治的法律保障体系。《食品安全法》构建要兼顾食品市场经济的鼓励和食品消费者利益的保护，完善社会公众参与食品安全共治的法律保障。2015 年《食品安全法》就体现出这种法律的激励作用。例如，立法宗旨加入了“风险管理，社会共治”，并增加了消费者团体参与食品安全监管的方式、途径等内容。在社会共治的原则中，2015 年《食品安全法》增加了“食品安全责任保险”制度，引入第三方，即商业保险的方式，实现食品安全风险的分散与预防管理，以保障消费者权益和分担企业风险，也从体例上完善了食品安全保障制度。

第二节　产品责任与食品安全责任保险

如前所述，世界各国每年上万人因食源性疾病死亡。每年对经济造成的损失以及由此带来的社会成本高昂，仅美国每年就有约 370 亿美元的社会成本。这些经济损失使社会对生产更安全食品的激励力度产生了怀疑。产品责任、政府法规和市场力量的结合提供了当前的食品安全水平，产品责任体系是否为生产更安全的食品提供了强或弱的激励，值得深思。

一、产品责任的基本前提

产品责任的基本前提是，如果人们和公司必须完全补偿被其产品伤害的人，他们就有动机生产更安全的产品。这种潜在的负债是企业预期运营成本的一部分，当企业试图降低成本时，它们将采取最有利于降低该成本的食品安全预防措施。相反，若一家公司要承担食品安全预防措施的额外成本，直到实施这些预防措施的边际成本等于边际效益，则采取食品安全预防措施的好处是他们避免了预期的诉讼成本，以及由于市场营销和能够销售“更安全”的产品而导致的市场需求和高产品价格的增加。

波斯纳认为，经济通过转让损害赔偿对法律的影响最大，法官的行为就好像他们在试图使经济效率最大化。如果是这样，法院的判决将会鼓励人们生产更安全的产品。但这些激励措施有多强呢？由于较高的信息和交易成本，侵权责任导致健康和安全生产不足。解决食品安全问题的关键是：受害者获胜的频率如何？受害人胜诉的机会是否因被告的类型而不同（如餐馆或食品店）？受害者需要多长时间才能获得最终的法律决定？法律激励措施对高风险食品或知名市场更有效吗？

产品责任在美国比在英国使用得更广泛。对美国和英国法律体系的简要比较表明，就民法而言，美国法律体系实际上可能比英国法律体系能够提供更强大的动机来生产更安全的食品。然而，还需要更多的研究来比较两国的食品安全法规、刑法和标准。

二、产品责任对食品安全的激励

即使潜在原告可以克服必要的高信息和交易成本而进行食物中毒诉讼，但预期的货币补偿对其只能提供微弱的激励追求诉讼，而昂贵的和解可能间接激励公司生产安全产品，这值得更多的研究。另外，需要更多的比较法上的研究来考察法律激励安全生产食品的水平。例如，目前仍不清楚各国的法律体系是否为生产更安全的食品提供了更有力的法律激励措施。目前，包括我国在内的许多国家法律对企业生产更安全食品的激励措施总体比较弱。

侵权责任的公平性和效率都不如政府对达到社会最佳健康和安全水平的监管规定，主要是因为高昂的信息和交易成本。如前所述，信息成本通常禁止许多人提起食物中毒诉讼，而法庭案件的交易成本（如法律和时间成本）则阻止了许多其他诉讼。较低的诉讼率说明一家公司不得不支付赔偿的机会很低以及预期损失较低，这无法为一家公司生产更安全的食品提供了直接的激励作用。然而，在食源性疾病暴发与特定公司有关的罕见情况下，对公司的影响可能很大，而且可能是毁灭性的。食品制造商公司为 1993 年大肠杆菌 O157：H7 的暴发支付了约 1.6 亿美元。也许法律体系偶尔通过昂贵的和解或决定提供了更强的间接激励，导致其他公司实施更多的食品安全预防措施或购买更多的产品责任保险，特别是涉及的公司从事类似类型的业务。例如，美国哈德逊食品公司在 1997 年暴发的大肠杆菌 O157：H7 疫情中召回了超过 2500 万磅的汉堡包，导致至少 19 人患病。这一影响可能刺激了整个牛肉行业增加食品安全预防措施。高昂的法律成本和破产的威胁为生产更安全的食品提供了一些激励，特别是对财政储备较低的小公司。然而，这些极端后果发生的概率很低。未来的研究需要确定企业是否真的对影响同一行业其他企业的疫情暴发等事件作出反应，并确定由产品责任、政府法规和市场力量提供的生产更安全食品的各种激励措施的相对强度。

三、产品责任法律体系的障碍

保密和解协议、健康保险抑制了获取信息的机会，并扭曲了对公司生产更安全食品的法律激励措施。保密和解协议限制了市场对其所牵连公司的负面信息的反应，并对其他公司获取信息造成了扭曲，特别是在和解金额很大的情况下。由于大多数美国人都有医疗保险，患病消费者及其家庭所面临的医疗费用负担有所减少，从而降低了通过法律体系寻求经济补偿的动机。大部分医疗费用由支付保险费的人分配，这再次限制了对公司生产更安全食品的反馈。此外，如果公司有足够的产品责任保险费用来支付诉讼费用，公司可能不会受到财务影响，尽管他们的保费和类似公司的保费在未来可能会增加。

法律体系中的一个主要障碍是，微生物污染是“自然的”、可以预料的，还是可以控制的“掺假物”。食源性疾病的诉讼已经引起了法律界和媒体的注意，这在很大程度上是因为1993年大肠杆菌暴发事件。律师们越来越愿意处理此类案件，[1]改进的监测和新的技术及未来的技术进步（如DNA指纹分析）将有助于将食源性疾病与特定的食品和食品公司联系起来，从而为法律系统提供更好的信息，以便在决定赔偿食源性疾病患者时使用。在美国两个具有里程碑意义的联邦案件中，食品污染被不同地对待。在1974年的美国公共卫生协会诉巴茨案中，鸡肉中的沙门氏菌被裁定为一种天然污染物，而不是一种需要控制的掺假物。相较之下，在1994年得州食品工业诉埃斯皮案中，大肠杆菌被裁定为生牛肉中的掺假物，理由是“烹饪不合适”，而“彻底地”烹饪是保护消费者免受大肠杆菌侵害的必要条件。[2]微生物污染是“自然的”、预期的，还是应该控制的“掺假物”的歧义是阻碍法律体系有效处理食品安全问题的一个问题。一般来说，法院认为食品公司对天然污染物的责任比掺假物的责任要小。

上述案例中，美国地方法院承认了三个主要的“诉讼理由”，即原告（如生病的消费者或其家庭）可以获得赔偿的根据：严格产品责任、疏忽大意和违反明示或默示保证（见表1）。当产品被证明是有缺陷的和具有“不合理的危险”时，被告就会承担严格的责任。这些涉及食品的案件几乎总是不成功的，因为法院承认大多数食品不能是无风险的。当被告在生产或销售产品时未能行使“合理的谨慎”，造成人身伤害时，即发生过失。当食品不符合明示或默示保证时，就发生违反保证。大多数食品责任案件都声称违反了默示保证，尽管原告通常会提出几个诉讼理由以增加他们的追偿机会，但在这种案件中，这三个诉讼原因通常都难以证明，尤其是过失。这里的过失称为“过失本身”，处理的是被控违反旨在防止原告所遭受的伤害的法规或州或联邦法律的被告。这与食品行业尤其相关，因为危害分析和关键控制点（HACCP）法规（影响或将很快影响肉类和家禽、食品服务机构、未经巴氏消毒的果汁、鱼类

〔1〕 Rosenbaum D., *Food Safety Partners*, *Northbrook IL*, Personal Conversation, July, 1998.

〔2〕 See J. C. Buzby, P. D. *Frenzen / Food Policy*, 24 (1999), p. 637 - 651.

和渔业产品）旨在防止或限制对消费者的伤害。如果食品公司受HACCP监管，但没有HACCP计划或没有遵循自己的书面规则和标准，那么它本身就有过失索赔的风险。[1]一家公司可以通过证明自己有通过地方、州和联邦检查的历史，遵循其HACCP计划并使用最先进的病原体减少技术，来减少过失索赔的责任。

表1　产品责任案件的三个诉讼原因

案由	争议点	适用法律	释明
严格产品责任	产品缺陷	侵权法	原告必须证明该产品既有缺陷又有“不合理的危险”，但不需要证明疏忽
疏忽大意	生产者或销售者	侵权法	由于疏忽或粗心大意，被告不合理地未能防止产品出现缺陷和伤害消费者
违反默示或明示保证	生产者或销售者	合同法	如果产品不符合质量保证，并且不“合理安全”，原告可以获得损害赔偿

在违反“适销性默示保证”的情况下，将使用两种主要的测试来确定这些食物是否适合人类食用。“外来天然测试”是基于造成伤害的物质是外来的（如鸡汤中的玻璃）还是食物中的天然的（如鸡汤中的骨头），而“合理期望测试”是基于消费者对食物的“合理期待”。例如，原告是否意识到，当食用沙门氏菌的鸡蛋时沙门氏菌可能存在并能够导致疾病。后一种测试是针对特定案例的：陪审团或法官考虑原告个人的社会经济状况等，在此基础上作出消费者“合理期待”的判断。

大多数患有食源性疾病的人从未寻求过法律赔偿。他们由于法律费用、时间或受害者及其家属面临的其他限制，不能提出索赔。一个关键的限制是难以识别食源性疾病并将其与特定的食物和公司联系起来。摄

〔1〕 See Rosenbaum D., *Food Safety Partners*, *Northbrook IL*, Personal Conversation, July, 1998.

入食源性病原体和不良健康影响之间的时间延迟（大多数细菌为2～5天，一些细菌和病毒多达3～6周）为食品工业提供了一些免于诉讼的理由。将食源性疾病与特定的食品和公司联系起来也因个人消费的食物繁多而变得复杂，最常见的问题是没有可疑的食物（如剩菜）来检测污染。

在过失诉讼和严格责任诉讼中，“近因”都是一个关键的辩护，因为它将被告的责任限制在“可预见的损害赔偿”上。如果食品生产链早期的公司（如生产商、加工商）之间缺乏直接接触，可能不会被发现并承担责任。垂直整合的公司可能不太能够使用近因防御，因为它们对生产过程的更多阶段负责。原告通常提供医疗证词，将他们的疾病与病原体和可疑食物联系起来，如果他们的疾病是疫情暴发的一部分，也可以使用公共卫生当局的信息。然而，大多数食源性疾病都是轻微的和短暂的，而且不会产生足够高的医疗和其他费用，从而使原告值得提起诉讼。如果已知致病病原体与多种食物有关或通过其他途径传播（如人与人之间的接触），被告可以避免承担责任。

四、产品责任法对食品安全的影响

产品责任法对食品安全的影响有两个：获取损害赔偿金和防止不安全产品造成的事故。[1]产品责任法规定，被不合理危险产品损害的人有向另一方寻求赔偿的权利。产品责任法的主要功能是赔偿受害人，实现当事人之间的纠正正义。然而，一种预防性的功能通常也被归因于产品责任法。杜威斯、达夫和特雷比尔科克区分了三个目标：威慑、补偿和纠正性正义。[2]

（一）与索赔相关的预防功能

产品责任法被认为对食品公司如何管理食品安全和食品卫生有潜在的影响。大多数作者只关注预期的损害赔偿索赔的威慑作用。梅丁格认

〔1〕 See Matteo Ferrari, *Risk Perception, Culture and Legal Change: A Comparative Study on Food Safety in the Wake of the Mad Cow Crisis*, Cambridge University Press, 2009, p. 89.

〔2〕 See Tetty Havinga, *Private Regulation of Food Safety by Supermarkets*, 28 Law & Policy, 515 (2006).

为，公共方面的侵权责任和私人方面的保险责任是私人安全监管的有力驱动力，使制造商有意表现出应有的谨慎，而保险业有意控制风险。从理论上讲，产品责任法可以通过三种方式诱导相关主体采取预防措施：

1. 第一种方式受索赔影响公司的偏好和成本。消费者的高昂索赔促使他们确保食品安全，从而阻止责任索赔诉讼。诉讼的威胁刺激了该行业改善其业务的做法。这是产品责任法的一种特殊效力。

2. 第二种方式是通过保险公司。公司可以通过承保该风险来分散责任索赔的风险。保险的效果并不明显，保险公司可以通过保险单的条款或根据所采取的预防措施的水平来校准保费从而间接保证食品安全。然而，保险公司也可以通过接管金融风险来限制对企业生产安全食品的经济激励措施。保险公司的影响可以与某一索赔有关，也可以不相关。

3. 产品责任法可能直接影响企业管理策略（不是通过索赔或保险），促使企业确保食品安全。我们可以称为产品责任法的一般影响。

产品责任法的预防作用往往与索赔诉讼有关。然而，在研究立法的影响时，重要的是不要只研究特定冲突情况下的影响，因为立法的社会影响并不局限于这些情况。有效的立法促使人们在日常生活中遵守规则，而不需要讨论和冲突。

（二）责任索赔促进食品安全

民事责任索赔可以促进食品安全。假设食品行业会试图避免责任索赔，因为这些索赔要花费很多钱，包括判决的赔偿、法庭费用、律师和专家的费用等。范·埃里普的结论是，在讨论损害赔偿索赔的预防效果时，大多数作者只提到了损害赔偿的直接成本。[1]除财务成本外，责任索赔还可能导致不良宣传、声誉损失甚至销售损失。公司往往非常重视自己的良好声誉，并试图解决与法院以外的其他公司的纠纷，因为他们担心诉讼可能会损害他们的声誉，并有失去商业伙伴的巨大风险。

公司被认为（广义上说）是理性的行为者，会寻求与责任索赔的预

---

〔1〕 See Judith Van Erp., *Naming en Shaming in Het Contractenrecht? Het Reputatie-effect Van Schadevergoedingen Tussen Ondernemingen*, in Van Boom, Giesen & Verheij, *Gedrag en Privaatrecht*, *over Gedragspresumpties en Gedragseffecten Bij Privaatrechtelijke Vraagstukken*, Boom Juridische Uitgevers, 2013, p. 153 – 180.

期成本相联系的最佳预防措施。责任索赔的预期交易成本越大，责任的威慑作用就越大。食品生产者所面临的责任索赔的数量很难评估。在荷兰，几乎没有任何关于食品产品责任的法院裁决，很少有产品责任案件真正出现在法庭。范·戴姆在2002年年底的一项调查中发现，有6起案件与欧洲产品责任指令有关，其中2起涉及食品；在产品责任判例法的审查和对判例法数据库的检索中，仅发现3起涉及食品责任的案件。换句话说，通过不同的平台对相关内容进行检索，只发现了5起案件。

在法律纠纷中，受害人必须证明缺陷、损害以及缺陷与损害之间的因果关系。这可能是困难的，如下面荷兰案例所示。第一个案例涉及血浆粉末，用作汤中肉球的黏合剂。[1]法院不认为不正常的气味和味道是损害，其并没有发现该产品存在缺陷或不安全。血浆粉末的供应商不承担任何责任，因为该公司不生产血浆。第二个案例涉及一名妇女在吃了冰激凌后感染了副伤寒。[2] 34名专家得出结论，被告出售的一些冰激凌被沙门氏菌污染。法院认为：有理由怀疑那个女人买了一种受污染的冰激凌，副伤寒可由沙门氏菌引起。医院发现，这名妇女感染了一种沙门氏菌的微生物，但没有作出更具体的诊断。她很可能因为吃了冰激凌而感染了副伤寒，但这并不是毫无疑问的。法院裁定，被告必须证明如果该名妇女没有吃过冰激凌，她也会受到同样的伤害。在某些情况下，举证责任被撤销，被告必须证明损害与产品之间不存在因果关系。在这一裁决之后，双方都要求法院撤销此案。据假定，当事各方通过谈判达成了一项决议。第三个案例涉及一个装有新鲜橙汁的塑料瓶爆炸造成受害者的眼睛受伤。[3]法官裁定标签和最佳饮用日期不是强制性的，生产商可能会忽略消费者的存储方式，并可能期望消费者意识到鲜榨橙汁在温暖的条件下有发酵的风险。第四个案例与一种花草茶中含有有毒的八

---

〔1〕 See Tetty Havinga, *The Influence of Liability Law on Food Safety. On Preventive Effects of Liability Claims and Liability Insurance*, 2SSRN Electronic Journal, 24 (2012).

〔2〕 See Van Dam, *Dutch Case Law on the EU Product Liability Directive*, in *Product Liability in Comparative Perspective*, Cambridge University Press, 2005, p. 126 – 137.

〔3〕 Doorn, C. J. M. & Pape, *Productaansprakelijkheid en Productveiligheid*, in E. H. Hondius & G. J. Rijken eds., Handboek Consumentenrecht, 2011, p. 371 – 398.

角茴香有关，它会给喝茶的人造成健康问题。[1]出售八角茴香的贸易公司并不被认为是生产商。然而，这家贸易公司因其销售行为，被要求支付40%的成本。

这些判例说明，受害者很难追求一个成功的责任索赔，因为缺陷和损害之间的因果关系很难被证明。基于法院案件的有限数量和这些案件中索赔人的低成功率，责任索赔能够激励企业采取预防措施来预防食品安全事件，这似乎是相当令人不可信的。在采访中，荷兰连锁超市和食品行业的食品安全经理并不认为对责任索赔的恐惧是采取食品安全措施的一个重要动机。在英国，哈特和琼斯研究了外部对食品公司风险管理的影响。[2]在接受采访时，食品公司的经理很少提及赔偿索赔或民事诉讼的可能性。这一发现表明，产品责任法索赔对英国公司的食品安全措施没有产生强烈的、直接的影响。在美国，有更多的关于与食品相关的产品责任的判例法，针对快餐行业及其对肥胖症的责任的法律诉讼引起了人们的关注。然而，即使在美国，大多数食物引起疾病的案例也不会导致法律行动（如诉讼）。布兹比和弗兰岑估计，在美国，这类案件只有不到0.01%。布兹比和弗兰岑研究了1988年至1997年的294起由食物提起的疾病诉讼。并非所有这些诉讼都导致了法院的判决。近40%的人同意庭外和解、调解或仲裁。许多和解协议包括一项关于货币支付和其他细节应保持保密的协议。在法院裁决的案件中，有32%的人获得了经济赔偿（赔偿中位数为25,000美元）。

布兹比和弗兰岑在解释诉讼当事人少时，指出了提起食物中毒诉讼的高信息和交易成本，以及预期的糟糕的金钱赔偿。潜在的原告在寻求动员责任法方面面临许多障碍。一些法律规定即使他们提出成功的法律索赔，他们也必须面对（个人）申诉人在寻求动员法律时所遇到的一般障碍及与食品引发疾病有关的索赔有限，因为消费者必须能够将疾病或损害归因于特定产品和生产者，但证明产品和疾病之间的因果关系往往

---

〔1〕 See Tetty Havinga, *The Influence of Liability Law on Food Safety. On Preventive Effects of Liability Claims and Liability Insurance*, 2SSRN Electronic Journal, 8 (2012).

〔2〕 See Bridget M. Hutter & Clive J. Jones, *From Government to Governance: External Influences on Business Risk Management*, 1 Regulation and Governance 27 (2007).

很困难。因为在许多情况下不会有实质性的损害或伤害，而这是提出法律责任索赔的要求，而且欧盟法律不允许十年后提出索赔。

责任索赔受到阻碍是因为人们往往没有注意到食物的缺陷。范·戴姆认为，荷兰的生产商、进口商及其责任保险公司倾向于在庭外解决责任索赔，以防止法院发展判例法。根据荷兰和德国保险公司的说法，90%的索赔都是庭外和解的。一个法院案件的影响似乎只发挥了很小程度的威慑作用。范·埃里普没有发现失去良好声誉会影响第三方的迹象（换句话说，与其他公司的关系不会受到威胁）。关于损害的信息通常是第三方未知的，部分双方同意遵守交易的保密性。与英国和荷兰等欧洲国家的原告相比，美国的原告更有可能提起诉讼，更有可能胜诉，并获得慷慨的赔偿。〔1〕然而，巴兹等人得出结论说，即使在美国，产品责任法也只为企业生产更安全的食品提供了微弱的激励措施。〔2〕被告有庭外和解的动机，如避免额外的律师费、对公司或产品声誉的负面影响、产生糟糕的业绩记录等。由于受害者在提出索赔时所面临的障碍以及鼓励他们在法庭外处理案件的因素，预计责任索赔在不久的将来不会产生任何重大的预防作用。

（三）产品责任法影响的有限性

责任保险有助于食品安全吗？如前所述，索赔并不是食品制造商采取预防措施的重要激励因素。保险的作用是什么？根据梅丁格的说法，保险业对控制它所保证的风险有着强大而持续的兴趣，被保险方经常被要求使用经过认证的产品。斯基斯等人对改善食品安全寄予厚望：在适当的条件下，保险公司可能比政府的肉类检查员更有效，让加工厂以期望的方式改变他们的行为。〔3〕其他人则认为，保险业的作用会适得其反。哈特和琼斯认为，保险公司的影响可能会有问题。〔4〕巴兹等人认

---

〔1〕 See Ronald Adams, *Fast Food, Obesity, and Tort Reform: An Examination of Industry Responsibility for Public Health*, 110 Business and Society Review 297 (2005).

〔2〕 See Buzby & Frenzen, *Food Safety and Product Liability*, 24 Food Policy 648 (1999).

〔3〕 See Jerry R. Skees, Aleta Botts & Kimberly A. Zeuli, *The Potential for Recall Insurance to Improve Food Safety*, 4 The International Food and Agribusiness Management Review 99 (2001).

〔4〕 See Bridget M. Hutter & Clive J. Jones, *From Government to Governance: External Influences on Business Risk Management*, 1 Regulation and Governance 27 (2007).

为，美国的大多数食品公司都有保险，保险公司支付损失、诉讼和损害费用，这限制了公司生产更安全食品的直接激励。福雷和范·鲍姆回顾了文献，以查证保险公司如何防止道德风险。他们的研究没有关注食品生产商，然而却得出结论，保险公司有时会在一开始时估计风险并确定保费。[1]

然而，在保险合同签订的过程中，保险公司很少检查实际的风险。因此，他们不知道是否存在道德风险。一些保险公司并不区分保费，即使在发生事故后，保费也并不总是会增加的。根据福雷和范·鲍姆的说法，保险公司的被动态度甚至会导致医疗责任和董事责任的事故风险增加。哈特和琼斯探讨了食品零售行业风险管理的外部压力，他们认为最重要的外部压力来自当地的环境卫生官员，其次是消费者。在哈特和琼斯的调查中，超过一半的公司投保了食品卫生和食品安全事故保险。小公司的经理评估保险的影响要小于大公司的经理。约20%的经理表示，他们从保险公司收到了食品安全信息。只有一家公司报告说，他曾接受过他的保险公司的检查。一些人预计，保险公司在未来将变得更加重要，其他人则严重怀疑保险公司对促进食品安全的措施的潜在影响，如有人认为保险公司不太擅长量化风险。被调查者说：保险是善的敌人，因为它的目的是平均损失，导致善没有得到奖励，恶没有受到惩罚。

一名来自荷兰食品安全局的应答者和第三方食品认证机构的两名董事确实认为责任法和责任保险有一定的影响。然而，他们并不期望保险公司真的会审查他们的食品安全措施，因为他们缺乏这样做的知识。其中一个接受采访的认证人说，保险公司只看ISO认证。来自保险经纪人的受访者表示，保险公司采用了一份扩展的问卷，公司必须完成该问卷才能被接受。他们说，食品安全管理被包括在接受一家公司的条件中，提交描述公司一般交易条件的文件也是申请程序的一部分，保险代理人会访问正在申请保险的公司。他们检查公司的办公场所（秩序、整洁）、企业家的声誉、对人员的印象以及可能涉及的风险。如果保险代理人发

---

〔1〕 Buzby, Frenzen & Rasco, *Product Liability and Microbial Foodborne Illness*, Agricultural Economic Report No.（AER－799）45, April 2001, p. 9.

现房屋不卫生或设备很旧，申请程序将终止，一些滤油过滤器明显不干净的小吃店就提供了一个例子。所确定的每个问题都需要进一步的实证研究。

通过研究法律责任对公司决策的实际影响，有必要将关于产品责任的现有经济和法律视角扩展到一种更社会学的范围。我们不应该像研究经济计算模型那样只研究理论上或感知上的成本和收益，我们的分析还需要包括公司的动机和社会关系。我们应该实证研究为什么食品公司会采取措施，或者为什么他们没有一个食品安全管理体系。这能否归因于预期成本、感知到的消费者需求、法律要求、形象和声誉建设？我们必须研究公司内部不同行为者之间（总部和当地工厂之间、法律专家和食品安全专家之间）以及公司与供应商、客户、政策制定者、检查员、认证机构和保险公司之间的社会关系的影响。

第三节　食品安全责任保险的概念与特征

2015 年 4 月 24 日，经过三次审议，《食品安全法》修订草案获得通过。此次修订的一个亮点和重点是《食品安全法》应遵循“风险治理、社会共治”等现代治理理念和原则。[1]修订后的《食品安全法》增加了网络食品销售平台的责任、食品安全风险分类分级监管、有奖举报等制度，这些制度都是食品安全“风险治理”原则的具体架构。同时，新法也在社会共治原则上设立了新的制度，其中最受关注的就是“国家鼓励”食品安全责任保险制度。这一条款并没有具体展开和引申，但是却给市场和监管以足够的制度创新空间。国家鼓励而非强制购买是对我国当前食品市场经济和食品安全国情的准确判断。社会共治，引入市场第三方来参与食品安全监管，实现食品安全风险的分散与预防管理，既能充实食品安全监管需求，也体现了涉及国计民生的市场审慎原则。

---

〔1〕 参见徐景和：《科学把握食品安全法修订中的若干关系》，载《法学家》2013 年第 6 期。

但是，对比修订草案、二次审议稿以及最终立法通过的相关内容，可以发现其中的细微变化。虽然食品安全责任保险制度的建立目标没有改变，但是在实施的节奏与力度上则明显放缓，即从“国家鼓励建立食品安全责任保险制度，支持食品生产经营企业参加食品安全责任保险，具体办法由国务院食品药品监督管理部门会同国务院保险监督管理机构制定”（《食品安全法》修订草案第78条第2款），修改为“国家鼓励食品生产经营企业参加食品安全责任保险”（《食品安全法》修订草案二次审议稿第42条第2款、2015年《食品安全法》第43条第2款）。可见，尽管仍然是鼓励食品安全责任保险，但实质上是放缓了国家强制推行食品安全责任保险的步伐，在未来一段时间内，食品安全责任保险不会以强制保险的方式进行，而是先会从鼓励与自愿结合的原则开始。

笔者认为，纵观国际社会的立法经验，食品安全责任保险制度的最终目标仍然是建立强制责任保险。但是，就目前而言，我国《食品安全法》实施时间有限，司法实践中遇到的问题包括社会对该问题的反馈尚需时间。解决我国目前面临的食品安全问题的关键不在于马上建立企业强制参加保险的制度，而在于政府监管体系自身的完善。就这一角度而言，获得通过的《食品安全法》相关内容无疑更体现出当前社会对食品安全问题需求的主要方面，更加适合我国目前的国情，也体现出法律发展具有阶段性特征。本书拟围绕这一主题，从比较法角度做一些分析，以为下一步完善我国食品安全责任保险的相关规定提供借鉴。

一、食品安全责任保险的概念要素

食品安全责任保险制度无论是在国际上还是在我们国家，都不是一个陌生的概念，只是进入我国社会普通消费者的视野较晚。该制度是随着食品安全问题而产生的一种风险分散与解决机制，在食品工业的发展初期就已经逐渐建立。但是，综观各国法律法规，并没有明确的食品安全责任保险概念，这主要是因为目前国际上多数国家和地区是将食品安全责任作为产品瑕疵责任的子类别，以产品责任保险的规范适用于食品安全责任保险。例如，美国、欧盟、日本等国家和地区都是将食品安全责任保险作为特殊的瑕疵责任保险的一个部分，在产品责任法中予以规制："责任保险以被保险人对第三人依法应负的赔偿责任为保险标的，是投保人与保险人建立的一种保险关系。责任保险具有第三人性、替代性、赔偿限额性等法律特征。"[1]国内关于食品安全责任保险的概念主要体现在相关保险企业的保险合同文本里，总体意思可以概括为："被保险人在保险合同列明的经营场所内生产、销售食品，或者现场提供与其营业性质相符的食品时，因疏忽或过失致使消费者食物中毒或引发其他食源性疾患，或因食物中掺有异物造成消费者人身损害或者财产损害的，受害人或者其代理人向被保险人提出索赔，保险人在合同约定的赔偿限额内负责赔偿的责任保险。"[2]基于上述观点，本书归纳出食品安全责任保险概念的几个要素。

（一）经济、保险和法学

保险制度以及意识在西方国家已经成为一种普遍认识，即当不确定性的灾难来袭时，个人或家庭的生活不至于"破产"。因此，保险是一种生活必需品，每个人都需要保险。人们对食品责任保险的认识也仅停留在个人损失的弥补，一般认为食源性疾病的风险似乎与人们每天面临的许多其他社会风险，如车辆保险、房屋保险等并未有所区别。事实上，正如食品安全事件具有公共安全属性，食品责任保险也不仅仅是弥补个人损失。责任保险可以规范行为，并且只有行为获得规范，才能真正以社会有益的方式降低风险。这是责任保险对于监管机构和消费者最大的价值，即减轻与食品相关的社会风险。

保险的核心价值是风险分散。保险是一种为损失提供赔偿的协议，即被保险人支付足够的保险费，作为交换，保险人提供的保险范围旨在使被保险人恢复到与损失前相同的财务状况。为了提供这种保险，保险公司必须能够准确预测损失。然而事实上，保险公司无法准确预测任何特定被保险人将遭受的偶然损失。相反，保险公司依赖于大数字定律。如果保险公司为预期损失统一且不相关的足够多的被保险人提供保险，则该集团的总索赔额将等于该集合中任何被保险人的预期损失乘以该保

---

〔1〕 刘金章主编：《财产与责任保险》，清华大学出版社2010年版，第199页。

〔2〕 王化楠：《中国食品安全责任强制保险研究》，西南财经大学2010年硕士学位论文，第37～39页。

险库中的被保险人数。[1]保险公司的这一聚合函数来自伯努利的大数定律（Law of Large Numbers），[2]即“运算—经验”原理。大数定律是对随机现象统计规律性的一类定理，其结论是：大量重复实验最终的结果都会比较稳定，也就是说，随着样本数量的增加，平均损失的概率密度函数趋于集中在均值附近。应用于保险中时，大数定律意味着当拥有独立和同等价值风险的被保险人数增加时，预测每个人预期损失的准确性就会相应增加。保险公司在运用大数定律时，存在一个重要前提——被保险人具有独立和风险不相关性。只要所有的被保险人风险不相关，就可以独立统计，保险公司可以累积每个被保险人的小额保费，并且有足够的资金在任何时期支付实际发生的损失。相反，如果风险高度相关，那么聚合它们将没有任何好处。预期总风险分布在被保险人的个体中，这就是风险的传播方式。从经济角度来看，分散风险在社会上是可取的，因为它降低了不确定性并释放了投资资金，否则这些投资可能会被用来对冲损失。

责任保险是一种源于法律责任赔偿、分散风险的保险。责任保险合同的当事人是保险人（通常是保险公司）和被保险人。但是，当保险发生的时候，通常又是向合同的第三方，即被保险人侵害或因为被保险人的行为受到损失的保险受益人提供赔偿。由此可见，责任保险也具有承担损害赔偿使第三方受益的作用。

以上是我们对责任保险的一种初步理解。而责任保险的价值远不止弥补侵权行为中被告的损失并赔偿因他们而受伤的人。责任保险在侵权制度中具有深刻的作用，其不仅符合侵权法的赔偿——正义规范，而且实际上有助于推进这一规范，特别是当侵权判决的赔偿责任超过被告的资产时，责任保险依然能够确保受害者获得足够的补偿。责任保险的可用性决定了谁被起诉、法律索赔的性质、和解谈判的形式，以及侵权案

〔1〕 George L. Priest, *The Current Insurance Crisis and Modern Tort Law*, 96 Yale L. J. 1521 (1987).

〔2〕 李贤平：《概率论基础》（第3版），高等教育出版社2010年版，第67页。

件的几乎所有方面。责任保险甚至可以影响建立原告责任的法律。[1]汤姆·贝克和彼得·西格尔曼所说的“除责任保险之外，侵权法很少或根本没有任何意义”[2]放在这个语境下理解才有意义。侵权案件中最重要的损害赔偿与责任保险是密不可分的，而律师也不太可能接那些损害赔偿无法实现的案件，这些都使责任保险成为大多数侵权索赔的事实上的要素。此外，由于为满足侵权索赔而支付的款项很少超过政策限制，因此责任保险可用的金额也可作为被告侵权责任承担的上限。综上可见，责任保险不仅仅是侵权制度的重要组成部分，还是侵权制度的驱动力。[3]

但是，保险对侵权被告人责任的赔偿也产生一些怀疑：侵权行为制度旨在通过强迫加害者将其造成的伤害成本内部化来阻止侵权行为，如果加害者可以通过支付少量保险费将其责任转移给保险公司，则侵权制度就会失去阻止侵权行为的能力。这种错位是一个典型的道德风险问题。然而，事实证明，在许多情况下（除了食源性安全），保险能够很好地管理道德风险和控制风险行为。

基于食品对人类生命安全的意义，可以说食品安全是食品最重要的“信用”属性。食品安全是由信息经济学驱动的。信息经济学是一种微观经济理论，它研究信息如何影响经济决策。[4]在一个理想的模型市场中，消费者拥有充分的信息，所以他们能够了解与食品相关的危险。在这样的市场中，不安全食品的供应商会面临声誉损失、市场份额减少、收入损失以及可能关闭的风险。从理论上讲，这些风险的可能性威胁足以对食品供应商进行约束，并确保其供应的食品具有高度安全性。[5]问

---

〔1〕 See Tom Baker, *Liability Insurance as Tort Regulation: Six Ways That Liability Insurance Shapes Tort Law in Action*, 12 Conn. Ins. L. J. 1 (2005).

〔2〕 Tom Baker, *Liability Insurance as Tort Regulation: Six Ways That Liability Insurance Shapes Tort Law in Action*, 12 Conn. Ins. L. J. 1 (2005).

〔3〕 See Steven Shavell, *On the Social Function and Regulation of Liability Insurance*, 25 Geneva Papers on Risk & Ins. 166 (2000).

〔4〕 See Joseph E. Stiglitz, *The Contribution of the Economics of Information to Twentieth Century Economics*, 115 Q. J. Econ. 1441 (2000).

〔5〕 See Diana Crumley, *Achieving Optimal Deterrence in Food Safety Regulation*, 31 Rev. Ltig. p. 353, 372 (2012).

题是，现实的食品市场运行方式与理想的市场模型相差甚远。消费者在购买食品时甚至在食品被消费之后，通常无法判断食品是否安全。这导致市场中的道德风险和逆向选择，这两者都将风险从供应商转移到消费者。所谓逆向选择，通常又被概括为“劣胜优汰”。逆向选择反映了保险市场的失灵。在保险市场中，保险费率是根据市场调研分析后得出的平均风险设定的，如果平均风险大于低风险，低风险者并不愿意投保，但此平均费率却会引来大批高风险者投保，这就大大增加了保险公司亏本退出市场的概率。保险市场出现逆向选择问题主要是保险公司与消费者所拥有的资讯不对称造成的，即保险公司无法区分谁是低风险者、谁是高风险者。此外，食品安全市场还受到另一些因素的影响。以上所述之问题导致食品供应商基于认知偏见，从而低估了自身引发并转移给消费者的风险及其影响。

（二）食品安全、信息与责任保险

所有商品和服务都具有一系列基于不同标准分类的定性属性，通过这些属性，这些商品和服务相关的可用的信息能够被市场获得、共享和评价。经济学家将这些信息属性分为三类：“搜索”、“体验”和“信用”。三者中，搜索和体验属性是较为容易获得的，消费者可以在购买前直接观察搜索属性。例如，消费者可以通过搜索瓜果的成熟度来判断是否购买。对于搜索和体验的信息属性，消费者通常拥有足够的信息来推动市场力量以确保。在搜索属性的情况下，消费者可以立即识别出较低质量的产品。对于具有体验属性的产品，供应商则更有动力维持质量标准。消费者可能想要了解的关于这些产品的大部分内容都可以在购买前或使用后确定。

但是，信用属性在一个基本方面与搜索和体验属性不同。即使在经历或使用产品之后，消费者也很难评估信用属性。从食品的信用属性——食品安全来说，（1）食品供应商和消费者之间的信息不对称；（2）尚未被医学科学发现的食源性疾病的本质。因此，消费者无法确定食品在购买之前是否有致病污染，并且通常很难将随后的疾病与之前食用的特定食品联系起来。

案例："天使之橙"是否应受行政处罚？深、沪两地作出相反决定[1]

行政机关：深圳市市场稽查局、上海市松江区质监局

行政处罚复议人：上海巨昂公司

案情：2019年1月，"天使之橙"被深圳市市场稽查局开出巨额罚单，没收其违法所得1,199,070元，原因系其生产的"天使之橙"橙汁机内部压榨橙子的铝合金"上下爪"部件已接触橙汁食品。根据我国相关国家标准，此类接触酸性食品的铝合金部件应当在食品接触面上覆上有机涂层，以防在酸性食品的腐蚀下有铝迁移入食品。深圳市市场稽查局认为，"天使之橙"在食品经营过程中，未在相关部件上覆上有机涂层，所以不符合相关国家标准，涉嫌违反《食品安全法》。

2月16日，"天使之橙"发表声明，称上海市松江区市场监管局经过现场检查并送第三方检测机构检测，认为直接接触橙汁等酸性食品的部件是塑料材质，而非铝或铝合金材质，根据《食品安全国家标准　食品接触用金属材料及制品》规定，并没有要求材质为塑料的食品接触面需覆上有机涂层。"天使之橙"相关部件没有不符合上述国标，没有违反《食品安全法》相关条款，该局不予立案。

讨论：为何同一个部件，两地市场监管部门却作出了截然不同的判断？业内存在以下两种推测：(1) 检测方法的差异。上海市场监管部门在检查时，将上爪的铝合金部分和聚丙烯部分区分开，从而明确聚丙烯部分虽然与酸性食品直接接触，但不适用相关标准的规定。深圳质监机关在检测时，可能没有将铝合金和聚丙烯这两部分区别对待，而是视同为一整个铝合金部件，认为其与酸性食品直接接触。(2) 关于"酸性食品"的定义不同。深圳方面或许是把橙子表皮也视同为"酸性食品"，所以主张上下爪直接接触到了酸性食品，应当覆上有机涂层；而上海监管部门认为上下爪只接触到橙子表皮，不接触其果肉和果汁，不会对消费者购买的橙汁产品构成直接的食品安全风险，无须有机涂层。

问题本质：食品安全标准相对于食品市场和技术具有滞后性。《食

---

[1] 陈玺撼：《"天使之橙"深圳吃巨额罚单，没收119万余元，这事却在上海反转?》，载上观新闻网2019年2月17日，https://www.shobserver.com/news/detail?id=133493。

品安全国家标准 食品接触用金属材料及制品》应该在标准中加入金属含量、迁移量的限值，以此标准来判断食品的金属含量是否超标或许比争论一个部件有没有碰到橙汁更有意义。

由这个例子可以看出，食品安全对于专业的食品检验机构尚有诸多争议和未知，更不用说对于消费者，让他们去评估食品是否安全的确是很难。小说《屠场》[1]里描绘的屠宰场里屡屡发生的可怕的食品安全事故很好地说明了食品市场中信息不对称的概念。经理比客户有更多关于鸡蛋的信息，他们知道鸡蛋掉在了肮脏的地板上。在没有完整信息的情况下，顾客们愉快地消费了他们的“脏”蛋，然后付了支票。信息不对称问题已经是食品市场的一个基本状况。与将食品投放到市场的供应商相比，消费者关于其所购买食品的安全信息明显不够。如前述例子所示，这个问题在食物方面特别严重。任何时候食物只要被种植、触摸、加工、准备或以其他方式处理，都会有信息不对称。整体而言，现代食物“从农场到餐桌”系统加剧了信息不对称问题。

随着科技的发展，我们的食品供应系统正变得越来越复杂。家庭农场数量减少、工业化农场数量增加[2]以及全球粮食系统日益增加的相互联系，这些都无形中促进了使用难以追踪的高度复杂的供应线。[3]除此之外，随着消费水平的升级和消费观念的改变，家庭以外的餐饮消费不断增加，典型的例子是餐馆预订“年夜饭”的活动最近几年日渐火爆，人们把中国人最看重的“年夜饭”也交给了餐厅。这些情况的变化使消费者与他们消费的食物之间存在大量信息断开，消费者通常不知道谁提供食物（除了食物链末端的实体，如餐馆或超市），他们的食物是如何处理的，甚至添加了什么成分。这使消费者在判断食品质量方面处于明显劣势。此外，供应商对他们销售的食品相较消费者有更多的了解。虽然供应商可能不确定其食品是否被大肠杆菌污染，但他们会知道

---

〔1〕 参见［美］厄普顿·辛克莱：《屠场》，薄景山译，四川文艺出版社 2010 年版。

〔2〕 See Roberto A. Ferdman, *The Decline of the Small American Family Farm in One Chart*, Wash. Post, (Sept. 16, 2014).

〔3〕 Susan A. Schneider, *Notes on Food Law: An Overview of the Food Safety Modernization Act*, 44 Ark. L. Notes 39 (2011).

对食品做了什么（或没做过），例如，如何处理食物，谁处理食物，添加到食物中的成分有什么，如何包装、储存食物，是否经过适当测试等。

（三）道德风险与逆向选择

道德风险与食品安全也是关系密切。道德风险影响食品安全，因为食品具有信用属性。当消费者无法将食源性疾病与某种特定食品联系起来时，食品供应商就会冒着道德风险逃避食品安全。特别是如果坚持制作安全食品的成本高昂，而生产不安全食品的成本则几乎不用食品供应商承担，此刻道德风险发生的概率尤其高。例如，一家餐馆供应商运送掉落在地板上的肉，超级市场研磨腐烂的猪肉并将其用于香肠，肉类加工商销售患病的牛尸体，花生加工厂运送未经适当检测的花生酱或生病的餐馆工作人员处理食品，食品供应商比消费者有更多关于食品安全的信息，他们会将导致食源性疾病的食品风险转移给消费者。这就是道德风险的本质。而道德风险的结果是产生食品市场的负外部性——这些食品的市场价格无法显示出消费者（或者其他人）所承担的间接成本。由于食品供应商的动机来自利润，而安全食品的生产成本越来越高，结果必然是供应商生产安全食品的动力减弱。因此，道德风险会导致食品安全问题。

由此产生的与食品安全相关的负外部性意味着两件事。首先，不安全食品的含量过高，因为食品的真实成本不会反映在市场价格上，这与健康市场的价值决定价格规律不再符合；其次，供应商为保证食品的安全而投入的费用太低。简言之，受到负外部性影响的市场导致有害商品的过度生产和控制负外部性的支出不足，其结果是，安全食品生产的社会效率水平将低于不会受到负外部性困扰的市场。这是一个典型的失败市场。

此外，即使食品供应商受到道德标准的驱使，以尽可能保证食品的安全，也有另一个可能更强大的经济因素驱使他们推卸实施安全的措施：逆向选择。逆向选择是食品安全背景下出现的不对称信息造成的第二个问题。当消费者无法观察供应商的安全投资因此无法判断其产品的风险时，消费者只能获得有关这些商品的平均而非某一具体品牌商品的风险等级信息。这就是经济学家乔治·阿克洛夫所描述的“柠檬市场”。[1]虽然阿克洛夫主要分析的是低质量汽车的市场，但是他的分析也可以适用于食品安全市场。

在“柠檬市场”中，关于产品质量的不对称信息可能导致市场失败——在质量方面“竞相降低”。当消费者无法区分高质量和低质量商品的卖家时，消费者会降低对所有卖家商品的质量要求，作为他们对此类商品的平均的质量要求，在这种心理下，消费者仅愿意为平均质量的商品支付相应价格。这样做的结果对于供应高质量的生产者造成非常大的影响，也会逐渐降低生产者对于高质量产品生产的动力。提供质量水平超过平均水平且反映价格超过平均水平的卖方将被赶出市场。此外，低价格可能会阻止那些想要提供优质产品的潜在卖家首先进入该市场。该市场最终必然是一个失败的市场：这个市场是由质量低于对称信息市场下生产的产品组成的。

在食品安全的背景下，“柠檬市场”理论可以通过一个简单的例子来说明。假设哈密瓜供应商比消费者有更好的关于哈密瓜安全的信息，同时假设这些供应商可分为三类：（1）实施昂贵食品安全措施的供应商，以高昂价格供应产品（最安全的类别）；（2）实施成本较低的食品安全措施的供应商，以平均价格供应安全性较低的产品；（3）不实施食品安全措施的供应商，并以最低价格（不安全类别）供应不安全的产品。由于消费者无法事先了解关于任何特定供应商的类别信息，他们只需按照反映所有哈密瓜供应商平均安全的价格购买与支付。此外，由于最安全的哈密瓜比普通或不安全的哈密瓜生产成本高，而平均市场价格又太低，无法支持最安全的哈密瓜供应商的成本和利益需求，结果就是这些供应商将被迫退出市场或削减安全。从本质上讲，质量差的哈密瓜将好的哈密瓜推出了市场，或者我们通常所讲的“劣币驱除良币”[2]。

---

〔1〕 Kim Jo Dene Donat, *Engineering Akerlof Lemons*: *Information Asymmetry*, *Externalities*, *and Market Intervention in the Genetically Modified Food Market*, 12 Minn. J. Global Trade 2 (2003).

〔2〕 经济学定律又称格雷欣法则，由16世纪英国经济学者托马斯·格雷欣阐述并以他的名字命名。主要意思是，消费者保留、储存成色高的货币，而在市面使用成色低的货币进行市场交易，使在民间流通的大多为劣币，良币则较少见于世。参见维基百科相关解释。

（四）政府与市场监管权限的分配

保险是现代经济中普遍存在的辅助监管市场风险形式。保险公司作为私人安全监管机构的事实并没有削弱政府监管的重要性。政府监管的范围很广，在经济的每个部门和每个行业中都有一定程度的政府监管。食品药品监督管理局和环境保护局都是规范风险和强制执行安全措施的政府机构。本部分论述了这种政府监管如何与保险作为监管进行比较和协调。具体论证方法是，将概念和描述性分析结合在一起，然后将保险监管与政府监管进行比较。它确定了保险公司和政府监管机构之间监管工作分工的模式，突出了保险公司在制定安全选择菜单、传播明确的安全规则和监督行为方面的优势。本部分还强调了我们可能期望保险公司在规范政府机构安全方面具有比较优势的地方（如当保险市场具有竞争力且保险公司不会面临协调问题时）以及相反的情况。本部分还强调了通过责任保险过滤侵权法所产生的激励措施的方式。

1. 政府监管介入的时机

与商业保险公司的介入和辅助监管相比，政府监管的方式一般存在以下几类：

首先，一些监管措施或工具仅供政府使用，如刑事制裁措施。因为政府公权力的强制性原因，政府监管部门可以以刑事制裁作为其职能实施的最有力的威慑；商业保险公司不能做出这样的威胁。这对于提高安全性至关重要，因为有些严重的风险行为除刑事制裁外很难真正被阻却（如有行为能力之侵权人故意对他人施加的侵害风险）。政府还可以利用行政权、警察权来实际阻止风险行为的实施人，而这些商业保险公司都无法直接行使，只有当其自身作为风险受害者的时候才能以提起司法救济的方式获得。

其次，某些风险只能由政府确定及提供防控措施。这种情况下，政府是这种行为的唯一监管者，也是唯一的保障者。例如，保险公司不提供核战争保险。保险公司同样不对“已知的未知”提供担保。我们知道存在的突发事件，但概率和数量都不能精确分配。“已知的未知”可能是恐怖主义保险——保险公司知道存在恐怖袭击的风险，但他们难以预测概率或可能的大小。此外，保险公司通常不承保被保险人故意造成的损失，保险公司不承保无能力购买保险的受害人的受侵害损失；因此对保险人进行风险评估是保险公司一项重要的承保先置内容，商业营利始终是其重要的存在价值。因此，在这些保险公司不涉及的领域，政府要么单独监管，要么与其他中间人（如与商业银行或其他金融机构）共同工作。

最后，在保险公司陷入市场负外部性的时候，其辅助监管的功能也将降低，此时政府也同样需要单独监管。如前所述，保险公司从降低其所销售“产品”成本和投资的角度出发，才会有足够动力去投资相应的安全监管。因此，竞争迫使保险公司成为风险监管机构。但是，如果商业保险公司不能通过降低保险成本来获得提升安全标准的价值，保险公司可能会出现一些负市场外部性的因素，这些因素会导致其辅助监管不足，也会造成市场失灵。

2. 商业保险的辅助监管

商业保险公司运营过程中，经常出现的外部性因素包括以下方面：

（1）保险创新方法的知识产权保护问题。商业保险公司为了增强竞争性，有时候会制定新的安全技术标准。但是，那些率先进行创新的商业保险公司很难排除其他并不分担这种技术投资成本的保险公司模仿这种创新并从中获益。一般而言，保险公司创新的安全方法没有专利保护，尽管在某些领域保险公司确实试图为其安全创新申请专利（如汽车数据记录设备的专利申请），但是其他更多的创新方法具有“保险公共物品”的性质。所以，为了激励商业保险公司的开发创新，保险市场应该进行相应的规制和协调，让这些商业保险公司保有足够的驱动力。例如，通过集体资助公共保险产品和方法的研究等确实解决了“方法”公益性问题。

（2）商业保险公司必须克服的另一种外部性在于其提供的策略可能对未来的自身产生潜在竞争风险。例如，我国医疗健康保险一般以 1 年期为主，无法满足消费者对于长期医疗保险市场的需求，其中主要原因在于现有法律缺乏应对长期医疗费用上涨等赔付风险的制度保障。医疗技术进步可降低疾病的死亡率和缩短治疗周期，有利于客户的康复，但也显著提高了医疗成本（如费用昂贵的特效药），进而影响了保险公司的风险成本。

尽管存在这些无保险情况，但许多风险仍然可以通过其他方法获得保障，从而避免风险。在这种情况下，保险公司通常与政府合作以规范安全，在此过程中，强调保险作为食品安全监管的附加价值——用专业的具体的商业和市场手段辅助政府实现更高效的食品安全监管。

食品安全监管的一般过程为：获取相关行为（消费者和食品供应商）信息、设定行为衡量准则、确定相应保险支付规模，这一系列过程都需要来自法律和市场的专业与激励。负责制定规则的经济理论通常利用不同监管机构的信息优势来增强激励机制。在这一过程中，单纯依靠政府监管的弊端很明显。首先，政府监管缺乏足够的激励。任何监管行为最终落实的都是个人或者人群的行为。政府监管中具体的监管行为人没有因绩效而获得报酬，他们的激励或绩效更多来自职业伦理和政治考量的约束，而非受到市场的约束。其次，政府监管主体因为专业分工等因素，并不一定具备先进的信息获取、聚合和预测工具运用能力。而如果每个监管机构都组成一支精密信息专业人员队伍，其人力和技术成本又是昂贵的。政府监管通常是以有限的资源来监督复杂行业行为的模式，其常用的方法是只检查受监管的一小部分样本。可见，单纯的政府监管与食品安全市场的需求之间距离甚远，市场中的第三方监管主体的存在必要性也一目了然。而作为市场第三方监管主体的保险公司，已经在很多领域扩大和辅助了政府监管。

二、食品安全责任保险的法律特征

从前述食品安全责任保险的概念可以看出，食品作为特殊类产品，食品安全责任也适用危险或者瑕疵产品责任的法律规制，具有产品责任保险制度的共同法律特性。

（一）以食品瑕疵责任为基础，法律归责以严格责任原则为主[1]

食品作为特殊产品，适用产品的瑕疵责任理论体系；而国际上通

---

〔1〕 参见邱聪智：《从侵权行为规则原理之变动论危险责任之构成》，中国人民大学出版社 2006 年版，第 86 页。

行的关于产品责任的归责原则也由早期的过失责任发展到担保责任，直到当前的严格责任。自温特博特诉赖特[1]案到格林曼诉尤巴动力产品公司这一案件，产品责任的归责原则演变历经120多年，目前英美国家多数采纳严格责任，将其作为侵权责任的认定标准。[2]包括食品安全责任保险在内的产品责任保险，都是架构于这种严格责任带来的对于企业等主体的风险分散和权利保护体系。产品责任保险始于1910年前后，20世纪70年代开始在世界上产生广泛影响。

（二）食品安全责任保险以损害赔偿责任为保险标的

包括食品安全在内的产品责任保险与其他保险类型具有明显的区别。例如，人寿保险的标的是自然人的身体或者生命，财产保险的标的是物质财产以及与之相关的利益。而责任保险的标的是被保险人对第三者应当承担的民事赔偿责任，亦即产品责任保险的保险利益不在于保险契约的相对人之间，而在于第三人利益。就食品安全责任保险而言，保险契约的当事人是保险人与被保险人，保险人是保险企业，被保险人是食品生产、经销企业，而保险利益则主要针对保险契约当事人之外的第三方，也就是食品消费者因为被保险人生产或者销售的瑕疵食品而获得的民事赔偿利益。由此可见，食品安全责任保险的实质也是对食品生产和销售企业的风险的转移或者分散，即由保险企业按照投保条件赔偿原来应由食品生产企业承担的民事赔偿义务。

（三）食品安全责任保险价值的法本质在于保险利益

作为责任保险的特殊类型，食品安全责任保险的保险价值在其法本质上也具有责任保险的特征。保险价值这一法律范畴并非对所有保险合同均有规范意义。按照目前的保险法，保险类型分为财产保险与人身保险；而保险价值仅存在于其中的财产保险之中，不涉及人身保险。如在我国《保险法》中，涉及保险价值的条款均出现于财产保险合同之中。按照保险标的之性质分类，财产保险可分为有形财产保险和无形财产保险。前者被称为财产损失保险，而后者被称为责任保险。在保险法理论

[1] 参见［美］戴维·G. 欧文：《产品责任法》，董春华译，中国政法大学出版社2012年版，第5页。

[2] Cal. Rptr. 697，59 Cal. 2d 57，377 P. 2d 897，13A，L，R. 3d，1963，p. 1049.

和实践中，财产保险的保险价值主要存在于有形的财产损失保险部分，因为财产损失保险的财产具有可确定性。而责任保险虽然“以被保险人在保险期间可能造成他人利益损害为标的，其承保的对象是被保险人的法律风险，属于补偿性，应适用财产保险”,[1]但其是否具有财产保险的保险价值问题学界尚存在分歧。持否定观点的学者认为，责任保险不是存在于被保险人的特定财产中，而是存在于被保险人的一般财产中，因而不具有可确定的保险价值。[2]英国保险法学者克拉克教授支持该观点，他曾指出：“责任保险的标的是被保险人拥有的财产，即容易受到损害赔偿影响的家产。简言之，标的就是他的‘钱袋’。”[3]美国保险学之父所罗门·许布纳教授也认为：“责任保险最重要的特征之一，或许就是无法对潜在损失作出充分精确的衡量，故无保险价值的观念。”[4]但是，也有学者认为，即使责任保险是被保险人的一般财产，这种一般财产的保险价值在技术层面上也具有可确定性，例如可以“以第三人之赔偿请求权数额确定之”或者“责任保险之保险价额，应为其责任之可能最大极限。此项‘极限值’可因个案事实而异”。[5]但是，这种将“损害赔偿金额”等同于责任保险之保险价值的观点实质上是将责任保险与财产损失保险予以简单类比，而忽视了责任保险的实质和根本目标。正如所罗门·许布纳教授所述，“财产直接损失不可能超过财产本身的价值。与财产直接损失相比，责任损失实际上是没有限额的”。[6]如上所述，食品安全责任保险具有双重保障性：既保障受害人利益，也保障被保险人利益。其保险价值在于基于实际损害的赔偿责任与利益的合理实现，因此该保险利益的范畴不应受到确定的价值限定。

---

〔1〕 参见孙积禄：《保险法》，高等教育出版社 2008 年版，第 158 页。

〔2〕 参见樊启荣、康雷闪：《保险价值之法本质及功能解释》，载《法学》2013 年第 4 期。

〔3〕［英］Malcolm A. Clarke：《保险合同法》，何美欢、吴志攀等译，北京大学出版社 2002 年版，第 101 页。

〔4〕［美］所罗门·许布纳、小肯尼思·布莱克、伯纳德·韦布：《财产和责任保险》（第 4 版），陈欣、高蒙、马欣、胡晓莹等译，中国人民大学出版社 2002 年版，第 368 页。

〔5〕 樊启荣、康雷闪：《保险价值之法本质及功能解释》，载《法学》2013 年第 4 期。

〔6〕［美］所罗门·许布纳、小肯尼思·布莱克、伯纳德·韦布：《财产和责任保险》（第 4 版），陈欣、高蒙、马欣、胡晓莹等译，中国人民大学出版社 2002 年版，第 367 页。

综上所述，食品安全责任保险在许多国家都被纳入产品责任保险体系进行综合立法规制。但是，食品作为特殊的商品，食品安全涉及消费者的生命和健康权利，也是公共安全的重要组成部分，因此，一些国家和地区也对食品安全责任保险作为食品安全法的内容加以特殊规制。由此可见，食品安全责任保险也具有一些独特的方面，需要立法和司法实践予以重视。下面我们将从其法理基础、现实基础、国际模式以及基本问题等方面，进一步阐述我国食品安全责任保险制度的构建。

第四节 食品安全责任保险的前提与要素

食品安全问题，本质上是社会问题。这是食品安全责任保险制度建构必须遵循的现实基础。作为以社会整体利益和安全的实现为目标的社会性法，[1]食品安全法应建构在公平正义原则基础之上。公平正义既是经济法的基本原则，也是社会学的基础。正如约瑟夫·弗莱彻（Joseph Fletcher）所言，“没有公正，便没有道德；没有公正论，便没有伦理学”。[2]那么，法律如何确保公平正义目标的实现呢？其本质与核心问题就在于哈贝马斯（J. Habermas）提出的“法律的有效性问题”，也就是“如何使得随时出现的法律适用能够具有内在一致性和外在合理性，从而同时确保法律的稳定性和正确性”。[3]也就是说，公平正义的法律只有通过一种有效的形式才能获得真正意义上的实现。关于法律的有效性论述，哈贝马斯也做了进一步阐述，即法律虽然表示必要的强制，但是这种强制可以建立在商谈的基础上，也就是说，可以从规范的有效性

---

〔1〕 参见卢玮：《食品安全法制与伦理耦合机制研究》，载《山东社会科学》2013 年第 11 期。

〔2〕 [美] 约瑟夫·弗莱彻：《境遇伦理学：新道德论》，程立显译，中国社会科学出版社 1989 年版，第 182 页。

〔3〕 [美] 马修·德夫林编：《哈贝马斯、现代性与法》，高鸿钧译，清华大学出版社 2008 年版，第 58 页。

向度弥补法律强制性的缺陷。[1]由此可见，食品安全法是作为社会性法而存在，其有效性的向度在于社会需求。

食品安全责任保险的理论源自社会分配正义理论。自古代希腊思想家亚里士多德（Aristotle）提出德善观以来，人们对于法律制度的功能理解，集中在法对于社会或者行为的矫正，在这种理念之下，侵权行为法的目标主要在于恢复损害，在商品经济时代，这种矫正的正义主要通过民事的惩罚或者赔偿体现。这个时候的侵权行为法与保险制度也不存在关联。但是，随着商品经济社会的发展，正如美国学者波斯纳（Richard Allen Posner）所述："如果赔偿是过失制度的唯一目的，那它就是一种贫困的制度，因为它不但成本很高而且很不完善。"[2]这种完全以恢复性为基础的侵权行为法，既无法满足复杂商品经济环境下的利益诉求，无法体现商品经济的鼓励与刺激作用，又在事实上阻止了实质性正义的实现。1971 年，美国哈佛大学教授约翰·罗尔斯（John Rawls）提出了分配正义理念，即正义的主题就是社会的基本结构，或者说得更准确些，就是主要的社会体制分配基本权利与义务和确定社会合作所产生的利益的分配方式。[3]分配正义弥补了传统矫正正义的不足，成为"损失承担社会化"的责任保险制度的法理基础。[4]

按照罗尔斯的分配正义理念，侵权行为法以及责任保险体系的建构，都是以对风险社会领域受害者的补偿保护为基础。而具体到食品安全责任分配，其正当理由也是基于食品生产企业或者销售企业与消费者分散损失能力的比较。在食品安全责任保险中，消费者的损失由具有赔偿能力的保险企业进行赔付，从而为消费者实际获得赔偿提供充分保障，使该制度成为应对风险社会中无处不在的风险的保障工具。这一制

---

〔1〕［美］马修·德夫林编：《哈贝马斯、现代性与法》，高鸿钧译，清华大学出版社 2008 年版，第 44 页。

〔2〕［美］理查德·A. 波斯纳：《法律的经济分析》（上），蒋兆康译，中国大百科全书出版社 1997 年版，第 346 页。

〔3〕参见［美］约翰·罗尔斯：《正义论》，何怀宏等译，中国社会科学出版社 1988 年版，第 2 页。

〔4〕参见李华：《我国食品安全强制责任保险制度的构建》，载《商业研究》2012 年第 5 期。

度利用社会化机制，实现了财富较为公平的分配，体现了社会分配的实质正义。在对此法理基础有了充分认识之后，关于责任保险产生于侵权责任还是契约责任，其区分与竞合问题，则不会再影响责任保险的建构。

一、以食品安全法、保险法为主体的法律体系确立

《食品安全法》是构建食品安全责任保险制度的基本法，也可以视为其母法。我国《食品安全法》自 2009 年颁布实施，2014 年出台了修订草案。食品安全责任保险制度是此次修订草案新增的一个重要内容。修订草案围绕《食品安全法》的基本原则——社会参与和风险防范等，通过对于食品安全责任保险制度进行理论研究与实践调研，最终确定了国家鼓励企业参加食品安全责任保险的原则性规范。由此可见，《食品安全法》的相关内容修订，明确了食品安全责任保险制度的建构方向。

与此同时，《保险法》的修订则为食品安全责任保险制度提供了相应的保障。食品安全责任保险的法律性质，属于商业保险法里的责任保险制度。我国 2014 年修订的《保险法》专门规定了责任保险，该部分也适用于食品安全责任保险。该法第 65 条规定："保险人对责任保险的被保险人给第三者造成的损害，可以依照法律的规定或者合同的约定，直接向该第三者赔偿保险金。责任保险的被保险人给第三者造成损害，被保险人对第三者应负的赔偿责任确定的，根据被保险人的请求，保险人应当直接向该第三者赔偿保险金。被保险人怠于请求的，第三者有权就其应获赔偿部分直接向保险人请求赔偿保险金。责任保险的被保险人给第三者造成损害，被保险人未向该第三者赔偿的，保险人不得向被保险人赔偿保险金。责任保险是指以被保险人对第三者依法应负的赔偿责任为保险标的的保险。"相比修订前的《保险法》关于责任保险的规定，可以看出该部分对第三人利益的保护有所增加，集中体现在第三人可以直接向保险人请求赔偿。而我们知道，《保险法》与《食品安全法》的修订在 2014 年同时启动，那么在具有相关性的内容方面，两法必然会进行协调与统一。因此，《保险法》关于责任保险制度的修订，不可避免地会受到食品安全责任保险制度构建的影响，体现出与《食品

安全法》修订的协调性。

此外，《民法典》侵权责任编中关于产品责任的规定，对于食品安全责任保险制度的构建也具有重要影响。包括食品安全责任保险在内的责任保险，其重要的法理基础就是侵权责任法。而依据不同的归责原则，对于食品安全责任保险的构建与实施，就会产生不同的作用。《民法典》关于产品责任的归责原则针对不同的主体做了差异化规定。例如，对于产品生产者，确立了严格责任原则，而对于销售者则采用过错原则。根据这种主体差异性规制，具体到食品安全责任保险领域，则可能发生以下变化，即食品生产者的法律风险高于销售者，这意味着食品生产企业主动、自愿购买食品安全责任保险的意愿和动机会更强。由此可见，《民法典》中关于侵权责任的相关规定，是影响食品安全责任保险制度构建的重要因素。

由前述可知，食品安全责任保险制度的构建，是一个以食品安全法、保险法、侵权责任法为主，多部法律协调运行的过程。就目前的立法体系而言，保险法和侵权责任法已经有相关的法律明文规定。所以，《食品安全法》的修订应该加入该部分内容，以体现法律制度的系统性与完整性。

二、食品安全责任保险制度的市场需求逐渐形成

食品安全责任保险制度的建构及其实施程度，归根结底还是由市场所决定。最初的食品市场谨遵自愿交易的基本观点，当食品生产者可以通过把自己的产品卖给那些认为购买这些产品能够满足自己最优利益的人手中时，他也就获得了自己最好的利益。在这种情况下，是亚当·斯密所言之“看不见的手”在起作用。[1]然而，随着食品工业中大量技术的使用，单纯消费者自身的辨别力下降，影响了实质上的自愿交易与公平契约原则，此时，市场中自利的“经济人”如何被“一只看不见的手”引向为公共利益服务，也使得自身转化成一个“社会人”。此时这“一只看不见的手”实则为制度，相对于企业自身道德约束的散漫而

〔1〕 参见［英］亚当·斯密：《国富论》，杨敬年译，陕西人民出版社1998年版，第9页。

言，外部制度对于契约的遵守是必要的。[1]因此，包括食品安全责任保险在内的制度体系的产生，离不开市场自身的发展与需求。而中国的食品工业和市场在20世纪80年代开始，规模、种类以及技术运用等，都处于高度发展时期，如图1所示，2008年至2012年，我国食品制造业规模呈持续上升态势。食品工业和市场的繁荣，是食品安全责任保险制度在当下得以构建与实施的重要环境基础。

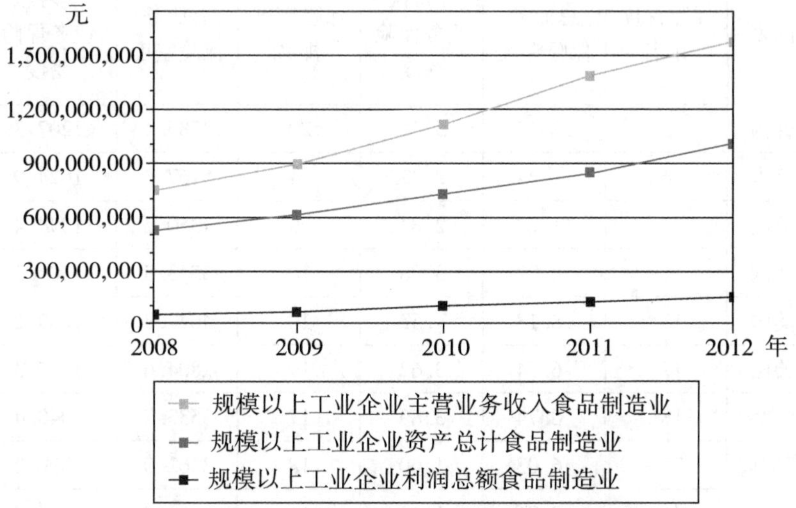

图1　2008～2012年食品制造业发展规模情况

资料来源：中经网统计数据库。

除此之外，中国保险市场的逐步成熟与规范为其提供了环境与市场。保险市场保持了良好有序的发展态势。其中，包括责任保险在内的财产险的原保险保费收入从2004年的100万元增加到2014年的700万元，增幅达700%。[2]与财产保险的市场发展相对应的是，责任保险也有较大幅度的发展，目前我国的责任保险主要有交强险、出口食品责任保险等，这些险种的实施也为食品安全责任保险的开发与实践提供了相关经验。

---

〔1〕 参见［美］曼瑟·奥尔森：《权力与繁荣》，苏长和、嵇飞译，上海世纪出版社2011年版，第50页。

〔2〕 资料来自中经网统计数据库。

但是，相较于其他国家的市场发展情况，中国的保险市场仍有极大发展空间，这从保险深度与保险密度可以看出（见表2），中国保险深度和保险密度的总排名分别位于世界第46和第61，但包括责任保险在内的非寿险保险深度和密度等，都与世界发达国家相距甚远。

表2　2012年中国与其他国家保险深度、密度比较

国家	保险深度排名	总业务保险深度	非寿险业务保险深度	保险密度排名	总业务保险密度	非寿险业务保险密度
韩国	5	12.12	5.25	20	2785.4	1207.3
日本	6	11.44	2.27	4	5167.5	1024.9
英国	7	11.27	2.84	9	4350.2	1094.4
法国	11	8.92	3.28	16	3543.5	1304.3
美国	13	8.18	4.52	10	4047.3	2239.2
德国	17	6.74	3.62	19	2804.6	1505.3
加拿大	18	6.74	3.89	17	3533.7	2040.4
新加坡	22	6.03	1.60	18	3362.0	890.2
中国	46	2.96	1.26	61	178.9	76.0

资料来源：巨灵财经数据库。

由此可见，中国保险业的整体发展亟待加强。此外，从目前国内食品安全责任险试点情况也可以看出，食品企业的投保率不到10%，并且赔付案例数据不足。2014年上海食品安全工作会议强调，要在食品生产、流通、餐饮高风险企业中，推广食品安全强制责任险制度。被纳入强制责任险之列的，主要是乳制品、婴幼儿食品、食用油等重点食品企业，以及大型食品批发、大型超市、大型婚宴、农村自办酒席、集体用餐配送等高风险食品企业。[1]但是，试点实施过程中一个显著现象是，企业的投保意愿和主动性相对微弱。如何推动企业积极投保，需要一个

〔1〕《上海推广食品安全责任险》，载中国日报网，http：//www. chinadaily. com. cn/hqgj/jryw/2014－02－24/content_11274257. html。

完善的制度机制进行激励，而绝不是仅仅靠强行规定。由此可见，推行食品安全责任保险，首要是制度构建，即利用司法体系、政策体制和市场机制这三种机制对生产者的激励，使产品风险降至最低。[1]

三、食品安全责任保险的可借鉴模式

如前所述，目前世界各国较为通行的做法是，将食品安全责任保险作为产品责任保险进行规制，适用产品责任法和产品责任保险的相关制度，其代表国家和地区主要有美国、欧盟和日本。当然，部分国家和地区也有采用专门的食品安全责任保险制度的方式对食品安全作出重点保障，如我国台湾地区。通过分析可以发现，以上这些国家和地区，无论是将食品安全责任保险与产品责任保险统一规制，还是以专门法的形式规制，由于产品责任保险和产品责任密切相关，从而受到各国侵权责任法以及产品责任法的影响较大，[2]各国也都据此形成了各具特色的食品安全责任保险制度。对这些特征进行归纳分析，可以探求一些普遍适用的经验和做法，为我国当前食品安全责任保险制度的构建提供一些借鉴。

（一）食品安全责任保险作为政府福利保障的补充

作为传统的福利国家和地区，欧盟的政府福利政策在社会生活各个方面都有所体现，尤其在关切消费者生命与健康权利的保护方面，如食品安全问题。但是，在1985年，当时的欧共体理事会通过针对缺陷产品责任的指令（EC directive 85/374）出台之前，除了德国和法国有针对药品安全的严格责任或者类似规定外，其他成员并没有针对产品责任作专门规定。该产品责任指令通过后，欧盟国家统一对包括食品在内的缺陷产品采用严格责任原则。[3]由此，欧盟国家食品生产企业的法律风险似乎随着严格责任原则的确立而增大。然而事实上，该指令出台后，

---

〔1〕 参见赵晓旭：《产品安全与产品责任保险——以美国、欧盟和日本为视角》，载《财经论坛》2010年第5期。

〔2〕 参见杨柳：《我国食品安全责任保险研究》，载《山东社会科学》2012年第6期。

〔3〕 See Alberto Cavaliere: *Product Liability in the European Union: Compensation and Deterrence Issues. European Journal of Law and Economics*, 2004, p. 299－318.

并没有出现诉讼和索赔大幅度上升的情况。一个重要的原因在于，欧盟国家并未设立惩罚性赔偿体系，而这一部分则由福利国家的社会保障体系替代。产品责任的受害者可以受到国家福利政策保障的补偿，当这种福利补偿无法满足受害者诉求时，才会考虑产品责任保险的支持。由此可见，欧盟国家的产品责任保险与福利社会保障制度的实施具有主次之分，即以社会保障制度为主，产品责任保险制度作为补充。体现了欧洲传统福利国家的特征，但同时也增加了国家财政负担。

（二）责任保险制度与惩罚性赔偿的相互配合

与欧盟统一的产品责任制度不同，美国的食品安全责任保险制度受英美判例法传统以及联邦—州两级法律体系分立的影响深远。作为商事契约法的一部分，美国的食品安全责任保险也在产品责任法体系之内，并且排除联邦立法，而由各州分别制定。联邦立法曾经试图以《统一产品责任法》统一各州产品责任制度，但是并未获得各州采用。各州仍然根据本州需求实施不同的产品责任法。总体而言，多数州都采用严格责任与惩罚性赔偿互相补充配合，以此增加食品生产和销售企业在发生食品安全事故时将承担的巨额惩罚的法律风险，通过外部化压力转化成企业主动购买食品安全责任保险的内部动力机制，因此，美国的食品安全责任保险的投保普遍较高。但是，在投保率和食品安全问题获得解决的同时，外部化也给美国食品企业和保险企业造成巨大压力。20 世纪 80 年代美国一度出现了责任保险危机，有些保险企业为了规避危机，不得不采取措施限制保险类型或者提高保费，来缓解市场压力。同时，这次保险危机也促使人们对于责任保险效率、动态定价、长尾索赔等问题进行讨论，并采取措施予以解决，使保险业在危机中经受住了考验，形成更为成熟高效的发展路径。[1] 此外，关于惩罚性赔偿与责任保险的逻辑次序，在发生食品安全事故时，美国的法院优先考虑适用的是惩罚性赔偿这种民事责任的方式补偿消费者。这使消费者获得赔偿的效率提高，也给企业增加了法律风险，从而促使他们参加食品安全责任保险。

---

〔1〕 See Jeffrey. W. Stempel. *Assessing the Coverage Damage: Asbestos Liability and Insurance After Three Decades of Dispute*, Connecticut Insurance Law Journal, 2005, p. 349.

（三）政府监管职责与企业团体保险制度的结合

日本关于食品安全问题的规制，既与美国通过对企业施加巨额的惩罚性赔偿，主要以提高食品生产企业的法律风险不同，也与欧盟国家以政府福利政策的补偿作为保障相区别，而是采取一种以政府监管控制风险为主，一旦发生食品安全事故，对生产和销售企业采用严格责任原则的模式。日本的食品安全责任在产品责任法体系之内，以1995年实施的产品责任基本法[1]《新造物责任法》的实施为界，分为两个阶段。1995年之前，尽管出现了一些比较大的食品安全事件，但是日本法院据以判决的是日本民法所确立的疏忽责任原则，根据疏忽责任由受害者举证的要求，企业的法律风险很小，因此他们购买食品安全责任保险的内外动力也明显不足。《新造物责任法》确立了包括食品安全责任在内的严格责任原则，这给企业增加了法律风险，促使企业投保食品安全责任保险。但是，与美国企业的巨额压力相比，日本的食品生产企业赔偿压力较小，因为日本法律没有对企业规定惩罚性赔偿，而是将对企业的惩罚体系，以强制要求政府加大监管的方式进行，强调的是政府监管对食品安全的应负之责。此外，日本实施了企业责任保险的团体保险制度，主要为中小食品生产企业提供联合保险。即由企业协会统一团购食品责任保险，在最大限度地减少企业成本的同时，让企业获得保险保障。[2]在此情形下，日本的食品生产和销售企业既有购买食品安全责任保险的适当动力，也享有来自政府促使其商业发展的激励政策。

（四）食品安全责任保险的强制立法

与以上国家和地区相比，我国台湾地区有关食品安全监管和责任保险制度“食品卫生管理法”第21条明确规定，经主管机关公告类别及规模之食品业者，应投保产品责任险；保险金额及契约内容，由“主管机关”会商有关机关定之。[3]我国台湾地区“卫生署”则专门发布了食

---

〔1〕参见杨立新：《有关产品责任案例的亚洲和俄罗斯比较法研究》，载《求是学刊》2014年第2期。

〔2〕See Phil Rothenberg. *Japan's New Product Liability Law*：*Achieving Modest Success*，*Law and Policy in International Business*，2000，p. 453.

〔3〕我国台湾地区“食品卫生管理法”，1975年1月28日公布，2008年5月修改时增加了第21条“产品责任保险”条款。该法之后又经多次修订，在现行法律中，“产品责任保险”条款在第13条，并且该款第2项内容作出调整。

品责任保险的具体事项公告。主要有以下内容：（1）应投保企业范围：凡是持有营利事业登记的食品产业，包括制造商、进口商和委托其他厂代工的产品供应者，应如期完成投保。（2）按食品企业分级分阶段，在两年半的时间内完成食品责任保险投保：①冷冻调理食品、乳品、饮料业者；②餐盒工厂、面条及罐头工厂，观光旅馆之餐厅业者；③承揽学校餐饮之餐饮业、供应学校餐盒之餐盒业、承揽宴席之餐饮业等；④其他一般类型食品业。[1]（3）强制责任范围和基本投保条件："食品企业发生被保险产品未达到合理的安全期待，具有瑕疵、缺陷和不可预料之伤害或者毒害性质等缺陷，致第三人遭受身体伤害、残废、死亡者"[2]，并且规定了基本投保条件，例如，每个人身体伤害最高理赔额度以及每次事故最高理赔额度等。

我国台湾地区的食品责任强制保险的价值取向明确，强制食品业者投保食品责任保险，在平衡消费利益与消费市场秩序的同时，具有分级分阶段实施的具体目标，总体上实现了食品安全风险的可控性和分散性。但是，它仍然存在一些具体的问题有待厘清，如基于食品企业的种类、规模以及每种食品的销售范围分类、企业尤其是微型企业的生存发展，被害人索赔才予以保险赔偿的机制是否有利于消费者权益保障，食品责任强制立法之后政府监管责任如何发挥作用等。

四、构建食品安全责任保险的基本要素

当前，随着食品安全成为公共安全的重点和热点问题，食品安全责任保险正以立法确认和鼓励的形式进入中国食品安全监管的视野之中。在此情形下，食品安全责任保险制度的构建及其水平，对于食品生产和供应企业分担法律风险、保护消费者生命和健康权利、实现政府监管与社会参与共治，提升食品安全监管的水平等，都具有十分重要的意义。

---

〔1〕 我国台湾地区"卫生福利主管部门"2008年5月2日第0960400307号公告：《食品业者投保产品责任保险》，载台湾地区"行政主管部门"资讯网2022年1月19日，http://gazette.nat.gov.tw/EG_FileManager/eguploadpub/eg013085/ch08/type1/gov70/num63/Eg.htm。

〔2〕 我国台湾地区"卫生福利主管部门"2008年5月2日第0960400307号公告：《食品业者投保产品责任保险》，载台湾地区"行政主管部门"资讯网2022年1月19日，http://gazette.nat.gov.tw/EG_FileManager/eguploadpub/eg013085/ch08/type1/gov70/num63/Eg.htm。

但是，由于现阶段社会经济和食品工业发展水平有限，无论是食品市场还是保险业都缺乏足够的市场信息和案例数据，为构建该制度做出更明确的资源分析和前景预测。我们只有根据现有的资料，以及通过对其他国家和地区相关制度的比较与借鉴，在构建食品安全责任保险制度时，应在全面架构制度的基础上，着重从以下几个方面加强思考和分析。

（一）立法应平衡市场和消费安全的价值取向

食品安全法及食品安全责任保险的立法，有利于鼓励市场经济和保护弱势群体利益。按照食品责任保险制度的法律属性，其首先是作为商事立法而存在，而在商事立法的宗旨是保障企业盈利和市场发展。正如新制度经济学的鼻祖，1991 年诺贝尔经济学奖的获得者罗纳德·科斯所述："经营意味着预测与通过签订新契约，利用价格机制进行操作。管理则恰恰意味着仅仅对价格变化作出反应，并在其控制之下重新安排生产要素。"〔1〕食品安全责任保险是一个市场存在的法律反映，对此不容置疑。

但食品安全责任保险又因为针对食品这一产品而需要特别立法，因此，食品安全法又应该最大限度地保障消费者的生命与健康权利。当然，这个价值取向的选择离不开经济发展的阶段特征，也离不开各国本土社会文化和法律环境的限制。前文所述之美国、欧盟和日本等国家和地区，其食品安全法包括食品安全责任保险制度的发展，也都体现了价值选择的阶段性与过程性。如美国的食品安全法，其 1906 年《纯净食品和药品法》（Pure Food and Drug Act）诞生之初，即一个政府部门和食品企业以及消费者利益等多方博弈的结果，〔2〕由此奠定了美国 100 多年来对于"食品是资本的主要形式"〔3〕的认知传统，正如前总统奥巴马 2011 年签署《联邦食品、药品、化妆品现代化法案》（Food and Drug Administration Modernization Act）时所言："虽然联邦政府无法做到解

〔1〕［美］罗纳德·哈里·科斯：《企业、市场与法律》，盛洪、陈郁译，格致出版社、上海三联书店、上海人民出版社 2009 年版，第 33 页。

〔2〕 See Donna J. Wood, *The Strategic Use of Public Policy*: *Business Support for the* 1906 *Food and Drug Act*, 59 Business History Review, 403（1985）.

〔3〕 Brooks: *Food Science*, Cole Publishing Company, 1984, p. 453.

决每个人的问题，但是有一些特定的事项是我们可以做的，其中就是确保我们吃到的食物、服用的药品是安全的，不会对我们造成伤害的。”[1]由此可见，美国的食品安全相关立法价值在于对市场与消费安全的合理平衡。欧盟国家也是如此，因为福利国家的传统，其对于消费者利益的保护倾向在立法中体现得更为明显。

我国目前的经济发展水平，决定了我们在构建食品安全责任保险时，必须立足现有条件和制约因素。我们在建构改制时，必须认识到，食品工业作为现代经济的组成部分，会不可避免地面临来自包括现代科技带来的法律风险，如何确定这些风险的合理法律范围，是法律制度构建之前必须考虑的现实基础。[2]通过合理划定食品安全问题中的各方责任及其比例，提高职能部门的监管水平、增强食品企业内外投保动力、分级分阶段鼓励保险企业的参与等，实现食品安全的风险合理分散与有序的社会共治目标，而不仅仅以强制企业参加责任保险的方式，方能体现我国目前市场经济和社会公共安全的现实需求。

（二）制度构建应以法律体系的协调为基础

食品安全责任保险制度的构建，涉及多部法律之间的配合，其中最为主要的即前文所述之《食品安全法》、《民法典》以及《保险法》。例如，2014 年《食品安全法》修订草案二次审议稿第 42 条增加了：“国家鼓励食品生产经营企业参加食品安全责任保险”，这是以食品安全根本法的形式，首次将食品安全责任保险制度作为食品安全问题解决的重要机制进行明确的法律规定。此外，《保险法》第 65 条则从保险法领域对于食品安全责任保险实施的范围和方式作出基本框定：“责任保险的被保险人给第三者造成损害，被保险人对第三者应负的赔偿责任确定的，根据被保险人的请求，保险人应当直接向该第三者赔偿保险金。被保险人怠于请求的，第三者有权就其应获赔偿部分直接向保险人请求赔偿保险金。责任保险的被保险人给第三者造成损害，被保险人未向该第

---

〔1〕 Susan A. Schneider, *Examining Food Safety from A Food Systems Perspective: The Need for A Holistic Approach*, Wisconsin Law Review, 2014, p. 398.

〔2〕 参见彭飞荣：《风险与法律：食品安全责任的分配如何可能》，载《西南政法大学学报》2008 年第 2 期。

三者赔偿的，保险人不得向被保险人赔偿保险金。责任保险是指以被保险人对第三者依法应负的赔偿责任为保险标的保险。”另外，《民法典》侵权责任编第四章产品责任部分，对于产品生产者、销售者的产品责任作出了明确规定，其中生产者采取严格责任，即“因产品存在缺陷造成他人损害的，生产者应当承担侵权责任”（《民法典》第 1202 条）；而销售者一般采用过错责任原则，即“因销售者的过错使产品存在缺陷的，生产者赔偿后，有权向销售者追偿”（《民法典》第 1203 条）。由此可见，我国现有法律体系，是进一步构建食品安全责任保险制度的法律基础。

食品安全责任保险制度法律体系的协调性，主要在以下两个方面产生重要影响。一是无过错责任原则是责任保险制度构建的基础。正如我国台湾地区学者王泽鉴所言：“责任保险与民事赔偿之间相互作用，责任保险提供了无过失责任的实际基础，而无过失责任制度适用范围的扩大，则促进了责任保险的发展。”〔1〕从我国目前的法律体系来看，一方面，《食品安全法》作为食品责任保险制度的基本法，为该制度的建构提供了宗旨和原则，明确了食品责任保险制度的立法目标。另一方面，食品安全责任作为产品责任的子概念，其归责原则又离不开产品责任法和侵权责任法的框架，根据我国目前的立法，对于食品生产和销售企业主体，具有不同的归责原则，其中对于生产加工企业适用的是无过错责任原则，而对于销售企业适用过错责任原则。这些不同的归责原则，也会对责任保险制度产生不同的影响。主要涉及责任保险承保的范围限定问题。二是严格责任原则下的食品企业购买责任保险的动力与法律风险呈正比例关系。这种归纳来自前文所述国际模式的借鉴，其中，美国的企业投保动力强劲，与其巨额的惩罚性赔偿带来的法律风险呈正比例关系，而欧盟国家因为福利国家的保障制度在一定程度上缓解了法律风险，其企业投保食品责任保险的动力则明显下降。正如哈佛大学法学院的史蒂文教授所言，“加害人”通常具有风险厌恶性，而采取不同的责

〔1〕 王泽鉴：《侵权行为法之危机及其发展趋势》，载王泽鉴编：《民法学说与判例研究》第 2 卷，中国政法大学出版社 1998 年版。

任原则，以及对责任后果与法律风险之间进行合理的制度安排，可以降低风险承担的可能性，加强企业规避风险的激励性。[1]我们在制度构建中，需要选择合理的风险比例，恰当地运用制度对行为的激励作用。

因此，进行食品责任保险制度设计的前提，应该对这些关联法律中的关联条款进行协调，以实现不同法律之间的逻辑连贯性。

（三）结合本土资源与国际经验进行制度的现实建构

前文介绍了当前一些具有特色的食品安全责任保险模式的国际和境外经验，为我国的食品安全责任保险制度构建提供了多元的选择。但是，制度的借鉴应该建立在对共性与个性的合理区分上。每个国家和地区采取的特色制度，在某一种意义上来说都是无法复制的，这个意义就在于本土法律文化资源的差异性。但是即便如此，我们还是可以从他们的经验中，寻找具有普适性的规律，再结合本国现实条件，实现国际经验的本土化和制度化，在食品安全责任保险与作为政府福利保障的补充、责任保险制度与惩罚性赔偿的配合、政府监管职责与企业团体保险制度的结合以及食品安全责任保险的强制立法这四类模式中，进行合理平衡与选择。通过比较发现，强制立法的模式在国际上并不具有广泛性，主要是以我国台湾地区为代表，虽然我国台湾地区自 2009 年实施了该强制“立法”，但是随着“塑化剂”“地沟油”等食品安全事件频繁发生，我国台湾地区的食品安全责任强制保险的制度效率和可行性受到怀疑。因此，对于这种强制立法的模式，我们在理论上可以密切关注加强研究，而在目前的实践中必须谨慎对待。相比我国台湾地区的强制责任保险立法，美国、欧盟和日本等国家和地区则是通过法律与监管双重压力，依据产品责任法等法规，运用保险等市场手段，实施风险保障与赔偿义务。当然，这几个国家和地区的模式本身也有所不同，欧盟的政府福利保障替代惩罚性赔偿，实则需要一个庞大的政府财政、国民经济的发达程度以及现有社会保障体系，而这对于目前尚处于发展时期的我国，也只能是有限参考。因此，对于惩罚性赔偿和政府监管以及他们

[1] 参见［美］乔治斯·迪翁、斯科特·E. 哈林顿：《保险经济学》，王国军等译，中国人民大学出版社 2005 年版，第 335～336 页。

与食品安全责任保险之间的合理责任分担，则是我们在现实基础上需要着重研究，并考虑如何吸收和借鉴的问题。

综上所述，2015 年修订的《食品安全法》，将鼓励参与食品安全责任保险制度纳入立法范围，这是立法对于公民生命健康与食品安全的又一有力的制度保障。虽然立法只做了原则性的规定，并且态度谨慎，但是仍然为我们描述了一个可预期的制度蓝图。我们完全可以在现有的立法基础和市场基础之上，通过对国际已有的食品安全责任保险制度建构的四类模式的本土化运用，围绕相关基本问题，构建具有中国现实意义的食品安全责任保险制度。

第二章　食品安全责任保险制度构建的底层逻辑

食品安全责任保险制度有两个基础：一是食品安全社会共治原则；二是由前项原则引发的食品安全的市场参与监管原则。这两个制度基础将食品安全责任保险由普通的民商事保险制度引申为具有辅助或替代政府监管职责的辅助监管人。本章主要围绕食品安全责任保险制度的辅助监管角色、职责和界限，寻求该制度构建的底层逻辑，使食品安全责任保险制度的理论体系和框架更具有逻辑性和合理性。这是继续探讨食品安全责任保险制度如何重构的重要基础。

第一节　食品安全责任保险概念和功能的四个维度

关于食品安全责任保险是否具有食品安全监管的职责或者功能，奥姆里・本－沙哈尔和凯尔・洛格认为，责任保险可以履行监管的部分职能，同时能够降低道德风险。他们认为，现代行政国家侵权法应关注赔偿和安全风险监管两个目标，侵权法未来属于那些通过整合公共行政法和私人侵权法的概念来解决复杂的健康和安全问题的人。奥姆里·本－沙哈尔和凯尔·洛格则通过增加保险的第三个维度作出了重大贡献："选择这两个机构的理想监管角色——代理机构与法院——决定了保险安排在多大程度上支持侵权法和代理法的监管功能。"[1]他们由此提出在许多行政监管领域，私人保险公司都可以做到并且已经这样做。它们以增加整体社会福利的方式取代或加强政府目前执行的标准制定和安全监测。私人保险公司拥有两个主要的比较优势：优越的信息和竞争。就国家信息优势而言，保险公司拥有"在获取和整理复杂信息方面的专业知识"。其业务的核心是组装大型精算数据库，用于对承保过程中的风险进行分类和定价。此外，与政府监管机构不同的是，保险公司之间存在竞争，这是它们降低风险动机的关键。保险作为现代经济中一种普遍存在的监管形式，如果侵权责任在某一领域被消除，而政府还没有介入，私人保险市场就会涌现出来。例如，企业通过使用强制性仲裁条款来免除法院对违反消费品合同的责任，市场可能会大大增加对第一方保险的需求，以取代对消费品质量的法律控制。此外，第一方保险公司提出的代位权索赔可以替代集体诉讼，作为在个性化诉讼没有成本效益的情况下规范不良行为的一种手段。与奥姆里·本－沙哈尔和凯尔·洛格完全是从责任保险的行政监管功能角度不同的是，肯·亚伯拉罕将保险法领域划分为"保险的四个概念"，提出"保险"作为政府的"替代"。[2]他确定并解释了保险的四种概念——合同、公用事业/受监管的行业、产品和治理——这四个概念是保险法讨论的基本前提。"如果你认为保险是一种合同，那么你就去看看保险单上所涉及的全部义务"，他说，"但如果你认为保险是人们购买的产品，那么你就看保险单是否在某种程度上有缺陷，以确定它需要什么义务"。他认为，"这种分析可以帮助我们更好地理解保险法应该涉及什么权利和义务，但最终我们必须自己作出选择"。

---

〔1〕 Omri Ben－Shahar & Kyle D. Logue, *Outsourcing Regulation*: *How Insurance Reduces Moral Hazard*, 111 MICH. L. Rev. 197 (2012).

〔2〕 Abraham, Kenneth S., *Four Conceptions of Insurance*, University of Pennsylvania Law Review, March 5, 2012.

一、保险法律性质划分的基本前提

对一个法律规则体系的适当内容进行争论的方式之一，是通过对规则所涉及的主题事项的描述进行争论。当我们通过解释、给出解释或理解它来创建一个主题的概念时——这个描述很可能具有规范的含义。关于在保险和保险法的辩论中发现的四种不同的保险概念，分析这些概念，并检查驱动它们的规范性议程。最终，采用一种特定的保险概念并不能替代作出或拒绝每个概念所需要的规范性选择。批判性分析揭示在概念结构内进行实际工作的规范性议程，为了实现这一点，必须从现有的判例法、学术文献和该领域行为者的政策陈述中推断出来，因为保险的四种概念并不是同样连贯的、发展的或系统的。此外，它们的一些特征显然是针对法律原则的，但有些特征并没有声称对法律原则有明确的含义。然而，声称要描述保险法或保险法的各个方面的概念必然对保险法原则有影响。但这并不意味着这些概念在各方面都具有可比性。学者试图面对或批评保险的不同特征。这四个概念都没有一个是（也不可能是）成熟的保险模式。四种模式相互之间有竞争、有重叠，但总体上又不完全一致，具有各自的理论场域与适用对象。

但是，前述每种保险模式都在与现代保险的两个基本问题上提出了自己的思考。第一个问题涉及保险单的语言应在多大程度上决定其法律效力。几乎所有的保险政策，包括高端的公司保险政策，都是标准格式。这是保险法的核心问题。第二个问题涉及“公法”价值对私人保险承保范围的适当影响。这是许多现代私法所面临的问题。私法应该在多大程度上做缔约双方之间的正义，以及在多大程度上也应该关注其他，更接近公共法律问题，如诉讼结果影响未来其他当事人的行为。保险的理念本身就涉及一群彼此之间存在间接关系的个人或实体，而没有任何合同明确规定这种关系。当没有合同规定当事人对间接关系的权利和义务时，就会涉及公法价值的担忧，如阻止道德风险或确保投保人平等待遇的担忧。而且，因为保险是一种在其他公开追求“公法”价值的法律制度中被使用的手段——侵权行为和公司法。这两个基本问题当然是相关的。公法重视对保险单的解释，但是公法价值影响的不仅仅是保险单的法律效力；这些价值可能会影响保险单最初提供的保险范围，以及向不同投保人收取的价格结构。例如，医疗保险应该在多大程度上强调那些遭受损失风险的人之间的平等，应在多大程度上强调个人自主权和责任?[1]答案有助于确定要求每个人购买健康保险的授权是否被视为可接受的或不可容忍的，并且这个答案将受到所采用的健康保险概念的影响。

二、保险法律性质的四个维度

保险作为合同的概念将保险理解为个人投保人和保险人之间的自愿协议，受民法影响通常对此类协议施加的约束和解释规则的约束。保险作为监管的概念则视合同仅仅是建立受监管关系的一种工具。保险作为产品的概念认为保险更像是一种有形的商品，而不仅仅是执行金融服务的承诺，因此适当地服从类似于管理设计有缺陷的产品的规则。侵权（而不是合同）是保险产品概念的核心范式。保险作为治理的概念将保险视为政府控制行为和防止不幸的替代品，也是投保人之间的一种组织安排。因此，保险法的规则类似于那些保护民众不受政府的伤害，以及保护少数民众不受多数人过度干涉的规定。

（一）保险的合同维度

保险的传统和占主导地位的概念是，它是一种将损失风险转移给其业务正在出售该等合同的一方的合同，而不是作为另一笔交易的事件。保险合同的语言，即保险单，是双方当事人的协议。合同概念是充分理解保险的主要方式。私人保险是通过合同形成的，并在很大程度上体现在合同中。合同概念是对什么是保险和保险法最常对待保险的方式的最准确的描述。大多数司法判决，以及大多数保险法研究都倾向于使用或反映合同概念，保险单是一种合同，双方在保险单下的权利纯粹是合同性质的。合同在承保纠纷中，保险公司通常只是简单地指出争议保单的语言来支持他们拒绝承保。这样的举动与其说是一种争论，不如说是对

[1] See generally Tom Baker, *Health Insurance*, *Risk*, and *Responsibility After the Patient Protection and Affordable Care Act*, 159 U. PA. L. Rev. 1577 (2011).

合同概念的一种断言。相反，一个试图避免使用保单语言的投保人必须适合他自己在合同概念的基本公理的一个限定的例外中，即合同的语言管辖。法院通常会提醒当事人，保险单毕竟是一份合同，如果合同有任何意义，那么与合同的背离就必须受到限制。

保险是一种合同，这是反对扩大投保人权利和保护的争论的基础。由此提出的观点包括：保险单中的大多数条款是最优的，但认为起草者对这些条款的解释无效；和解处置对被保险人没有任何明确的合同义务，提供证据表明，从双方的角度来看，这种义务是不可取的；预先涵盖被保险人自身产品的损害责任的产品责任保险除外责任包括对他人的人身损害的侵权责任，而不是对经济损失的合同责任等。然而，将合同作为对保险的一种描述的困难之一是，它是按照法律对待保险的方式进行交易的。从某种意义上来说，它是保险法的概念，只有通过法律的概念，它才是保险的概念。就保险交易被视为合同而言，这就是事实。但如果我们搁置适用的法律制度，合同概念就会有争议。

1. 保险合同和市场之间的差异性

如果我们所理解的保险合同只是主观上同意双方协议的条款，那么合同的概念通常就会有严重的缺陷，因为几乎没有这样的合同。确实，有些保险是由于双方就其合同的实际条款达成了自愿的协议而产生的。但大多数实际的保险交易并不涉及对保险单中许多条款的主观同意。首先，因为大多数保险单都是在标准表格上填写的，所以保险公司非常熟悉它出售的保单条款，但大多数人对他们购买的东西知之甚少。他们通过代理人等中介机构购买保险。几乎对于所有的个人来说，保险单都是一种复杂的文件，投保人很少会阅读或理解其条款。其次，在知情同意保险单条款方面存在结构性障碍。保险是以“接受或离开”为基础而运作的，从而减少了投保人研究所提供条款的动机。此外，这些不仅仅是黏性收缩，而且是超级黏性收缩。健康保险通常是以就业为基础的团体保险，其条款由雇主协商确定。在财产意外险保险中，全行业标准形式的保单是标准，所有保险公司都在相同的接受或离开的基础上提供相同的标准保单。因此，除价格差异外，比较不同保险公司提供的条款是毫无意义的。在任何情况下，投保人通常在保单购买几周后或几个月后才收到包含有关条款的保单，且双方受保单约束。任何对保单条款的了解，即保单持有人通过在收到保单时获得的利益，对投保人在购买保单时的意图没有影响。

保险法的过错性揭示了这些事实与民法原则处理它们的方式之间的紧张关系。在合同中，每个人都有完全的选择自由，任何一方都应该维护自己的利益和保护自己。因此，保险作为合同本身就是假设双方知道其协议的条款，并有能力就这些条款进行“讨价还价”。当这些条件不存在时，可能会有被约束的意图，但是，不确定关于该意图的内容是否可以推断出协议本身的事实。法院经常说，解释保险单条款的目的是确定双方当事人的意图，如在保险单中所表达的那样。但在保险中，这通常是一种矛盾修饰法。合同的客观理论必须适应保险交易的现实。客观理论认为，对合同的同意构成了对合同所有条款的同意，无论它们是否被理解或主观地同意，以及它们是不是标准形式或个人协商的。这些前提的例外情况必然是狭窄的，否则，整个合同的概念就会受到怀疑。此外，即使存在实际的、有意义的意图，保险的标准形式性质也会使合同概念产生问题。标准形式的保险单的某些特点是在一般性的水平上起草的，并具有一种推迟问题的模糊性，使它们没有被完全具体说明。这一特点影响多种合同，但在保险中具有特殊的意义。不同的投保人可能对保单不完全涉及的承保范围有不同的意图或期望。因此，针对被解释的保单，特定的各方意图填补空白的解释有可能破坏保单的标准形式性质。标准的政策语言在实践中将会有一套非标准的含义。

2. 保险合同的行政和司法规范

保险法发展了两个体系，以适应纯粹的保险合同概念和保险市场的现实之间的差异。这些手段通过规范保险合同产生的市场，隐含地反映了将保险法认为合同的不准确性。

首先，国家行政法规要求保险单的条款在上市前得到批准。这种消费者保护功能旨在消除保险公司不对称的专业知识，并抵销普通个人对保险公司条款的理解的结构性障碍。此外，根据传统的保险监管规定，保险费率也需要得到监管部门的批准。然而，在实践中，鉴于政策形式和利率申报的数量庞大，监管资源极其有限，监管保单形式和保费费率的权力只是轻微行使。监管机构只能仔细审查一小部分的申报文件。他们倾向于关注审查影响最大的地方。监管机构尊重市场的另一个原因，至少在保险费率方面是价格竞争，这是保险作为合同制度的典型特征之一。因此，竞争使保险公司往往在不需要政府干预的情况下自发调节利率。但保险费率的调节需要服从政府的监管。

其次，调整合同概念以适应市场现实的第二个手段是对保险单条款的司法监管，这主要是通过解释的方式进行的。反契约原则规定，合同中的歧义应被解释为不利于起草者。这一准则在保险纠纷中最频繁，在保险纠纷中，起草者实际上总是保险人。因此，模棱两可的政策条款——那些容易受到一种以上合理解释的条款——被解释为有利于投保人。有成千上万的司法意见解决保险范围争议的理由是保险单的条款含混不清；还有许多司法意见认为，其结果建立在解决模糊问题的理论之上，而这些情况显然超出了对模糊理论应用的合理界限。[1] 因此，法院经常使用反条款作为战胜而不是解释政策语言的方法。契约的概念不能轻易地与这种实践共存。有些法院对司法监管更加开放。这些法院适用一种原则，要求他们尊重投保人的客观合理的期望，即使明确的政策语言会排除或限制覆盖范围。但即使在少数采用该原则的司法管辖区，这一原则似乎也是选择性地被应用。与一般民法中的公平原则一样，期望原则在实践中并没有完全取代契约概念，而是与契约概念产生了令人不安的紧张关系。

最后，一些保险单条款以如此简单的语言处理复杂的问题，必然出现问题解决的不完整等情况。例如，责任保险单通常规定保险人有责任为寻求保险单所涵盖的损害赔偿的诉讼进行辩护，并赋予保险人解决针对被保险人的诉讼的特权。在阐述辩护义务和和解特权的影响的过程中，法院采用了相当于管理它们的监管规则。例如，禁止只保护其保险持有人而不保护其承保权利的责任保险公司，责任保险人拒绝低于保单限额的合理索赔，反而则对超过保单限额的判决承担全部责任。将这些规则描述为“解释”将超越这个术语的含义。当然，在许多合同纠纷中

---

〔1〕 KEETON & WIDISS, supra note 13, § 6.3 at 629 – 30.

都存在填补司法缺口。还有一些争论是关于法院应该采用什么标准来解释不完整的合同。但是在司法基础上制定的关于责任保险公司的辩护和解决针对其投保人的诉讼的规则，可以说超出了这些标准。它们的性质是具有监管性的。的确，保险公司没有通过重新起草合同来改变这些规则，这就证明了保险公司可以遵守司法制定的规则，而不是这些规则是强加给他们的。

保险条款必须具有一条以上的“合理解释”，并应有客观标准，以消除保险条款歧义。凭借由于遵循先例的美德，法院裁定声明了标准形式的政策条款的意义，而不仅仅是在法院提出索赔的特定投保人的权利。司法财产尊重投保人“客观合理”的期望，尽管有相反的政策语言，但出于类似的原因，往往具有同样的效果。对于一个投保人来说，客观合理的期望，对于所有拥有相同的标准形式保单的投保人来说，通常是客观合理的。同样地，保单的辩护和和解义务规则全面适用于所有保单。

简言之，认识到保险行政和司法法规的广度与合同概念形成鲜明对比。法规通过替代行政机构或法院对保险单内容的单一判决，来对抗不对称的专业知识和阻碍个人合同意图发展的结构性障碍对于一群不同的投保人。但监管并不能完全恢复合同这个字段。尽管他们的偏好可能不同，所有的投保人仍然可以提供一种接受或离开的标准形式的保险。监管影响标准形式的内容，但通常没有要求保险公司提供更大的个人选择机会。事实上，在司法监管的情况下，保险公司可以自由地修改其保单中的违规条款，并再次尝试达到他们想要的结果。但是，当在一场纠纷中有足够多的专业知识，法院没有相关主体了解时，司法监管才会发生。例如，他们在确定不同的投保人想要或愿意支付什么费用方面装备不佳。此外，每一种监管形式的威胁都可能是一种利用监管效果的纪律力量。保险公司可能会提供更多的保险，希望这样做能避免更多的行政或司法监管。不仅合同概念与保险合同所受约束的监管形式不一致，而且保险法对这种不准确的监管调整的无效，有助于接下来讨论替代概念。

（二）保险的公共利益维度

部分市场行为因为其“受公共利益影响”,[1]如运输、医疗等，他们提供给市场的产品是“公共产品”，因此受到政府高度监管，典型的监管政策有反垄断法、产品质量法和消费者权益保护法。责任保险具有许多与公用事业和其他受到高度监管的行业相同的特点，因为保险体现在一份复杂而难以理解的文件中，而且当它涉及一种接近对个人福祉至关重要的覆盖形式时，那么就有必要进行严格的符合公共利益的监管。监管的理由不像监管公共事业的理由，更像监管食品和药品的理由，因为风险难以察觉，同时对个人福祉也至关重要。监管的实际范围往往反映了责任保险的重要性。例如，健康保险和汽车责任保险，以及我们正在构建完善的食品责任保险。以汽车责任保险为例，在所有有足够公共交通的城市地区，驾驶是日常生活的一个基本特征。因此，汽车责任保险对任何拥有值得保护的资产的人来说，是一种实际的必要条件。这种保险几乎在所有国家都是法律强制性的。汽车责任保险监管政策规定了必须出售什么，以及在什么条件下适用该责任保险，这是公用事业监管的特征。然而，与公用事业监管相比，责任保险的价格以部分再分配的方式进行监管。例如，健康保险公司能够向高风险申请人收取比低风险申请人更高的保费的依据非常有限。汽车保险也有相当多的同类再分配，汽车责任保险公司被允许有相当大的空间向高风险司机收取超过低风险司机的费用。法规都赋予保险专员监管费率的权力，以确保（除其他外）这些费率不存在“不公平的歧视”。与此同时，监管也会为那些无法获得汽车保险的人维持剩余市场。通常情况下，这些司机都是风险最高的司机，或者至少是那些保险公司认为风险最高的司机。监管对保险公司评估的任何差额要么是保费抵免，要么是向保险公司的投保人追加费用。总体而言，除食品、健康和汽车责任保险外，其他保险的公共事业监管的行业模式并不准确。保险市场竞争非常激烈，有效的保费监

---

〔1〕 Statement of J. Robert Hunter, *Director of Insurance*, *Consumer Federation of America*, *Before the Task Force on Long Term Solutions for Florida's Hurricane Insurance Market*, http：//www.myfloridacfo.com/pressoffice/documents/retrievedocument.asp? documentid = %7B2fd42ddc - fc35 - 4380 - a 45e - 2649e354aa15%7D, Jan. 26, 2021.

管者是竞争者，而不是监管机构。而标准形式的保单的存在通过促进不同保险公司价格的比较来增强竞争。简言之，在对个人福祉最重要的保险领域，保险监管与公共事业监管的行业概念有一些相似之处。但除这些保险领域外，这一维度的概念并不那么准确。

（三）保险的产品维度

保险的产品维度，是指将保险视为产品来适用类似于产品侵权法律体系进行规制和保护。合同法和侵权法是民法理论的两大体系。产品侵权责任是侵权法的重要内容，在我国被视为特殊侵权责任体系，获得侵权法的特殊保护和规制。正如产品制造商承担侵权伤害造成的产品缺陷，保险公司也应该为其销售的保险产品承担缺陷责任。产品维度更侧重于从产品质量的角度描述保险产品的实际性质，并明确其对保险法的规范性含义。在产品维度下，管理政策规定的法律可接受性的背景考虑被转移到前景中。对于产品维度，政策规定不应具有约束力，除非它们满足管理其适用性的标准，争议集中在这些条款的有效性上。将保险单设想为产品，规避了合同理论在处理黏附合同时所面临的一些困境，强调了任何保险都不可避免地必须面对两个基本问题：确定保险公司在其保单中所包含的哪些保单条款可以被强制执行限制或排除承保范围，以及哪些规定不能这样强制执行。产品维度比合同维度更能准确地描述保险的性质和功能。

然而，在实践中，保险的产品维度在其被证明是评估保单有效性方面存在明显的缺陷。在一般的产品质量法律关系和产品侵权责任法体系中允许产品瑕疵的存在，尤其是在当前产品技术水平下的瑕疵，并且对产品质量做产品瑕疵和产品缺陷的区分，只有缺陷产品才可能引发产品侵权责任的承担，而产品瑕疵至多引起产品违约责任的发生。因为一种产品很少能被设计成完全安全的，同时也是有用的和负担得起的。问题是，保险作为产品时，如何定义“缺陷”是个难题。

1. 成本效益方法的缺陷

对产品缺陷的主要测试方法是，产品的设计所带来的风险是否大于其效用。然而，评估产品设计的效用是一个困难的、开放式的评估过程。产品设计不仅对安全性有影响，而且对成本、外观和功能也有影响。目前还不清楚如何比较一个产品的设计所造成的安全风险和影响该设计效用的成本、外观和功能。为了确定保险条款所带来的风险是否大于其效用，产品必然依赖于对保险条款的目的的明确。保险条款的效用是通过确定该条款如何有效地达到其目的来判断的。因此，目的的实现是评估政策条款效用的标准。目的必须通过司法推理、证据或两者的某种结合来构建。

施瓦茨教授曾经引用了一个房屋保险合同条款来论证该条款不能令人满意地服务于其“承保目的”，该条款要求投保人在支付维修或重建的全部重置费用之前，完成对损坏或毁坏的财产的修复或重建。如果房主不重建，保险公司只支付（通常较低的）实际现金价值。施瓦茨教授认为，这种限制承保范围的承保目的是打击道德风险“防止保险欺诈”，因为“希望搬家的被保险人可能通过摧毁他们的房屋和收取保险而获利，而不是以低于重置成本的价格出售房屋”。这些规定的目的之一是与道德风险作斗争。该条款可能有第二个目的：通过阻止对受损或被毁坏财产的低效重建，将保费保持在最佳水平。当重建的物业的市场价值至少等于重建的成本时，在一个正常的信贷市场中，投保人应该能够获得建筑贷款，即使他们的保险收益在更换完成前无法支付。然而，当重建的财产不值得更换或重建成本时，将无法获得全部更换成本的建筑贷款，因为作为贷款担保的抵押将不能完全担保。通过只在重建后支付重置成本，重建要求将低效重建与高效重建分开，并避免了所有其他投保人对低效重建者的交叉补贴。因此，重建要求不仅可以对抗预先的道德风险，而且可以阻止低效的重建（实际上是事后的道德风险）。根据施瓦茨教授的观点，对承保范围构成限制的目的有两个。另一位保险的产品维度支持者杰弗里·斯坦佩尔教授认为，保险人和被保险人的意图都与保单条款的目的有关。无论人们采取何种方法，寻求确定目的的危险比比皆是。由于这里主要关注的是保险行业起草的标准条款，条款制定者可能与销售保单的特定保险人的意图不同。[1]

确定投保人的意图非常困难。大多数投保人对保险范围没有明确的

〔1〕 See Schwarcz, supra note 58, at 1400.

"意图"，最多有一个通用的目的——获得一个特定风险的保险，比如，房屋的火灾损坏或汽车"事故"的责任。这种意图很少足够具体，足以解决在特定事实情况下有关特定政策规定的适当范围和适用情况的争端。即使一项政策条款未能通过它的成本效益测试，如果其排除性足以避免"司法"风险，那么该条款显然没有缺陷。例如，似乎高度依赖事实的排除性条款的措辞往往比更具排除性但较少依赖事实的措辞具有更高的裁决成本。这种观点是明智的，但是，承认司法成本的相关性是一回事，而权衡这些成本与政策条款将排除为达到其承保目的而不需要排除的索赔的风险则是另一回事。[1]

成本效益测试还很难适应产品购买者之间的偏好差异，无论是在品位方面、厌恶风险方面，还是在其他方面。让一个购买者感到不满意的风险效用权衡很可能使另一个购买者感到满意。即使一个特定的权衡对大多数购买者来说是令人满意的，也可能其他人更喜欢另一个不同的权衡。然而，在复杂产品的情况下，个人购买者很少有足够的信息——特别是关于风险的信息——来决定什么权衡对他们来说是最佳的。追求安全的市场将会不完善。因此，法律必须采用一种标准，试图捕捉大多数人的假定偏好，或法律认为符合最佳利益的东西。当提供不同质量程度的替代产品不可行时，就采用"一刀切"的法律标准，而该标准几乎不可避免地无法跟踪它声称要保护的某些部分的偏好或利益。那些喜欢购买不太安全但也更便宜的产品的人不能这样做。如果将产品概念适用于保险单条款的评估，情况也是如此。成本效益测试将把所有的投保人视为他们有相同的偏好。然而，这往往是不现实的。

2. 风险效益的合理替代

产品责任中合理的替代设计的证明是风险—效用测试之外的缺陷的额外要求，而不是最初是否存在缺陷的替代测试。这两个独立的要求是有充分理由的。如果一个产品被认为是有缺陷，即使它满足了风险效用测试，只要有一个合理的替代设计，该产品就被认为存在缺陷。通过类比，如果在有"更合理"的选择时，政策条款就被认为有缺陷，那

---

〔1〕 See Schwarcz, supra note 58, at 1445 -49.

么保险公司将被要求拥有尽可能最好的条款，即使他们使用的条款确实是令人满意的。产品概念的支持者似乎没有人认为，或者至少明确表示，应该要求保险单条款来满足这一严格的要求。即使对缺陷的检验只是有一个合理的替代政策规定，这也会改变在评估效用时所涉及的问题的轨迹。所提议的替代语言是否合理，将部分取决于对其效用的评估——因此，同样的不可预测性将不利于对这一替代方案的条款进行评估。

针对产品风险效益分析的另一个缺陷是偏好问题，成本效益测试将把所有的投保人视为他们有相同的偏好。然而，这往往是不现实的，因为不同的投保人对于利益的选择不同。例如，一些投保人希望以更高的保费获得全面的保险，而另一些投保人则希望以更低的保费获得单一的保险。如果由于交易成本，保险公司提供这种选择不具有成本效益，那么他们必须只提供其中一种方法。一些投保人将获得他们想要的保险，但另一些投保人只会提供比他们想要的更少的保险，或者只提供比他们想要的更多的保险，这取决于提供的是全面的还是单一的保险。在这种情况下，询问进入条款的可见标志的承保目的并不是很有意义的。它的目的是提供大多数潜在投保人更喜欢的保险。当然，也有可能——在这种情况下——大多数投保人都不知道可见的标志条款。这可能就是为什么为投保人提供广泛或狭窄的承保范围并不具有成本效益的原因。只有在少数情况下，大多数投保人希望获得更多的保险，并愿意支付费用，法院才能有信心作出这一决定。在其他情况下，大多数人可能更愿意支付覆盖更广泛的保险费用。这种偏好不仅取决于所提供的保险范围和价格的结合，还取决于不同潜在投保人的不同程度的风险规避。在保险范围的诉讼中，这些都不是很容易被事实调查的问题。就连保险监管机构也对这样的问题有困扰。

简言之，产品保险的维度将面临与产品责任本身所面临的设计缺陷诉讼相同的问题。理想情况下，市场力量将为产品购买者提供不同的安全性、成本和其他产品质量的组合，从而能够满足不同的偏好。然而，在实践中，产品购买者并不总是对安全风险有足够的了解，也不能在成本效益上有足够了解，使市场力量可靠地为不同偏好的个人提供最佳安全。保险公司的覆盖范围也是如此。在实践中，投保人通常没有足够的认识，市场也不够灵活，无法为具有不同偏好的投保人提供最适合他们的保险类型和金额，这与许多安全监管机构所面临的困境相同。重新配置保险单条款的有效性测试并不能避免这种困境。相反，重新配置改变的条款争论何时进行以及如何监管，谁应该监管，不改变监管最终必须面对的问题：当监管机构的结论优于市场如何处理少数偏好。

（四）保险的管理人维度

前三个概念维度都认为保险作为某种双边的保险公司和投保人之间的交易：或多或少的传统合同（合同维度），这样一个基本好的销售需要监管（公共事业维度），或销售产品的责任规则管理产品的质量（产品维度）。第四种是将保险理解为保险人管理其投保人的维度。保险的管理人维度进一步被细分为“八个维度”。第一，保险试图通过将一切都物化为伤害的程度来产生风险知识。第二，保险使客观化的一切都可计算，从而服从于商品化。保险使用精算技术将其产生的客观风险的具体事实转化为概率分类，然后为每个分类分配各自的成本确定价格，并对机会产生的影响进行补偿。第三，精算主义创造了一个“风险池”，一个人与已确定的风险及其所造成的具体危害有利害关系。这种利益使人变成了一个集体，他们关心如何减少损失和补偿那些遭受损失的人。第四，保险可以防范资本损失。实际被保险的不是对风险池成员造成伤害的特定事件，而是保险人提供赔偿的资本。第五，保险在监测和审计的基础上管理对分散在空间和时间上但仍受前述集体利益约束的人的风险。第六，保险通过使风险受合同规制而客观化，它也帮助法律将责任分配给最能通过保险分配损失的一方。第七，在提供证券期货市场方面，保险为时间、命运、天意、责任、经济效用和正义的概念提供了一个文化框架。第八，保险是一种正义的社会技术。它通过分配正义（集体分担损失）和储存正义（经济赔偿）来连接个人和社会责任。因此，保险是政治性的，是集体福利和个人自由等方面的结合。

对管理人维度的描述和解释确定了政府和保险公司行使类似权力的方式。因此，在某些情况下，保险通过控制或影响投保人的行为，保护他们免受不幸。这似乎是保险作为政府替代的意义。[1]相较之下，持续的责任和权利应该在投保人之间运行，而保险公司应该有义务强制执行这些权利和责任。然而，因为投保人的利益并不总是一致，就像政府下公民的利益并不总是一致的一样，在保险方面，多数投保人和少数投保人的利益之间可能存在冲突。这些利益不能得到协调，也不能仅仅通过认识涉及一个管理问题，就能作出有利于一个利益而不利于另一个利益的选择。因此，保险作为管理人的维度——无论是作为政府的替代品，还是作为一个有利益冲突的投保人的组织，这些维度的各个方面都值得进一步探索。

1. 代理政府监管

代理监管人的含义是，由于保险公司与其投保人之间的关系介于政府与其公民的公共关系和缔约方之间的私人关系之间，保险公司应该受到强加于政府的一些义务。持保险具有管理人维度观点的学者认为，现代国家保险公司经常执行准政府的行为控制功能。保险公司被视为强迫或影响个人以政府强迫的方式行事，但在政府发现难以自己完成的情况下。政府实际上依赖保险公司来履行一些政府可以合法履行但不能履行的职能。保险公司是确保现代国家标志之一的工具。人寿、健康、残疾和财产保险都履行了这一功能。实际上，保险是一种支持那些购买保险的投保人的社会福利的手段，因此保险法对待保险公司更像政府监管，类似于政府提供正当性程序和平等保护的义务。

普通合同当事人有权选择性地放弃其合同权利，而政府管理则不允许有这种形式的自由裁量权。例如，社会保障局不能自由地向不符合领取残疾津贴资格的某些申请人提供残疾津贴，而拒绝向其他合格的申请人提供福利。除违反适用的法定方案外，这种待遇还将否定后一类人的正当法律程序。保险的管理人维度在多大程度上会使保险公司承担类似的义务，以这种正当程序来对待投保人？在许多国家和地区，保险公司对被保险人“恶意”拒绝有效索赔承担责任。当发生这样的拒绝赔偿行

---

〔1〕 See Jeffrey Tempel, *Insurance Policy as Social Tools and Social Systems*, 51W&M Law Rev. 1489 (2010).

为时，被保险人不仅有权追偿保险单规定的到期赔偿，还有权追偿保险单规定之外的补偿性损害赔偿，有时还有惩罚性的损害赔偿。但事实上，并没有要求被保险人证明保险人的主观恶意。相反，主要的检验标准仅仅是被保险人的保险要求是否“相当有争议”。这个标准会影响保单本身规定的到期金额的倍数。除此之外，保险公司还有各种提供公平程序的法定义务。例如，一些国家要求健康保险公司向受益人提供对拒绝承保的行政上诉的权利；美国大多数州颁布《示范不公平保险行为法》，授权保险专员对不公平或欺骗行为进行监管。除恶意责任和提供公平程序的有限法定义务外，保险法几乎没有提供正当程序的权利。保险公司没有义务对所有索赔适用同样的标准，这足以证明保险的代理管理人维度的适用范围是有限的。虽然保险公司有义务向其被保险人提供公平程序的某些特征，但他们没有义务对所有索赔适用相同的实质性标准。

保险法为投保人的不平等待遇提供了一些保护，但大部分的保护是有限的。立法和监管都禁止在设定保险费率时使用某些分类变量，即使依赖这些变量所产生的费率类别在精算上是合理的。每个保险专员都有权禁止“不公平歧视”的保险费率，而法规有时会挑出特定的变量来禁止某些形式的保险。所有保险法促进平等的努力没有共同因素，就像政府提供的所有平等保护没有共同因素一样。因此，一种平等对待无法控制的风险的规范似乎是许多类似于平等保护的保险法授权的核心。那么，如何有进一步发展的可能性，以及如何进一步限制保险公司根据被保险人所构成的风险程度来改变保费的权利范围呢？对于保险法明显不愿以更平等的方向来规范保险分类，也许最有力的解释是，这样做可能会产生比大多数人认为可以接受的、更多的不利选择和交叉补贴。一般很少禁止基于可控特征的速率分类。例如，责任保险公司被允许至少部分基于被保险人过去的损失经历。如果不允许进行经验评级，风险较高的被保险人将倾向于购买更多的保险。

2. 代管投保人关系

除保险作为替代政府的概念外，管理人维度还可能将保险视为投保人之间的一种关系。在这种概念下，保险人将更接近于一个代理人或受托人，为其委托人服务。保险人—投保人的合同将被视为仅仅是建立保险制度的法律机制。在考虑保险作为代理政府时，正如笔者在前一节中所述，单个投保人可以被恰当地理解为代表所有的投保人。但当考虑多数投保人和少数投保人之间的关系时，我们不能沉溺于这种假设。将保险视为一个组织内部的一组关系的影响之一是，出于某些目的，保险人被推到一边，而那些被管理的人——投保人——之间的关系被放在更尖锐的焦点上。某些可能被保险人利用的做法，可能会被大多数投保人视为市场对需求的反应。一旦我们开始将保险视为组织治理，这些现象可能会呈现不同的价值。作为投保人"管理"自己的工具，保险法是否以及何时制定规则，改变市场以满足多数人而不是少数人的偏好。

保险的价值在于对抗逆向选择和道德风险。保险公司为对抗不利选择和道德风险所作的许多努力，能防止少数申请人和投保人利用多数人。如果高风险的保险申请人可以获得赔偿，不考虑他们构成的风险程度，那么不利选择的一个可能结果是，低风险申请人未能购买保险，或者所购买保险实际上补贴了高风险申请人。允许保险公司使用这些政策条款并遵循这些做法，可以保护大多数人不受少数人行为的影响；限制保险公司使用对抗道德风险的设备，创造了少数人的权利。然而，管理人维度并不能告诉我们这些权利的实质内容。它不能告诉多数人对少数人应该拥有什么权利，或者少数人对多数人应该拥有什么权利。它采用了实质性保险权利义务理论。如果法律要压倒或取代市场将提供的关于这些权利和义务的东西，它就必须不仅基于保险是管理人的概念，而且基于一个关于多数人对少数人的义务的特定理论。

使用不同的保险概念维度可以帮助我们更清楚地看到保险和保险法的整体，并可能突出某些被其他概念隐藏或未充分强调的规范可能性。保险的不同维度认识会进一步阐明保险法永远面临的两个基本问题：保险单的条款应具有约束力，以及公法价值在保险法中应该扮演什么角色。

第二节　食品安全责任保险的辅助监管理论

保险作为政府安全监管的替代功能具有潜在价值。成功的行为监管需要有制定标准、许可行为、验证结果和评估补救措施方面的信息。在各个领域，私营保险部门在收集和管理与制定标准有关的信息方面具有技术优势，在创造对最佳行为的激励措施方面可能优于政府。在食品安全领域，法律的作用减弱为管理绝对责任或无责任的简单规则，受影响的各方向保险公司寻求风险承保和安全指示。保险监管使用特殊的工具和方法，确保保险在食品安全监管领域的潜在监管作用。

对行为的法律监管需要信息。监管机构或法官必须检查受监管方的行为，并确定将产生的法律后果。获取有关行为的信息，为衡量行为设定基准，以及建立正确的回报规模是昂贵的，需要专业知识和动机。因此，规则制定的经济理论往往是基于不同监管机构所拥有的相对信息优势，以及如何利用这些信息来加强激励措施，从而改善福利。

政府监管当然是食品安全的主要监管者，但是政府监管仍然会存在一些问题。首先，它们没有获得绩效报酬，因此可能缺乏足够的激励。它们没有受到市场力量的约束，只是受到职业问题和政治进程的不完全约束。其次，它们通常缺乏先进的信息获取、聚合和预测工具。例如，法院并不独立地搜索信息，而是通过诉讼程序只接收当事人向它们提供的信息，这是昂贵的、特别的，因此往往被粗糙的和解绕过。法院也没有能力识别任何特定案件被抽样的特征的分布。政府机构也以有限的资源来监测和预测复杂行业的行为模式，通常只检查受监管行为的一小部分样本，它们可能会受到内部委托代理问题的困扰，而且监管工具往往被受监管方超越。这就提出了以下问题：谁能比政府更好地监管风险行为呢？在许多领域，私人保险公司可以而且已经取代或加强政府目前执行的标准设置和安全监测。它们这样做的方式可能会增加整体的社会福利。保险通常被认为是一种仅用于事后赔偿的机构，它通过风险汇集和风险转移来努力降低风险活动的成本。但保险还发挥着其他重要的功能：

降低风险和进行风险管理。保险安排——通过使用免赔额、除外责任和经验评级等工具——给私人当事人降低风险的动力。保险是一家专门从事风险管理的业务。保险公司组装了大型精算数据库，并在保险风险（分类和定价）中预先使用它们，并通过将有效的风险分离来核实索赔。

对大多数读者来说，这种关于保险监管安全的说法——似乎非常违反直觉。在许多经济文献中，保险被视为与降低风险对立。事实上，被许多人认为是保险公理基石的信息经济学认为，保险是道德风险问题——投保风险的一方有次优的动机来减少它。人们讨论保险的道德风险问题以及减轻它的方法。保险必须部分减少，以激励人们防止伤害。因此，共同支付要求和免赔额是减少保险覆盖范围的方法，以促进预防措施。然而有学者认为，在某些情况下，保险可以减少而不是创造或加剧道德风险和相关的激励问题。当人们对他人（或他们自己）制造风险时，保险是一种将对损失或模糊的责任威胁的担忧转化为一套具体的减少伤害的措施的机制。它提供了个人和公司往往缺乏的激励和专门知识，从而导致了更有效的事故水平。

为了理解保险公司在减少道德风险方面的作用，一些学者将保险公司与政府都列为食品安全的监管机构。保险公司执行的任务可与公共安全监管相媲美。就像制定行为标准和监控行为标准的监管机构一样，保险公司必须评估危害的分布情况，并确定安全措施的可取性。就像法院裁决责任和裁定损害赔偿一样，保险公司必须管理索赔，核实损害赔偿，并确定其他当事人的比较因果关系。如果保险公司有更好的信息和更好的激励措施来制定有效的行为标准，那么将“外包”给保险部门通常执行的各种监管职能将是有益的。

通过保险进行监管是一个在文献中得到广泛认可的概念。史蒂文·沙维尔关于保险和侵权责任之间关系的研究证明了保险公司为护理创造最佳激励的潜力。肯尼斯·亚伯拉罕在描述（当时是新的）责任保险公司监管有毒侵权和环境风险的监管角色时，创造了“替代监管”一词。[1]

---

〔1〕 See Tom Baker & Thomas O. Farrish, *Liability Insurance and the Regulation of Firearms*, in Suing the Gun Industry, 292 (2005).

汤姆·贝克、维克多·戈德堡、霍华德·昆鲁瑟等人都写了责任保险公司用来降低保险风险的各种监管方法。此外，学者还建议增加特定形式的保险作为替代特定类型的机构的作用的政府监管。还有一些人则认为，由于私人保险公司共享国家的一些目标（如降低风险和将人们纳入行为模式），私人保险可以被理解为隐性的政府形式。私人保险公司利用精算学、私人承包和事后索赔调查的方法，可以并且已经执行一些规则的制定和裁决，从而取代或补充政府监管。[1]我们进一步发现，在提供保险的情况下，它开发模板来规范行为，以比某些政府控制更精细和信息敏感的方式调节行为。此外，即使需要政府监管来克服保险“市场的失灵”，私人保险行业有时也会提供必要的信息和动机，以诱导政府监管机构采取行动。

由于优越的信息和竞争，私人保险市场在监管行为方面可以而且有时确实表现为超过政府。在许多领域，保险市场的竞争非常激烈，尤其是在价格方面。能够以较低的保费提供更多保险的保险公司将更加吸引客户，即使他们要求客户以一种昂贵的方式修改他们的行为。只要保险公司实施的标准是有效的，客户就会被折扣所吸引。此外，保险公司的可负担能力——增加其客户群体的担忧，是推动加强其内部行为监管的另一股力量。被保险人的安全行为降低了保费成本，并增加了保险公司的市场规模。当然，这并不意味着保险公司作为安全监管机构总是优于政府机构和法院。在某些情况下，保险公司的激励措施将与社会的激励措施不一致。获取利润的动机并不是“灵丹妙药”。然而，在一系列不同的情况下，保险公司和社会的利益是一致的，至少足以通过竞争促使保险公司找到有效的方法来减少事故和安全成本。

一、保险中的监管技术

对保险存在的典型解释涉及风险转移和风险扩散的概念。风险厌恶方愿意支付大于给定风险的预期价值的保险费，以便将该风险转移给保

---

〔1〕 See Victor P. Goldberg, *The Devil Made Me Do It: The Corporate Purchase of Insurance*, 5 Rev. L. & EcON. 541 (2009).

险公司。保险公司愿意接受风险，以换取保费，部分原因是它能够利用大多数的法律（也就是说，减少方差通过增加池的大小），部分原因是保险公司可以有再保险市场和其他风险扩散技术。信息对保险业务至关重要。保险公司利用信息来执行其风险转移和风险转移功能。这些信息在定价政策、组装保险池和验证索赔方面是必要的。现实主义——保险的基本方法——是根据有关概率和危害的信息来计算保费的技能。但保险公司将信息用于另一个更微妙、更不太熟悉的目的：诱导有效的风险降低行为。进入风险扩散和风险转移计算的相同数据在确定如何降低风险方面是相关的和有用的。

为什么保险公司对降低风险感兴趣？很明显，投保人想从保险公司那里购买风险降低的专业知识。增加安全的成本被预期损失的减少抵销，因此也被保险费的减少抵销。但这只会加剧保险公司方面的困惑：如果保险公司是良好的风险监管机构，预期损失就会减少，保费收入也会减少。风险降低难道不意味着保险公司的业务减少吗？他们为什么要减少导致它们存在的因素呢？虽然在一个没有风险的世界里，保险公司确实会破产，但保险公司希望降低其投保人所面临的风险有几个原因。第一个是竞争。几乎在所有保险行业，保险公司都面临竞争压力，鼓励被保险人采取良好的风险管理做法。与政府监管机构不同，对于私人保险公司来说，受监管方未能获得有效的护理，可能会导致业务损失。保险购买者自然倾向于提供最理想的价格和产品（质量和数量）组合的保险政策。因此，能够识别廉价的风险降低措施的保险公司可以强制要求遵守这些措施，并通过提供更低的保费来抵销强制措施的成本来吸引更多的业务。

事实上，即使某一特定的保险市场没有完全的竞争力，保险公司也会有动力降低风险，以便使保费更能负担得起，从而增加所服务的市场规模。如果保险价格过高，被保险人可能会选择自我保险，减少保险公司的客户数量，或者游说政府监管机构积极干预。这种增加需求的驱动力不仅适用于竞争激烈的保险市场，也适用于垄断市场，这可能部分解释了为什么整个行业，通过其集体组织，正忙于发展安全改进。保险公司监管其客户的风险降低行为的另一个原因是，保险公司是主要从保单签发后发生的任何风险降低中获益的人。被保险人一旦支付了保险费，所遭受的损失将由保险人承担；因此，被保险人的护理级投资阻止或减少的损失是保险人的净利益。当然，保险公司确实预见到了这种影响，并将其纳入他们的保险成本中。但是，由于这种减少损失的措施往往是在收取保费后采取的，因此，无论收取多少保险费，保险公司诱导采取这种措施并尽量减少其必须承担的损失的激励仍然有效。

此外，保险公司规范风险降低，试图吸引"良好的风险"。例如，对司机的体验评级为安全驾驶创造了激励，也有助于保险公司识别和选择更有利可图的客户，即他们的行为与损失更少的客户相关。在不断寻找有利可图的被保险人子群体时，保险公司利用其客户降低风险的倾向，或安装安全措施的意愿，作为一种筛查设备。在许多领域，那些风险中立且能够自我保险的客户仍转向保险公司来购买降低风险的专业知识。在这里，保险公司创造和出售的价值并不是风险扩散。相反，他们提供给客户的主要价值是降低风险。许多大公司购买责任保险是为了减少集体诉讼的风险，而大型雇主则雇佣健康保险公司来管理与健康有关的费用。商业保险相比其他类型保险有更广阔市场，商业客户通常是风险中立的，而消费者厌恶风险，即使这些风险加剧而不是减少了道德风险，他们也会要求保险。而商业客户则更为成熟，并认识到保险的增值潜力。

保险公司不仅有收集和管理风险信息的动机、需求和竞争压力，而且他们也有这样做的工具。虽然许多关于保险的文献都集中在道德风险问题上——认为保险降低了风险的动机——但人们也广泛认识到，保险公司有办法限制和克服道德风险。保险公司在保险过程的前端和后端都收集了大量的信息，他们利用这些信息来创造降低风险的激励措施。我们通常将保险公司可用的监管技术分为事前干预和事后干预，这取决于这些技术是在损害发生之前还是之后使用，还是在保险索赔时提出。

二、影响政府监管的行为

保险公司不仅制定自己的私人监管法规；他们有时还会与政府监管机构合作，加强对安全的公共监管。这可以从保险公司努力升级和加强地方性法规的内容和执行中看出。正如政府实际上将一些监管责任委托给私人保险公司一样，保险公司有时可以为公共监管机构提供立法蓝图，以实现全社会范围内风险降低的改善。除了损失之前的监管，保险公司还可以进行事后监管——在行为发生后对行为附加法律后果。最常见的事后法律法规形式是法院制裁。大量的文献探讨了事后监管的信息和行政特性。

（一）索赔管理

每个保险公司都运营着某种类型的索赔管理系统，理赔员调查索赔损失，测量索赔损失并协商支付费用。索赔部门审查调整理赔员的决定，并提供更大的一致性和可预测性。责任保险公司还使用标准化的图表来量化非经济损失，使其更可预测，并减少无限制的非经济成本可能产生的"寒蝉效应"。还有证据表明，责任的大小既取决于被告保单的承保范围限制，也取决于原告受到的损失程度。此外，保险公司有时被保留为第三方管理人，只提供索赔管理服务，由另一方承担实际风险，但随后依靠保险公司的专业知识来核实、量化和管理索赔和支付。理赔员以常规、统一的方式执行集中设计的调查和事实调查程序。他们采用简单的规则来确定过错和因果关系、量化损失和解决纠纷。这一过程减少了对索赔人的付款延误，正如我们在下文讨论的那样，将法律发布的模糊安全标准转变为保险公司发布的清晰的规则。

（二）减轻损失

保险公司监管事后损失的另一种方式是帮助减轻承保的损失。这可以在大多数保险单中的合同条款中清楚地看到，这些条款要求被保险人采取所有合理的事故后措施来减轻损失，否则将丧失保险范围。保险公司还通过监控维修服务来帮助被保险人减轻损失。最普遍的例子发生在汽车保险领域，因为汽车保险公司经常对选择进行维修的公司进行严格的控制。在这种情况下，环境保险公司可能同样控制被保险人聘请承包商进行环境责任政策所涵盖的选择，这些承包商可以进行补救或清理费用。通过直接参与的方式，保险公司既缩小了规模，又获得了对保险覆盖的损失的准确估计。此外，责任保险公司通过其作为被保险人法律辩护的融资人的角色，可以帮助控制整体诉讼成本。责任保险单一般赋予保险人为其被保险人提供法律辩护的合同义务和责任。因此，责任保险公司在选择辩护律师和管理诉讼支出方面具有经验和专业知识，从而降低了总体成本。虽然在这种安排下，如果保险人在损失索赔（在保单范围内）和负责诉讼，可能会造成一些利益冲突，但它仍然会导致绝大多数被保险责任人合理低成本的法律纠纷解决。更根本的是，保险公司在诉讼和和解中的作用往往凌驾于实质性赔偿原则的影响之上。

（三）除外条款

也许保险公司从事事后监管的最常见方式是强制执行保单中包含的除外条款。保险单中不包括因某些类型的活动而造成的损失。有时，排除与相关的风险有关，如地震风险中扩散装置无效。其他时候，排除条款适用于承保将造成严重道德危险的活动，以及不承保是创造预防伤害激励措施的唯一有效方式。例如，故意造成的伤害、犯罪活动和故意违反法规通常被排除在所有责任保单之外。同样，许多火灾保险单不包括因被保险人“控制范围内以危险或知识范围内的任何方式增加”而造成的任何损失。这种排除行为被称为“道德危险条件”，实际上是对被保险人征收了与损失金额相同的制裁，因此，理论上可以阻止火灾危险行为。同样，董事和高级管理人员的责任保险单也已改变，以排除因抵制收购或定向股票回购而产生的索赔。

（四）事后承销

保险公司的另一种事后监管是拒绝支付基于被保险人在承保阶段歪曲一些重大信息后签发的保单的索赔，这也受到一些评论人士的批评。保险市场的有效运作取决于保险公司收集有关保险申请人的准确信息的能力。为了实现这一目标，保险公司有两种策略。虽然保险公司可以在承保阶段调查和核实被保险人提供的申请信息，但是详尽的事前信息核查可能会非常昂贵。更经济的选择是保险公司通过一些具体设定问题的应用程序来核对信息。在这种方法下，只需要彻底研究一小部分的应用程序即可。如果发现重大虚假，且能证明保险人在签发或定价时依赖于该虚假事项，则保险人可以撤销保险单，拒绝被保险人的索赔。这种拒绝索赔既能降低事前调查的经济成本，也能促进被保险人提交准确的信息。而对于一些冒着机会主义风险的保险公司，只需对其适用普通法原则予以制裁。

由于消费者缺乏足够的信息来充分认识他们所购买的产品的风险，因此进行某种形式的产品安全监管是必要的。消费者产品安全委员会、食品和药物管理局等机构都以这样或那样的方式管理产品和产品使用的安全。除了这种以机构为基础的政府监管，产品安全也通过法院适用侵权法进行事后监管。如果不说明保险安排如何支持（取代或补充）侵权法和代理法的监管功能，就无法充分解决法院与政府各自监管遇到的问题。[1]

要理解透彻这一点，有必要先了解责任标准的选择如何影响将补充其作为风险监管者的保险类型。例如，在侵权制度下产品造成的伤害没有责任的伤害，产品安全的主要政府监管机构将是命令和控制政府机构，主要保险监管机构将是第一方健康保险公司。相较之下，在严格的产品责任侵权制度下，主要的政府监管机构将是法院，而主要的保险公司——监管机构将是责任保险公司。因此，保险作为监管的观点表明，在无责任和严格责任之间的选择在很大程度上取决于哪种类型的保险——健康、残疾和人寿保险，或第三方责任保险——更能减少与产品相关的事故。

事实证明，第一方保险公司装备不足，责任保险公司装备相对完善，以监管消费品风险。第一方保险公司在监管消费者产品伤害风险方面几乎无能为力。在无责任制度下，将支付危险产品对消费者造成的损害，通常不区分购买相对安全产品的消费者和购买相对危险产品的消费者，并向消费者收取不同的保费。他们不监控投保人购买了哪些产品，以及他们使用这些产品的安全性（护理层面的问题），或者他们使用这些产品的频率（活动层面的问题）。第一方保险公司也不以被保险人有分担过失或承担风险为由否认索赔。事实上，第一方保险通常是集体出售的，这意味着保险公司不收集有关其被保险人的任何个人风险特征的详细信息，包括与产品使用相关的信息。即使是单独承保的保单，保险

---

〔1〕 See Progressive and Lo Jack, *Offering Discount on Comprehensive Insurance and Stolen Vehicle Recovery System*, Respectively, the Auto Channel, http://www.theautochannel.com/news/2007/03/06/039261.html.

公司收集和更新产品使用信息的成本通常也太高。缺乏第一方监管干预的结果是在消费者护理和活动水平方面产生道德风险。

产品责任保险公司在调节产品伤害风险方面是否比第一方保险公司做得更好？产品责任险是基于公司特定的基础，而不是基于集团的基础来承保的。产品责任保险公司有很多风险的精算经验保险制造商，所以由他们收集关于产品是如何设计、检查、制造的详细信息。产品责任保险公司还收集被保险制造商关于特定产品线和过去市场营销事件的活动水平（销量）的信息。这些信息输入不仅被保险公司用于产品责任险的定价，而且还用于培训制造商如何减少其责任风险。保险公司询问制造商是否符合设计和生产的国际标准和国内标准，并建议他们如何防止恶意篡改，如何最好地标记产品以减少事故的风险，甚至何时和如何发出召回令。因此，有了这种专注于特定产品并专攻其安全设计的能力，责任保险公司在监测和规范消费者产品的安全方面显然比第一方保险公司更有效。在产品责任保险、工人赔偿保险、汽车保险、业主保险、环境责任保险和税收责任保险领域，保险公司已经成为准私人风险监管机构。由于保险公司优越的信息获取能力和商业复杂性，以及为了寻找新方法来降低成本和价格的竞争压力，保险公司采用了各种策略来改善投保人的安全行为。当然，某些形式的保险偶尔也会造成道德风险和对安全的漠视。

三、保险作为食品安全的辅助监管

保险是现代经济中普遍存在的一种监管形式，但保险公司的监管不会削弱政府的监管职责。政府监管的范围非常广阔。在经济的各个部门和每个行业中，都有一定程度的政府监管。举几个突出的例子，消费者产品安全委员会、国家公路交通和安全管理局、食品和药物管理局和环境保护局都是监管风险和强制采取安全措施的政府机构。本部分讨论了政府监管如何与保险监管进行比较和协调。

（一）辅助监管的安全标准

政府在没有保险公司过多参与的情况下进行监管。首先，一些监管工具只适用于政府。各机构可以刑事制裁的威胁来支持其授权；私人保险公司不能发出这样的威胁。当危险行为不能被刑事制裁所阻止时，这对于改善安全至关重要。即使没有刑事制裁，一些有害的活动，如向河流中倾倒受污染的化学品，也需要完全停止。政府可以利用公权力来实际阻止污染者；私人保险公司则不能。其次，现实中存在各种保险公司无法监管的风险，因为政府是这类行为的唯一监管者。例如，保险公司不为核战争或房价因经济因素下降提供保险。保险公司同样不为“已知的未知数”——我们知道存在的意外事件，但其概率和规模都不能通过精算来分配提供保险。此外，保险公司通常不承保由被保险人故意造成的损失，保险公司不承保受影响方无法购买保险的损失。因此，在那些保险公司没有监管的领域，政府要么单独工作，要么与其他中介机构合作。此外，政府很可能会在保险公司陷入协调问题的情况下单独进行监管。正如我们所描述的，当保险公司的投资降低了他们所销售的“产品”的成本时，他们就有动力投资于安全监管。因此，竞争迫使保险公司成为风险监管机构。

现实中也存在保险公司不能通过降低保险成本来获得更高的安全标准的情形。在保险公司之间可能会发生几种外部性，并以监管供应不足的形式造成“市场失灵”。其中一种外部性涉及知识的产生。一家通过制定新的安全标准来进行创新的保险公司，不能排除其他不因模仿这项创新并从中获益而分担投资成本的保险公司使用该标准。一般来说，保险公司创新的改进安全方法没有专利保护，尽管在一些领域，保险公司确实试图为其安全创新申请专利。但其他安全措施也具有公共性，故只要保险业能够明确地相互协调，这些公共产品就可以得到供应。

保险公司提供最优监管所必须克服的另一种类型的外部性涉及未来和潜在的危害。保险公司监管的一些风险在遥远的将来都会显现为危害，这意味着保险公司减少此类风险的努力将在很大程度上有利于未来。例如，健康保险公司未承保需要长期治疗的疾病，即使该项长期治疗的成本是合理的。保险公司这种不作为行为，主要来自保险公司对这项需要长期治疗疾病的“侥幸心理”，因为需要长期治疗的疾病意味着在保险合同有效期内可能不会发作。如果此时的保险公司选择提供治疗，那么这一好处将由患者未来的健康保险公司获得。同样，气候变化等潜在危害也会使保险公司处于糟糕的监管地位。气候变化的成本将在遥远的将来不断增加，为分散大量的“受害者”，其中许多人将不会被目前的保险公司所覆盖。因此，即使保险业整体承担了气候变化产生的大部分成本，它也无法克服跨时间协调问题。可以肯定的是，潜在的危害也是政府监管的一个普遍问题。尽管保险本身存在协调问题，但它可能只有相对优势。个人基于对财产或侵权责任的考虑，需要支付保险费获得责任保险保障。只要气候变化会影响财产相关的危险，人们将不得不支付更高的保费来确保他们的资产。在这种情况下，保险公司通常与政府一起进行安全监管。因此，需要在保险公司和政府监管机构之间确定和划分各自的监管分工。在此过程中，我们强调保险作为监管的附加价值——在安全方面的增量改进，超出政府的要求或鼓励。

（二）监管职责的外包

政府的安全监管通常采取强制性的安全标准的形式。除非达到受监管的安全门槛，否则行为人不能从事受监管的行为。受监管的各方无法选择要适用多少安全措施，是否值得花费，以及其他方法是否对他们效果更好。另外，保险公司经常在规范同样的行为的同时提供安全选择和相应的价格。未系安全带的司机将通过经验评级调整其第一方保险费。将环境标准维持在政府规定水平以上的工厂的责任保险费将会减少。遵循生产更安全产品的指导方针的制造商将支付较低的产品责任保险费。而火灾隐患更大的家庭支付的财产保险也高得多。保险公司很大程度上是通过事前保费调整——为投保人提供明确的经济权衡——诱使行为者选择自我安全防护措施。与制定统一安全水平的政府监管不同，保险公司的监管导致了一系列分散的选择，当成本更低或他们面临的风险更大时，人们会选择更多的预防措施。在一些领域，政府将安全监管规定完全“外包”给了保险公司。例如，加利福尼亚州要求财产保险公司为房主提供地震保险。保险公司通过提供特殊的基本“迷你保单”来满足这一要求，这些保单按精算价格计算，因此在地震易发地区非常昂贵。保险公司通过为加固基础、框架、墙支架、关闭阀等提供各种预防措施和投资的折扣来规范地震安全标准。

（三）监管成本

不安全的行为会对他人造成外部性伤害。应对市场未能解决这一问题的一个基本监管工具是皮古夫税（Pigouvain Tax）。由英国经济学家皮古夫提出的这种税收赋予了相关主体活动的外部成本，从而降低了更接近社会最优状态的活动水平。在理论上，皮古夫税通常被认为是一种有效的监管形式，因为与命令或控制的替代税不同，皮古夫税允许被管制的一方选择是否参与、参与多少以及如何参与受管制的活动。但令人惊讶的是，政府很少使用皮古夫税作为事前监管的方式。即使在像污染和碳排放这样的外部性问题非常严重的领域，美国的监管机构也很少会将税收作为一种内在化的手段。当污染者确实为从事造成污染的活动付费时，收费往往是统一的、“一刀切”的，不会因个人风险或伤害而变化，也不会引起任何照顾的动机。与此同时，大多数监管罚款和责任法都像皮古夫税一样运作。一般来说，侵权法，特别是产品责任，以及政府罚款（从交通罚款到环境制裁）都是对不安全行为征税。与皮古夫税一样，这些事后的制裁将有害活动的成本内在化，从而鼓励最佳状态活动水平。

在政府强制实施的严格责任存在的情况下，保险将事后责任成本转换为事前费用——保险费——与皮古夫税非常类似，预先支付大致相当于外部性。风险差异化保费会导致各方在选择活动范围时支付其活动的预期外部成本。因此，保险公司在塑造活动水平方面发挥着重要作用。通过将不确定的预期责任成本转化为一定的保险费成本，保险费使被保险人能够就活动水平作出更知情的选择。由于大多数受监管的各方没有信息来准确地将预期的事后责任奖励和罚款转换为完全相同的皮古夫税，而且由于政府没有提供这样的估计来帮助人们制订计划，保险公司填补了这一空白。

（四）信息和管理优势

除对任何包括增加税收在内的改革形式的政治反对外，保险公司在信息和管理方面也具有优势。制定准确的皮古夫税所必需的数据不仅是某些部门的一些监管机构可以获得的总成本，还包括保险公司经验评估以及不断更新的成本。因此，如果政府试图预先为外部性定价，它就必须依赖于更薄的数据，而不是保险公司可获得的数据。基于这种粗略聚集的皮古夫税往往会使某些政党多征税，使其他政党征税不足，从而降低减少伤害和从事有效活动水平的激励措施的准确性。可以肯定的是，政府机构也可以参与信息收集。但与保险公司不同的是，政府机构收集的信息实践并不一定要非常准确，信息的不准确不会对政府的监管行为产生致命影响或障碍。

保险安排将通过政府监管制定的标准转变为明确的规则，从而为受监管的各方（被保险人）提供关于选择适当护理水平的具体指导。例如，侵权法中的过失制度制定了一般的“应有注意”标准；然而，法院在特定案件中事后解决该问题之前，受监管的当事人往往不需要确定特定的安全措施。在这种过失制度下，责任保险公司通常是将模糊的法律标准转化为一套具体的、有时是非常具体的规则。类似的机制也在严格的责任制度下运作，该制度不规定特定的安全标准，但让受监管各方决定私人需要的风险降低措施。在这些制度下，通常是责任保险人指示受管制的一方关于具体的安全选择。在任何一种侵权制度下，引起注意的动机都是政府强加的责任，并在司法上（在某些情况下，在立法上）创造了应有的注意标准。在没有保险安排的情况下，这些标准将付诸实践，并随着时间的推移通过诉讼而变得个性化，这将最终会产生一套机制。但是，即使是分散的诉讼产生过程，也可能无法产生明确和可管理的规则，即受监管方实际上无可以遵循的规则。不同的法院产生了不一致的判决，而这一套新产生的机制，即使对于法律专家而言是很清楚的，对一般公众来说仍然是非常模糊的。保险市场通过采用集中的代理网络，支持了将模糊标准转变为明线规则的过程。

因此，保险公司可以填补政府的监管空白。虽然保险对过度监管无能为力，但它可以消除安全监管不足造成的扭曲。私人保险设定的保费如果没有法律限制，也会密切反映个人财产面临的风险，从而为沿海地区人口（或减少）提供最佳激励。气候变化政策是保险可以帮助纠正政治失败的一个主要方式。在国家和国际方面，应对气候变化的政治意愿都很薄弱。但是，如果气候变化正在影响诸如洪水、干旱和恶劣天气等可保风险，人们将不得不支付更高的保费来为他们的资产投保。与政府监管机构不同的是，私人保险公司无权让自己受到关于作为气候变化政策基础的科学问题的政治辩论的阻碍。事实上，由于预期损害赔偿和责任成本的精算变化，保险费应该会上升。当保险费因风险增加而上升时，被保险人制定碳排放标准和其他减排措施的压力将会增加。

四、辅助监管的界限

实施安全标准需要监控受监管的活动。许多监管监控都是预先进行的，例如，为了确认安全装置的安装和检查受监管方的行为。但也可以在损害发生后进行事后监测，以确定责任或承保范围，如政府机构定期检查政府安全标准的遵守情况，法院事后核实遵守情况。监控往往是由开发政府所缺乏的监管实践和技术的保险公司更有效地进行的。例如，汽车保险公司逐渐采用的“远程信息处理”技术：数据记录器安装在汽车上，以监控使用模式。改进后的监测令保险公司能够使价格政策更准确地反映个人风险。由于保险公司提供这种设备作为备选（以换取溢价折扣），安全的司机可能会有选择地使用它。但是，无论选择效应如何，那些意识到自己被监控的司机——加速器上的每一步都被记录下来，或者夜间驾驶会影响他们的保费——可能会在更安全的时间更小心地驾驶。当然，隐私问题可能会限制这种先进的跟踪和监控设备的实施。然而，只要这类担忧对政府的限制比对私人保险公司更严格，只要保险公司在提供此类设备作为选择方面有更大的灵活性，保险公司就将站在个性化监控技术的前沿。

规范食品安全对政府来说是一项艰巨的任务。含有三聚氰胺痕迹的牛奶、被沙门氏菌污染的花生，以及含有汞或其他危险毒素的海鲜，都会有难以监测的风险。这些产品通常要经过分销链中的许多人的手，每一步都会对人类健康构成威胁，而且往往在地方政府监管机构的管辖范围之外。食品容易受到各种污染物和毒素的影响，这需要专门的测试来检测。因此，事前食品安全监测必须经过抽样检查，但即使抽样频繁，重大危险也经常被人忽略。在餐馆吃受污染的食物或食用从零售杂货店购买的受污染食品的个人可以获得侵权救济。在一般情况下，卖方多为大型且完全有偿付能力的企业，侵权系统为以机构为基础的事前质量控制提供了有效的监管补充。如前所述，产品制造商和销售商从在管理相关风险方面发展出特殊专业知识的保险公司那里购买责任险。有专门的“食品责任保险”政策，帮助卖家管理受污染食品的风险。这些政策还可能提供食品安全监管保险，包括遵守政府执法行动的成本，包括食品召回。

然而，这种由专门的责任保险公司管理（或实施）的产品责任法体系不能单独处理小型制造商、零售商和受污染食品进口商的问题。这些问题主要是关于证据的判断，尤其是一些零碎产品的信息识别。他们没有可以发布的品牌名称作为声誉债券。一个明显的解决方案是强制性责任保险：要求食品的小型卖家购买足够的责任保险，以弥补他们的食源性疾病的风险。这样的授权将有效地将责任保险公司置于小企业许可方以及食品安全监管机构的角色中。一种不那么全面的办法不是将授权适用于国内种植和生产食品的销售商，而是将强制保险制度限制在食品进口商身上。在这种制度下，进口商将对使用进口产品所造成的损害承担严格责任，正如现行法律一样；然而，为了保证进口商的支付能力，法律将要求他们提供债券或购买责任保险，其政策限额足以满足任何潜在的侵权判决。

政府在建立这种强制性保险计划方面的作用将相对有限。虽然政府需要监控强制性保险要求的遵守情况，但它不必监控食品生产、样品产品、派检查员到零售机构，或拦截进口。政府的主要作用将是维持现有的产品侵权制度，即对受污染食品造成的损害承担严格的责任，要求最低的政策限制，并可能继续建立一些系统来监测参与的保险公司的偿付能力。为了进口食品，进口商将被要求向政府监管机构出示来自有执照和受监管的保险公司的保险证明。在制定政策限制时，政府将需要提出预测的风险表，这将取决于所讨论的食物的类型及其通常所构成的风险。

这种保险解决方案将依赖于保险公司与食品分销商或进口商之间的合同协议，以产生最佳安全的激励措施。虽然保单的条款和内容限制是由政府规定的，但每个保险人可以根据具体被保险人的特殊风险为其保险定价。正是在这里，保险公司的信息可以提供一个独特的优势。为了获得保费折扣的资格，食品进口商必须提供证据，证明他们满足卫生和食品安全的门槛标准（如当产品责任保险公司坚持安全测试和质量控制计划的证据时）。

风险监管并不是保险业的一个明显目标，因为保险业因不可减少风险的存在而蓬勃发展。正是竞争的压力、被保险人的需求，以及在支付保费后控制成本的自私激励，促使保险公司寻求风险缓解。保险公司以各种方式管理风险。从强制在降低风险方面进行特定投资，到为有利的索赔经验提供保费折扣，再到向投保人出售成本控制专业知识，甚至设计安全技术和代码，保险公司执行许多与政府监管机构和法院相同的监管职能。然而，在许多（虽然显然不是全部）情况下，私人保险公司由于其固有的信息比较优势，应该比公共监管机构和法院更适合做监管工作。通过私人合同，保险公司以法律命令无法做到的方式监控安全。

关于保险作为监管范式的许多方面，本书没有探讨。例如，监管范式表明，理想情况下，主要责任规则的选择应受到确定哪种保险人更善于规范其被保险人的行为的影响。因此，虽然一方可能是成本最低的特定风险（最优责任规则的初步目标），但是，如果覆盖这种风险的保险不适合激励，那么，便于责任转移的保险更具优越性。例如，如果第一方保险公司比责任保险公司是特定风险的更好的监管者，那么无责任规则可能是可取的，即使伤害者是更有效的风险回避者。或者，如果责任保险公司是更好的监管机构，那么将成本转移到受害者身上的规则也可以产生最有效的风险降低，即使是在受害者可能是最便宜的成本回避者的情况下。产品责任可能很适合这种情况。保险即监管范式影响主要法律规则设计的另一种方式是直接适用于保险的规则。首先，法律有时应强制规定保险覆盖范围，以利用保险公司的监管能力。我们认为，强制性的环境责任保险对于吸引保险业发展其监管技能是必要的，而强制性的责任保险可以替代大部分的食品安全监管。这种强制性保险相当于使保险公司成为某些类型的危险活动的许可代理人。其次，当竞争没有提供足够的纪律时，法律应监控保险公司作为监管机构的决定的完整性。例如，保险公司的事后承保可能是一种理想的监管工具，但也可能迅速偏离机会主义甚至欺诈性的策略，从而证明严格威慑是正当的。事实上，保险监管往往在社会理想的、信息丰富的激励机制和一套自私的寻租策略之间走着一条微妙的道路。保险公司可以要求其客户采取特定形式的行为，以提高安全性，但他们也可以这样做，作为不合理地拒绝付费保险的借口。我们不知道是哪一种模式占据主导地位。保险法的文献中充斥着对保险机会主义的研究。无责任和严格责任侵权标准代表了第一方和责任保险公司在产品安全监管的责任分配方面的极端立场，而基于过错的责任则介于两者之间。在基于过失或过失的制度下，责任保险公司是对于被认为是被侵权人过错的损害的主要保险监管机构，而受害方的第一保险公司对于被认为不是损害人过错的损害是主要的保险监管机构。如果如前文所述，责任保险公司比第一方保险公司是更好的产品风险监管机构，那么在产品事故情况下，严格责任规则与过失规则将得到加强。[1]

第三节 民事侵权法的替代责任理论

根据民法原理，民商事主体对其代理人的过错而承担民事责任。各种形式的替代责任出现在商业相关法律的许多领域。代理制度在现代商业关系中非常普遍，直接或间接的涉及替代责任的规则也种类繁多。在某些情况下，委托人对其代理人的侵权行为和未经授权的合同承担间接责任。本节主要考察委托人和代理人对代理人的过错承担连带责任的替代责任规则是否具有经济效益，根据个人责任规则，代理人单独对其过错承担责任。通过考察侵权法的各种规则，能够确定其是否鼓励有效的行为。替代责任的效率在很大程度上取决于代理合同中定制风险分配的谈判和执行中的某些交易成本的大小。如果这些成本微不足道，那么替代责任相对于个人责任几乎是有效的，或者至少不是低效的。否则，替

〔1〕 See A. Mitchell Polinsky & StevenShavell, *The Uneasy Case for Products Liability*, 123 Harv. L. Rev. 1437 (2010).

代责任的效率取决于许多因素。尽管有许多相关的考虑，经济分析为法律政策提供了合理简单的路径。

一、替代责任的部分经济分析

这部分的经济分析主要从以下几个方面展开：代理合同和激励合同的现代经济理论，其经验教训对理解替代责任的后果至关重要；替代责任和个人责任之间的选择对资源分配有系统影响的情况；代理人对非自愿债权人的债务的替代责任的效率；代理人对自愿债权人的债务的替代责任。

（一）代理协议的经济理论假设

1. 帕累托效率原理

任何委托代理关系都需要签订代理协议。代理的经济理论假设，所有代理协议，无论其复杂程度如何，从委托人和代理的角度来看，都是帕累托最优协议。因此，该理论假设该机构同意的性质是，没有任何替代协议会对被代理人产生更大主观效用的同时而不会减少协议对代理人的效用（反之亦然）。帕累托最优性的假设足够广泛，允许各种类型的谈判成本、信息成本、执行成本和其他合同交易成本。因此，如果谈判代价高昂，而委托人和代理人认为通过进一步谈判显著改善协议的机会很小，帕累托最优性可能要求他们终止谈判。如果谈判没有成本，就不是帕累托最优协议。在极端情况下，谈判可能代价太高，以至委托人向所有潜在的代理人提供标准的合同，然后他们接受或拒绝合同报价。然而，通过对形式合同的各种条款进行试验，委托人仍然可以寻找帕累托的高级合同，直到进一步的试验似乎比它的价值更昂贵。当然，代理协议可能会对社会的其他成员产生有利或不利的后果，因此从社会角度来看，这可能不是帕累托最优协议。为了避免混淆，下文采用“私人帕累托最优”一词来区分代理经济理论中的帕累托最优与全社会帕累托最优以及相关的全社会经济效率概念。

2. 不确定因素下的代理行为

代理协议对委托人和代理人的价值通常是不确定的。委托人在商业周期、原材料和投资资本成本以及代理人的生产力方面受到无数不确定性因素的影响。代理人还受到许多其他不确定因素的影响，包括他们的能力，他们的晋升和提高工资增长的前景，以及解雇或解雇的可能性。为了分析不确定性下的代理行为，代理协议对每一方的效用至少有两个重要的决定因素：预期的回报和获得这些回报的风险。该理论证明了如果任何一方厌恶风险，协议各方可以根据其对风险承担的态度来分配风险，从而为自己获得更大的效用。最佳风险分担具有以下含义。如果一方对风险保持中立，而另一方对风险感到厌恶，则私人帕累托最优代理协议将代理机构中的所有金融风险分配给风险中立方。如果双方都厌恶风险，私人帕累托最优性要求分担机构的金融风险，大部分风险集中在风险较低的一方。

委托人通常是比代理人更好的风险承担者。代理人通常是收入有限的人。他们可能是相当厌恶风险，即使风险只是轻微的经济损失。相较之下，委托人往往是更富有的人。对特定规模风险的厌恶往往会随着财富的增加而减少。根据资本资产定价理论（Capital Asset Pricing Model, CAMP），[1]个人股东通常持有许多金融资产的多样化投资组合，而这些股东只厌恶不可多样化的风险。然而对个别代理人的民事责任判决的风险通常很容易通过多样化来消除。当然，委托人可能是一个比保险公司更好的风险承担者，然后他可能会选择自我保险。如果民事责任的风险是可投保，那么委托人往往可以比其代理人更低的价格获得保险。一个有许多代理人的委托人向保险公司提供了一个现成的风险池。此外，向委托人签发一份保单，而不是向其代理人签发许多个人保单，肯定会降低成本。

因此，由于各种原因，委托人往往比代理人更适合承担经济损失的风险。因此，最优风险分担理论预测，私人帕累托最优代理协议往往会将大部分民事责任分配给商业主体，而不是他们的代理人。当然，在某些情况下，民事责任的风险仍将由代理人承担。代理人可能是更好的风

---

〔1〕 资本资产定价理论由美国学者威廉·夏普、林特尔、特里诺和莫辛等人于 1964 年在资产组合理论和资本市场理论的基础上发展起来的，主要研究证券市场中资产的预期收益率与风险资产之间的关系，以及均衡价格是如何形成的，是现代金融市场价格理论的支柱，广泛应用于投资决策和公司理财领域。

险承担者，如在铁路乘客（委托人）和铁路公司（代理人）的情况下，或者将责任转移给委托人的协议的交易成本可能超过其利益。这些可能性将在下文进行详细讨论。在讨论这些可能性之前，先需要分析风险分担和激励之间的权衡。

3. 风险分担和激励代理的权衡

如果委托人承担了代理人的全部或部分财务风险，如果良好或谨慎的表现对代理人来说比糟糕或粗心的表现更昂贵或更麻烦，那么代理人的代理质量可能会下降。例如，委托人同意对代理人承担民事责任判决，可能导致代理人为避免判决而减少投资，并同时增加责任的可能性或程度。为了保持对代理人的激励性，委托人可以选择采用将至少部分损失风险转移给代理人的激励合同。

假设代理人的避免损失行为不能被委托人观察到，同时假定委托人对该损失负有间接责任，因此委托人希望代理人采取一定措施以避免损失。然而，由于代理人的行为是不可观察到的，因此一个简单的指示或合同要求，即代理人承担特定的损失避免措施，可能是无效的。为了在这些条件下有效地激励代理人，委托人必须采用基于损失的发生或不发生的惩罚和奖励的组合。具体来说，委托人必须奖励避免损失的代理人，惩罚损失发生的代理人，或者两者兼有。这种激励合同可能会有许多复杂的问题。如果代理人厌恶风险，合同可能会增加代理人预期补偿的风险，因此委托人必须考虑风险溢价，以确保代理人的代理。这种风险溢价可能会消除原本有效的奖惩结构的价值。基于前述原因，当损失避免行为不可观察时，激励契约往往不能表现出最好的属性——最优风险分担和最优损失避免激励的平衡。

如果代理人的损失避免行为可以被观察到，其他直接的激励措施通常会诱导代理人按照原则利益进行。具体来说，委托人可以命令代理人按要求行事，并承诺如果代理人遵守规定则给予奖励；如果代理人不遵守规定则扣留费用。这样的承诺是有效的，因为委托人可以很容易地确定代理人是否按照指示行事。这些简单的激励措施比仅在损失发生或不发生时生效的奖励和惩罚更有优势。因为委托人只需要知道自己所期望的行为及其对代理所负担的成本。此外，这些激励措施本身对一个厌恶风险的代理人来说并没有风险。因此没有必要为了激励措施而牺牲最佳的风险分担。

（二）责任规则与资源配置的关系

替代责任的效率往往取决于委托人能够（经济上）观察代理人的避免损失行为的程度。假定代理人能够全额支付不利的判决结果，然后，委托人和代理人可以根据替代责任的规则，通过同意代理人赔偿损害来协商安排。如果在个人责任下，委托人已签约承担对代理人的部分或全部判决，也可以达成这种同等的财务安排。相反，如果代理人在个人责任下资不抵债，当事人不能在替代责任下建立同等的财务安排。由于支付给受害方的总额在替代责任下增加，委托人、代理人或双方都必须承担更大的经济负担。因此，作为一个纯粹的逻辑问题，委托人和代理人可以在任何一个责任规则下使用代理协议的财务等值。如果通过合同分配责任的成本可以忽略不计，那么这种索赔就具有相当大的吸引力。当然，责任规则的选择影响了委托人与代理人之间责任的初始分配。但当个人责任下的优先协议也适用在替代责任下，成本可以忽略不计，期望谈判达成同样的结果是非常合理的。至少在这些情况下，责任规则的选择似乎不太可能对代理协议产生任何系统的或可预测的影响。相反，这种选择似乎不太可能对委托人和代理人的行为以及经济效率产生任何系统的或可预测的影响。

然而，如果代理合同的成本非常高昂，那么这个论点就更没有说服力。委托人和代理人可能会发现，根据任何一条规则，通过合同分配责任成本都太昂贵，因此，责任的最终分配可能取决于法律最初的设置。即使双方在这两条规则下同样分配责任，法律也可以通过在没有交易成本的情况下使一方承担责任，从而降低交易成本。总言之，如果代理人能够根据个人责任规则全额支付对他不利的所有判决，并且通过合同分配责任的成本不大，那么责任规则的选择就不太可能对资源分配产生重大影响。同时，如果这些条件中的任何一个不成立，负债规则可能会显著影响资源分配。

二、代理人基于过失所承担的个人责任

（一）个人责任与代理人破产

根据个人责任规则，代理人的潜在破产将导致若干效率低下的情况。第一个低效率，潜在破产的代理人可能很少投资自己来避免错误。撇开风险规避的考虑不谈，假设损害被有效评估，资源的有效分配要求代理投资与避免损失，使进一步投资的边际成本完全等于预期损失的边际减少。然而，由于代理人可能破产，在发生错误时，代理人的预期损失小于实际预期损失。因此，与他能够全额支付损害赔偿金相比，代理人投资避免损失的（总体和边际）动机要少。第二个低效率，因为代理破产的可能性增加了委托代理企业的预期盈利能力。帕累托最优的代理合同可能会故意允许代理人承担破产的风险，从而牺牲委托人和代理人之间有效的风险分担的好处。如果代理人能够从自己的资产中支付所有，那么这种行为就不会发生，因为如果没有逃避责任的机会，委托人和代理人就没有放弃有效的风险分配的动机。

（二）个人责任与交易成本

委托人是比代理人更好的风险承载者，个人责任规则最初对代理人施加了经济上过度的风险。如果交易成本阻止了风险有效地转移到委托人身上，那么委托人必须对代理人进行补偿。结果是生产成本增加，经济福利下降。如果由双方承担风险协议的重大交易成本，则这些成本将直接计入生产成本。经营合同的规模和企业产出的价格再次上升。在交易成本巨大且代理可能无力偿债的机构中，便会导致低效率。事实上，风险分担协议的交易成本可以解释为什么一些委托人和代理人放弃有效的风险分担，而选择逃避责任的额外利润。

三、增值代理人过错的替代责任

替代责任对资源分配的影响往往取决于主体观察其代理人避损行为的能力，这种能力可分为三个可观测性程度：可观测性、不可观测性和不完全的可观测性。可观察性的程度是在替代责任规则下具有经济价值的程度。委托人是否以及在多大程度上实际承诺遵守其代理人并不是决

定性的。

（一）可观察时的最优责任规则

1. 代理人破产的问题

如前所述，当代理人可能资不抵债时，在个人责任规则下出现了一些“效率低下”的情况：代理人通常投资效率低，以避免损失；委托人和代理人往往故意牺牲最佳风险分担的好处；企业或其行业通常会扩大低效规模。但是，在替代责任条件下，只要委托人和代理人有足够的资产来支付这些判决，企业就不能逃避判决。此外，由于委托人可以观察代理人的避免损失投资，他可以协助代理人进行帕累托最优投资，即使委托人可能承担部分或全部的损失风险。因此，当替代责任迫使企业“内化”其行动的全部成本时，其结果是代理人社会可以有效地避免损失，以及委托人和代理人之间的个人（和社会）也可以有效地分担风险。

综上所述，替代责任降低了生产的社会边际成本，它将社会边际成本曲线向下移动。当所有成本都考虑在内时，企业产出单位的生产成本变得更低，资源分配获得改善。替代责任还有另一个好处是，企业不再因逃避责任判断，低效扩张的动机消失，企业（或其行业）的规模缩小到其社会效率水平。

2. 交易成本的问题

当代理合同的交易成本显著时，替代责任也能改善资源分配。如前所述，个人责任通常会导致风险过度分配给代理人。替代责任将这种风险转移给委托人，而且由于代理人的避免损失行为可以观察到，因此它不会损害代理人的避免损失激励。

（二）不可或不完全可观察时的最优责任规则

当代理人的行为不被委托人察觉时，虽然依赖于损失发生或不发生的奖励和惩罚是委托人可以用来激励避免损失的唯一手段，但其仍是最佳选择。代理关系的持续时间对替代责任的经济后果具有重要的影响。本部分仅以单期代理为例，对于多期代理在此不作论述。

1. 代理人破产的问题

在单期代理中，委托人雇佣代理人来执行一项任务或一组任务，然后代理终止。双方不希望在未来更新该机构，或者至少更新的可能性很低。在代理开始时，委托人和代理协商整个代理关系期间的代理费用。先前的分析表明，如果代理人根据个人责任规则可能资不抵债，那么他在避免损失方面的投资通常会很低。因此，在这个框架中第一个问题是，替代责任是否会增加对避免损失的投资的激励。显然，当委托人为代理人的过错承担责任时，委托人希望被代理人增加其避免损失的努力。然而，委托人只能通过修改代理合同来增加代理财富在无损失时和在发生损失时的代理财富之间的差额，从而激励更大地避免损失的努力。一般来说，如果委托人可以避免损失，则其可以向代理人支付更高的费用；如果代理人发生损失，则其可以对代理人施加更大的惩罚。因此，委托人在替代责任下增加避免损失激励的唯一方法是在代理人避免损失的情况下更慷慨地奖励他。在许多情况下，委托人的这种行为似乎与替代责任可能产生的结果相反。替代责任通过增加雇佣代理人的预期成本，或同等地降低代理人的边际产品的价值，来降低代理人的服务对委托人的价值。

因此，尽管潜在资不抵债的代理人在个人责任下的避免损失方面的投资很少，但替代责任可能加重了其避免损失的激励的不足。虽然这种影响可能相当小，但它们明显地使社会边际成本曲线上升，从而降低了经济福利。但这个分析并不那么简单，存在施加替代责任会降低社会边际成本曲线的各种情况。此外，尽管有前述讨论，替代责任也可以通过增加避免损失的激励措施来降低社会边际成本。替代责任可能导致损失避免损失激励的增加，因为委托人可以使用法院在个人责任下不能使用的激励。从分析可以看出，替代责任如果降低社会边际成本曲线，可以明显改善经济福利。即使替代责任导致社会边际成本曲线上升，经济福利仍可能得到改善。

2. 交易成本的问题

如果谈判和执行成本与合同风险分配的价值较大，那么替代责任往往会将最终责任负担转移给委托人。原告将选择从“更深的口袋”中收取费用，而委托人通过激励合同将责任转移给其代理人的成本太高。因此，代理人的经济福利将不再像在个人责任下那样显著地取决于损失的发生或不发生，避免损失投资的激励措施反而会下降。反过来，损失的可能性或幅度将会增加，随之而来的是社会生产边际成本的上升变化。或者，如果委托人和代理人承担了将责任转移给代理人以维持激励措施的成本，那么这种成本将直接导致社会边际成本增加、竞争价格上涨、企业活动规模扩大。当合同风险分配的交易成本以及激励维护的成本不高时，就不会出现这个问题。

因此，当这种成本很高时，替代责任可能是非常低效的。代理人可以根据个人责任规则全额支付针对他们的所有判决。由于交易成本，替代责任可能通过减少避免损失的激励和增加代理合同的成本而无效地增加社会边际成本。由此产生的行业收缩也是低效的，因为在个人责任下，消费者的支付意愿已经覆盖了生产的社会边际成本。当然，对这种分析的第一个重要警告是，委托人往往比他们的代理人是更好的风险承担者。正如交易成本可能妨碍在替代责任下产生理想的激励措施一样，它们也可能妨碍在个人责任下对本金的理想风险分配。因此，施加替代责任可能从风险分担中产生利益，超过对避免损失激励的任何不利影响。如果损失避免行为与在替代责任规则下产生的合同激励基本不变，那么就会出现第二个警告。虽然替代责任将民事损害赔偿责任从代理人转移到委托人，但代理人的行为保持不变，社会边际成本没有增加。因此，当损失避免损失行为不可观察且合同风险分配的交易成本显著时，替代责任的效率求助于困难的经验问题。替代责任可能加剧损失或增加代理合同的成本，因为合同避免损失激励措施太昂贵，但它也可能提高风险分担的效率，当代理可能资不抵债时，便会产生经济上理想的行业规模收缩。

四、对代理人债务的代理责任

（一）债权人缺乏代理信息

代理人渎职或粗心大意的风险非常小，债权人可能会选择忽略他们所掌握的关于代理人避免损失行为或代理人支付责任判断费用的能力的任何信息。或者，债权人可能希望根据他们收到的有关代理人的信息采取行动，但可能没有相关信息的来源。在任何一种情况下，他们都不能将这些信息视为他们的购买决定的一部分。

（二）债权人充分了解代理信息

如果债权人拥有关于每个代理人的准确信息，并在购买决策中充分考虑这些信息，那么他们愿意支付企业的产品和服务，只不过将其充分纳入与企业交易的损失风险和企业无法支付责任判断的风险中。因此，责任规则的选择具有的经济意义相对较小。

当委托人和代理人之间的合同风险分配的交易成本不显著时，无论代理人是否有潜在的破产可能，在个人责任和替代责任之间的选择几乎没有任何经济后果。事实上，如果所有各方都是风险中立，那么选择责任规则就不会有任何后果。即使某些当事人厌恶风险，如果债权人的交易成本可以忽略不计，那么责任规则的选择也没有任何后果。然后，委托人、代理人和债权人将根据每个人对风险承担的态度，并根据风险分担和避免损失的激励措施之间的权衡进行最优的风险分配。责任规则的选择不会影响合同风险分配。当然，如果交易成本足够高，责任规则的选择确实会影响资源的分配。然而，在这种情况下，客户似乎不太可能获得关于代理人的避免损失行为和他们支付判断能力的准确信息；这些信息很可能因企业和客户之间很高的交易成本而被忽略。

如前所述，当债权人被充分了解时，无论代理人是否破产，企业都要承担其错误的全部预期成本。然而，如果委托人和代理之间的合同风险分配的交易成本较高，则责任规则的选择可能会影响资源分配。替代责任往往会从风险分担中带来好处，因为委托人通常比他们的代理人厌恶风险更少。但替代责任也可能稀释代理人避免损失的动机，或显著增加代理合同的成本。这些影响将决定替代责任是增加还是减少经济福利。

第三章　我国食品安全责任保险制度现状与问题

食品安全是一个全球性的问题。根据世界卫生组织的报告，每年大约有 5.82 亿人患食源性疾病，其中死亡 351,000 人。[1]欧盟关于人畜共患病趋势和来源的总结报告里，每年就有欧洲食源性疾病暴发的数据。2017 年对 37 个欧洲国家监测的结果显示，虽然有些疾病在过去的 2013～2017 年病例增加趋势中保持稳定，某些疾病病例还呈下降趋势甚至结束，但是仍有相当多的病例增加，2017 年欧盟国家共报告了 5079 起食源性（包括水传播）疾病。[2]美国也不例外，最危险的消费产品显示还是食品。[3]根据美国消费品安全监管委员会的统计数据，因食品造成的死亡人数超过

---

〔1〕 See News Release, World Health Org., *World Health Day* 2015: *From Farm to Plate*, *Make Food Safe* (Apr. 2, 2015).

〔2〕 See European Food Safety Authority and European Centre for Disease Prevention and Control (EFSA and ECDC), *The European Union Summary Report on Trends and Sources of Zoonoses*, *Zoonotic Agents and Food－borne Outbreaks in* 2017, EFSA Journal 2018: 16 (12).

〔3〕 See John Aloysius Cogan Jr., *The Uneasy Case for Food Safety Liability Insurance*, 4 Brooklyn Law Rev. 81.

市场上其他15,000种产品的总和。[1]另外，每年约有4800万美国人遭受至少一次食源性疾病，其中有3000人死于此食源性疾病。[2]由于食源性疾病导致的医疗费用、生产力损失以及过早死亡，经济成本每年为777亿美元左右，相当于美国每年食品支出总额的7%。[3]欧盟和美国作为食品安全制度相对发达的国家和地区，仍然长期存在食品安全问题，由此可见，这个问题是世界各国面临的一个长期挑战。我国食品安全问题也持续受到关注。

虽然各国都有相应的法律规范和政府监管，但是食品仍然是市场上最不安全的产品。主要原因在于，食品安全不是政府—食品经营者的单一结构监管问题，而是需要从法律—政府—市场的综合角度来寻找规范手段。现代侵权法也越来越多地要求在满足补偿和风险监管目标方面，对私法和公共机构控制进行制度比较。因此，食品安全法的趋势应该是，整合从政府监管和市场法中汲取的理论与规则，[4]让市场第三方参与监管食品安全，构建以法律与市场为导向的食品责任保险体系，进而解决复杂的食品安全问题。食品安全责任保险是通过引入市场第三方法律主体（保险公司）来分散、转移食品安全风险的方式来保障食品安全的制度。在发生食品安全侵权事件时，食品经营者的侵权赔偿责任，转由商业保险公司承担。[5]如何选择和比较市场与政府监管的理想监管角色，取决于保险法如何支持侵权行为和代理的监管职能。食品安全责任保险构建的基础性支持，主要来自责任保险和风险管理的理论与实践。

---

〔1〕 See Jean C. Buzby et al., *U. S. Dep't of Agric*, *Agricultural Econ.* Report No. 799, Product Liability and Microbial Foodborne Illness 1 (2001), http://www.ersusda.gov/media/533488/aer799.pdf.

〔2〕 See Ctrs., *Estimates of Foodborne Illness in the United States*, Disease Control & Prevention (Jan. 8, 2014).

〔3〕 See Robert L. Scharff, *Economic Burden from Health Losses Due to Foodborne Illness in the United States*, 75 J. Food Protection 123 (2012).

〔4〕 See Catherine Sharkey, *Insurance as Safety Regulator*, JOTWELL (Oct. 9, 2012).

〔5〕 参见汪盛齐：《食品安全责任保险体系构建及案例分析》，载《食品安全导刊》2019年Z2期。

第一节 政府监管制度的构建与实施

不同国家和地区关于食品安全责任保险的立法模式各具特色。欧盟将食品安全责任保险作为政府福利保障政策的补充，对于包括食品在内的缺陷产品采取严格责任制度。日本自《新造物责任法》通过以来，确立了动产产品严格责任原则，将食品安全责任保险作为政府监管的补充。美国则确立了食品安全责任保险与惩罚性赔偿制度补充配合模式，并且优先适用惩罚性赔偿。美国《食品安全现代化法案》给予小农场主一些相应的免税支持。[1]我国台湾地区确立了强制性食品安全责任保险。[2]其强制性主要体现在，食品安全风险转由专业保险公司管理，责任保险成为食品企业的营业必备“执照”之一，同时也是他们必须接受的监管方式之一，这种监管被作为政府监管的替代或者补充。[3]我国台湾地区在2013年建立食品安全风险分级制度和食品三级品管制度，将风险检验模式由传统的政府负责模式，转为食品经营企业、第三方检验机构甚至消费者等私人参与的监管检验模式。[4]食品安全的重要性和问题的突出性，也促进了我国食品安全立法的发展，中央和各地方政府也基于食品安全法构建了两级监管体系，并在此基础上形成了一定规模特色的区域食品安全责任保险制度。

一、中央立法规范的解读与实施

2009年《食品安全法》是我国食品安全的基本法律，对我国当前面临的食品安全问题进行了总结与回应，奠定了《食品安全法》法律体

---

〔1〕 See Kathryn A. Boys et al., *The Food Safety Modernization Act*, supra note 20, at 397, 400.

〔2〕 参见卢玮：《食品安全责任保险立法模式的比较与选择》，载《法学》2015年第8期。

〔3〕 See Omri Ben - Shahar & Kyle D. Logue, *Outsourcing Regulation: How Insurance Reduces Moral Hazard*, 111 MICH. L. Rev. 197 (2012).

〔4〕 参见邱文聪：《画饼充饥的食品安全风险管控策略——简评食品卫生管理法修正》，载《台湾法学》第238期（2013年）。

系的核心价值与基本框架。2012年国务院发布《关于加强食品安全工作的决定》，提出“积极开展食品安全责任强制保险制度试点”，开启了我国食品安全责任保险制度的构建与研究。2015年修订的《食品安全法》明确了“国家鼓励食品生产经营企业参加食品安全责任保险”，[1]以推动食品安全责任保险的市场覆盖，鼓励商业保险公司参与食品安全监管，从而在一定程度上完善了政府的食品安全监管系统。[2]2015年1月29日召开的国务院食品安全委员会第二次全体会议要求完善法律法规，加快构建法治秩序，构建智慧监管网络，强化企业主体责任，并充分调动社会力量，形成政府、企业、社会“三位一体”保障食品安全的工作格局。[3]这些都为我国食品安全责任保险制度的具体构建和推进奠定了法律和政策基础。

2015年2月，中国保监会（现为中国银行保险监督管理委员会，后文不再赘述）会同国务院食品安全委员会办公室、国家食品药品监督管理总局联合印发《关于开展食品安全责任保险试点工作的指导意见》（以下简称《食品安全责任保险指导意见》），此举标志着我国食品安全责任保险制度初步建立。《食品安全责任保险指导意见》将食品安全责任保险试点情况纳入地方食品安全工作考核评价体系，企业投保情况也将纳入企业信用记录和分级分类管理指标体系，已投保企业可优先获得行业专项支持和政府扶持政策。

（一）定义食品安全责任保险

《食品安全法》未对食品安全责任保险的概念做具体定义，而这一概念的模糊性会制约试点工作的具体展开。因此，《食品安全责任保险指导意见》的首要任务就是从规范性角度定义食品安全责任保险。所谓食品安全责任保险，是以被保险人对因其生产经营的食品存在缺陷造成第三者人身伤亡和财产损失时依法应负的经济赔偿责任为保险标的的保

---

〔1〕《食品安全法》第43条第2款。

〔2〕See XuWei, *Liability Insurance Proposed for Food Industries*, China Daily, Jul. 3, 2014.

〔3〕参见《张高丽：完善体系、创新方式、加强监管　努力保障“舌尖上的安全”》，载新华社网，http://www.gov.cn/guowuyuan/2015-01/29/content_2811961.htm。

险。从法律性质角度分析，食品安全责任保险属于保险法中的财产责任保险范畴。因此，在具体的立法设计时，必须以《保险法》相关概念和原则为基础，重点在于，通过对责任保险共同适用条款和食品安全责任保险特别条款的比较研究，建立食品安全责任保险制度的专门规范和条款。

（二）明确试点工作意义、目标和原则

食品安全责任保险制度的构建，一方面能够加快发展现代保险服务业，是完善我国现代保险服务业的重要内容，另一方面也是落实党中央、国务院关于全面深化改革、加强食品安全工作决策部署的重要体现，对保障和改善民生具有重要意义。据此，开展食品安全责任保险试点，有利于完善社会治理体系，发挥保险化解矛盾纠纷的作用，用经济杠杆和多样化产品化解食品安全事件民事责任纠纷；有利于发挥保险的风险管理和经济补偿功能，提高食品安全事故预防和救助水平，保护消费者的合法权益；有利于食品生产经营企业转移风险，提高产品质量，促进经济提质增效升级；有利于加快政府职能转变，优化食品安全监管方式，协同解决食品安全问题，推进食品安全社会共治。

在对食品安全责任保险的重要意义和积极作用的充分认识基础上，各地能够结合本地食品安全问题的实际特点开展食品安全责任保险试点，探索建立政府、保险机构、企业、消费者多方参与、互动共赢的激励约束机制和风险防控机制。更为重要的是，通过试点能够总结一些具有全面普适性的规则体系，为全面推行食品安全责任保险制度积累经验。试点工作的最终目标是在全国范围内构建一个统一规范体系。试点工作原则包括坚持政府引导、政策支持；市场运作、公平竞争；先行先试、分步推广。

（三）确定食品安全责任保险的试点范围

各地可根据地区食品产业特点和发展现状，着重在关系民生的重要领域、风险等级较高的行业，以及地方性法规、地方人民政府制定的规章或者规范性文件已明确的投保食品安全责任保险的企业，开展食品安全责任保险试点，总结经验，探索规律。此外，《食品安全责任保险指导意见》还确定了首批纳入试点重点推进的企业范围：食品生产加工环节的肉制品、食用油、酒类、保健食品、婴幼儿配方乳粉、液态奶、软饮料、糕点等企业；经营环节的集体用餐配送单位、餐饮连锁企业、学校食堂、网络食品交易第三方平台的入网食品经营单位等；当地特有的、属于食品安全事故高发的行业和领域。

（四）强调分别试点和数据共享

《食品安全责任保险指导意见》要求相关部门加强数据分析与共享，建立食品安全风险评级制度，将企业的安全管理评级、信用记录、行业风险差异、历史损失等情况纳入费率调整因子，利用费率杠杆机制提升企业安全管理水平。

《食品安全责任保险指导意见》下发前，我国浙江、上海等地已率先通过政府引导的方式开展了食品安全责任保险的地方性试点，取得了有益的经验。中国保监会配合相关部门建立联合工作机制，细化工作方案，鼓励、指导保险企业开展承保理赔、防灾防损等工作，积极参与食品安全治理，并推动多部门合作，加强数据、信息共享，扩大宣传和引导，推动立法进程，使食品安全责任保险在保障消费者权益和促进食品安全治理方面更好地发挥作用，为全面推行食品安全责任保险制度积累经验。

（五）保险条款和保险费率设计合理

（1）明确责任范围。保险条款载明的保险责任赔偿范围应当包括：因被保险人提供的食品发生保险合同约定的食品安全问题，导致第三方人身伤亡或者财产损失；投保企业或被保险人为减少损失而支出的必要而且合理的施救费用；依法应当由投保企业承担的事故鉴定、公证、诉讼等费用。（2）确定责任限额。投保企业依据食品风险、发生食品安全问题后可能造成的损害范围、损失程度等因素，确定足以赔付食品安全损害的责任限额，并据此投保。食品药品监管部门可以会同保险监管部门根据行业特点、企业规模等因素，确定最低责任限额。鼓励大型食品生产经营企业投保较高的责任限额，充分转移意外风险。（3）厘定保险费率。保险公司应综合考虑投保企业的行业种类、生产经营规模、历史损失等情况，积极配合有关部门开展食源性疾病（食物中毒）费用调查，按照风险损失原则，确定保险基础费率。建立费率浮动机制，将企业的安全管理评级、信用记录、行业风险差异、历史损失情况等纳入费率调整因子，充分发挥保险费率的杠杆调节作用，减少食品安全事故的发生。

（六）建立健全食品安全风险管理机制

（1）探索建立食品安全风险评级制度。食品药品监管部门要探索建立基于风险管理的企业分级分类监管模式。保险监管部门应当督促保险公司加强对投保企业的风险管理服务，强化现场勘查，充分发挥责任保险在事前风险预防、事中风险控制等方面的风险管理作用。将投保企业风险等级与参保情况、保险费率水平等挂钩，并运用责任限额、免赔额等手段促使食品企业加强质量管理。（2）加强食品安全信用制度建设。食品药品监管部门要督促企业严格落实食品安全主体责任，做好事故预防、事故整改、事故处理以及事故应急预案等工作，不断建立健全信用记录。保险公司应积极查询企业信用记录，将其作为实施差别化保险费率的重要参考依据，对守信者实行优惠保险费率，对失信者相应提高保险费率。（3）加强数据分析与共享。食品药品监管部门要加强食品安全事故的统计分析，根据需要依法提供监管信息。保险公司要加快建立风险数据库，逐步实现行业之间的数据共享。支持保险公司因地制宜开发特色产品，积极运用网络、云计算、大数据、移动互联网等新兴技术促进食品安全责任保险销售渠道和服务模式创新。

（七）完善食品安全责任保险理赔机制

通过下述几点完善食品安全责任保险的理赔机制：（1）严格执行事故报告制度。投保企业发生食品安全损害事故后，应当立即按照相关规定对事故进行处置，防止事故扩大，并按照规定向有关政府部门报告；应当及时通知保险公司，协助保险公司开展事故勘查和定损。（2）完善事故鉴定手续。保险公司应科学、合理设定食品安全损害事故鉴定流程和标准，明确事故鉴定报告和调查结论的认定程序。投保企业在索赔时，应按要求提交事故鉴定手续，以便保险公司在责任认定、赔偿处理时参考。（3）切实提高理赔效率。保险公司对投保企业提出的索赔，要按照保险合同的约定，规范、及时地履行保险赔偿责任。对责任明确的重大保险事故，保险公司可对受害者先行赔付，或积极提供预付赔款，及时化解矛盾纠纷。保险监管部门应当引导保险公司优化理赔流程，提高理赔效率，提升理赔服务质量，使保险理赔更加快速、便捷。

（八）加强食品安全责任保险试点工作的组织实施

开展试点工作的地区要高度重视，切实加强领导，成立由食品安全办、食品药品监管局、保险监管局等部门共同参加的领导小组，细化工作方案，明确责任分工，建立工作机制，发挥部门合力，推动工作落实到位。食品安全办要加大工作力度，及时协调解决试点工作中遇到的问题，确保食品安全责任保险试点工作取得实效。

强化激励约束措施。食品药品监管部门、保险监管部门应结合实际探索多种激励约束手段推动企业投保，将企业是否投保纳入企业信用记录和分级分类管理指标体系，并作为企业分级分类管理措施的重要参考。对按规定投保的企业，食品药品监管部门可会同有关部门，推动已投保企业优先获得行业专项支持和政府扶持政策的支持等，加大信息公开力度，及时公布企业投保情况。

加强引导督促落实。加强食品安全法规、食品安全知识和保险案例宣传，发挥新闻媒体的正面宣传和引导作用，增强企业风险意识、责任意识和投保意识，提升群众法律意识、维权意识和索赔意识。按照属地管理原则，积极将食品安全责任保险试点工作开展情况纳入地方食品安全工作考核评价，推动将食品安全责任保险政策纳入地方性法规、行政规章或规范性文件。

及时总结经验。及时并积极总结推广食品安全责任保险试点工作中的好经验、好做法，不断提升对食品安全责任保险的认识，摸索食品安全责任保险发展规律，健全保险管理制度和运行机制，为全面建立食品安全责任保险制度提供实践支撑和决策参考。

自 2015 年《食品安全责任保险指导意见》公布以来，国家和地方两级食品监管部门出台了相应的制度，落实《食品安全责任保险指导意见》的具体任务。其中，地方立法性规范和制度构建及其实施情况，因为各地方因地制宜的措施较为丰富，将在第二节进行具体阐述。

二、地方性制度构建的典型模式

按照中央关于全国实施食品安全责任保险制度的实施要求，从 2015

年开始，各地陆续出台具有地方食品经营服务和市场特征的地方立法性规范和政策，并逐步实现了一些具有典型性的构建模式。针对这些典型性构建模式进行分析，寻找出适合全国推广适用的方式，能够有效促进我国食品安全责任保险制度在全国的推进实施，完善食品安全的社会共治服务体系。

（一）浙江宁波：全国首个区域性食品安全责任保险试点项目[1]

根据浙江省出台食品安全责任保险试点工作要求，[2]宁波市制定和实施食品安全责任保险工作细则，建成全国首个区域性公共食品安全责任保险试点项目。政府召集了中国人寿财险宁波公司（首席承保人）、人保财险宁波公司、太保财险宁波公司、长安责任保险宁波公司、平安财险宁波公司，由这些公司组成共同保险人，为全区432个农村集体聚餐点、355个中小学校及幼儿园食堂、48个建筑工地食堂以及39个养老机构食堂购买保险。

1. 构建专业独立运营服务中心

开创性地设立了食品安全责任保险运营服务中心，作为独立的第三方机构，服务中心主要由专家、协管和技术团队组成，分别围绕公共和商业食品安全责任保险服务两类路径，在食品安全风险评级、危机预警、急救宣传等方面提供风险防范、风险控制以及理赔服务，落实事前、事中、事后全过程服务。其中，专家队伍负责研究制定食品安全风险管理举措，为政府应急处理工作和保险理赔提供专业咨询。技术队伍负责信息的收集、分析、传递，协助政府建立地方食品安全信息收集中心，以此提升对食品安全风险的甄别水平和管理能力。协管队伍通过嵌入政府食品安全基层监管网络，深入农村、社区、学校、企业开展日常风险巡查和培训宣传。到2017年，宁波市食品安全协管员队伍达到400人，累计开展现场巡查6820次，并向各区市场监督管理局上报32份风

---

〔1〕 参见付秋实：《防控食品安全风险的“第三只眼”》，载《金融时报》2017年10月11日，第12版。

〔2〕《浙江保监局关于印发浙江省开展食品安全责任保险试点工作的指导意见的通知》，浙江省食品药品监督管理局，2015年3月27日。

险巡查建议书。[1]

2. “公益 + 商业保险”路径清晰

依据公共领域统保、一般风险商业覆盖、推动强制保险立法的“三步走”战略，宁波构建了以公益性为基础、商业性与强制性为补充的食品安全责任保险体系。

(1) 公益性食品安全责任保险。该项目由各区政府出资，为辖区内的农村集体聚餐，有餐饮服务许可证或食品流通许可证的中小学校及幼儿园食堂、建筑工地食堂、养老机构食堂，发生在辖区内由政府相关职能部门认定为输入性、区域性的群体性食品中毒事件中责任主体不能确定或经济赔偿能力不足的食品中毒事件提供食品安全风险保障。该项目在 2016 年年底覆盖宁波全市，并于 2017 年 8 月底设置了慈溪、余姚、奉化、宁海、象山、北仑、镇海等分中心。截至 2020 年，累计保费 8255.31 万元，保额 221.65 亿元。[2]

(2) 商业性食品安全责任保险。建立“1 + X”商业性保险产品体系，逐步将服务向区域内食品安全各环节领域覆盖。其中，“1”是一款基础性食品安全责任保险产品，适用于涉及食品安全的所有领域。该类险种产品合同主要包括：①投保人要求：依法设立并登记注册，有固定经营场所，从事食品生产、经营活动的单位和个人。②保险范围：在中国境内因不安全因素导致发生食品安全事故，造成消费者或其他第三者人身伤亡或直接财产损失；应被保险人支付的仲裁或诉讼费用以及其他法律费用。③保险费：以一家营业面积在 500 ~ 3000 平方米的大型餐饮企业为例，其第一年保费为 3000 元，累计赔偿限额为 900 万元、每次事故赔偿限额为 300 万元、每次事故每人赔偿限额为 30 万元、每次事故每人医疗费用限额为 3 万元、累计/每次法律费用限额为 20 万元。与“1”相对应的“X”则是若干个附加险，以满足食品安全多元化保障需

[1] 参见付秋实：《防控食品安全风险的“第三只眼”》，载《金融时报》2017 年 10 月 11 日，第 12 版。

[2] 参见戴正聪、连待待：《宁波深化“三项机制”构建食品安全责任保险“宁波模式”》，载中国食品安全网 2020 年 7 月 20 日，https://www.cfsn.cn/front/web/site.shengnewshow?newsid=38129。

求。主要涉及食品召回、退货、补救、无害化处理、安全预防或者销毁产生的费用和损失 7 个附加险新产品，基本涵盖了食品生产、流通、销售等环节的常见风险。截至 2020 年 7 月，全市食品商业责任险投保企业 4540 家，累计保费 1102.31 万元，保额 187.63 亿元。[1]

（二）陕西：以保险对接精准扶贫[2]

西安市有 5 家开展该险种的保险公司，全市近 400 家食品生产经营和餐饮企业已投保，其中大中型食品生产企业以及学校、幼托机构食堂投保率较高。参保前要经过慎重评估，参保后也会定期走访检查食品安全情况，做好事中监控。

陕西省铜川市设立“三农保险服务办公室”“乡镇营销服务部”“金融服务站”等各类保险服务网点 9 个，新增“三农”保险专员 429 人，探索保险服务体系建设的“宜君模式”，在乡镇一级采取“银行 + 保险 + 电商 + 便民服务窗口”方式设立综合金融服务站，在行政村一级采取“金融便利店 + 保险 + 电商”方式聘任金融便利店人员为农村协保员，提升农村地区保险服务覆盖面和渗透率。探索建立的“健康保险 + 医院”模式，共为 4465 户贫困户、12,246 名贫困人口提供了包括罹患重大疾病等在内的“四重”风险保障，减轻了贫困人口就医负担，有效防范了普通家庭因病致贫、脱贫人口因病返贫。在农业保险扶贫方面，保险险种由 9 个增加到 17 个，同比增长 88%；在全国率先试点樱桃、肉羊、肉驴、肉兔保险；积极探索开展“保险 + 期货”试点，依托保险工具将涉农企业（农户）与期货市场紧密联系，形成“涉农企业（农户）+ 保险机构 + 期货交易所”三方主体共同受益的交易闭环；2017 年 12 月底，陕西省铜川市政策性农业保险保费收入 2541.53 万元、保额 13.78 亿元，赔付超过 1419.47 万元。该市在全国地级市率先建立全民意外伤害保险制度，截至 2017 年 12 月底，已完成理赔案件 19 起，累

〔1〕参见戴正聪、连待待：《宁波深化“三项机制”构建食品安全责任保险“宁波模式”》，载中国食品安全网 2020 年 7 月 20 日，https://www.cfsn.cn/front/web/site.shengnewshow?newsid=38129。

〔2〕参见王森：《陕西省打造金融精准扶贫示范区新品牌》，载中保网，http://xw.sinoins.com/2018-01/16/content_252680.htm。

计支付赔款8.2万元；建立食品安全责任保险制度，在学生食堂和学生集体用餐配送单位展开试点；雇主责任保险、建筑工人意外伤害保险、燃气责任保险风险以及旅游景区、电梯责任保险的保障总额增至18.75亿元。值得一提的是，2017年7月14日，铜川市宜君县受到短时暴雨夹冰雹袭击，致使彭镇1848亩玉米、906亩苹果受灾。人保财险、国寿财险在获悉灾情且尚未接到农户报案的情况下，第一时间启动重大自然灾害应急预案，按照“依法合规、从快从简、应赔尽赔”的原则开展查勘定损理赔工作，并在9月底将宜君县“7·14”雹灾的260.87万元玉米保险赔款、164.7万元苹果保险赔款足额赔付到受灾农户手中，赢得农民的好评。

为切实防范和化解食品安全风险，夯实农家宴食品安全主体责任，陕西省西安市阎良区结合工作实际，以乡村厨师食品安全责任保险工作为切入点，全力推进食品安全责任保险工作。阎良区组织召开乡村厨师食品安全责任保险推进工作会议，明确细化具体工作任务和工作时限，提升食品安全责任保险工作的认知度和参与率，采取举办现场培训会和入户宣传的方式，向全区乡村厨师宣传食品安全责任保险的重要性和必要性，鼓励引导全员参保。同时，结合实际，对全区备案在册的乡村厨师开展食品安全责任保险工作。经过与平安保险阎良支公司积极对接，提供包括食品中毒或其他食源性疾病等险种。同时，简化投保方案和办理程序，厨师可通过微信方式办理投保，保单由保险公司向厨师进行邮寄。

（三）河南：双向激励和第三方评估系统

早在2014年，人保财险总公司把河南省汤阴县作为食品安全责任保险的试点县，双方在费率厘定、保费来源、续保优惠、承保方式、宣传发动等方面共同制订了汤阴县食品安全责任险方案，并于2014年12月在全国率先实现了区域食品安全保险的全覆盖。此保险由汤阴县政府和各类食品企业作为投保人，被保险人则以食品生产企业、餐饮业、流通企业和学校食堂为主。[1]汤阴县在食品安全责任保险制度构建中凸显

---

〔1〕 参见魏黄河：《保险在食品安全领域大有作为》，载《河南日报》2017年7月3日，第6版。

了地方特色和险种特征。

1. “红黑榜”双向激励

所谓“红黑榜”双向激励，主要是指按照参与保险项目的责任意识和主动性，激发促进生产经营企业或商户的参保主动性，强化投保主体责任意识和自律意识，实现食品安全监管关口前移。

2. 实施第三方机构外部评估食品安全风险机制

考虑河南食品生产企业众多，经营规模参差不齐等因素，与传统的保险公司自行风险监控评估不同，保险公司与第三方评估机构合作，在汤阴县试点开展食品安全风险评估。保险公司在推行食品安全责任保险的过程中，通过与第三方机构合作开展外部检测工作，不仅可以对政府检测力量进行有效补充，也有助于提高质量检测工作的效率，是我国食品安全监管体制改革中的有益创新。

3. 开展社会共治搭建外聘专家队伍

协助开展食品安全责任险的风控和理赔，从金融和法律的角度助力提升公司专业化服务能力。具体表现在：风险评估阶段，整合专业高效的风险评估服务优势，为投保企业提供专业化的业务咨询和承保服务。承保期间，适时组织专家对投保企业相关人员开展培训，助力投保企业风险管理水平提升。在理赔方面，简化理赔手续，优化理赔流程，帮助投保企业做好事前风险管控和事后保险理赔服务工作。

（四）上海：平台经济大数据模式与强制险的适用

上海在食品安全监管和食品安全责任保险制度的构建方面，从全面的地方性立法规范入手，对重点领域重点防控，并主动创新发展新经济形态的参与机制，形成了不少既具有地方特色，又具有全国推广效应的措施。上海市是全国比较早就开展食品安全责任保险试点工作的城市之一。

1. 地方立法规范全覆盖

2010 年，上海市提出要积极发展食品安全保险业务，进一步推广农副产品与消费品的安全责任保险。[1]2011 年，上海市在全国率先设立了

---

〔1〕《关于加强金融服务促进本市经济转型和结构调整若干意见》，上海市人民政府办公厅，2010 年 8 月 9 日。

鼓励婴幼儿配方食品、生食水产品等食品的生产经营者，大型餐饮、集体用餐配送单位，以及承担重大公共活动食品供应的单位，投保食品质量安全责任险。2012 年 8 月，上海针对农村集体聚餐开展食品安全责任保险试点制定印发了规范性文件；部分区县注重制度顶层设计，如浦东新区、徐汇区、闵行区、青浦区、金山区相继出台规范性文件予以落实食品安全责任保险工作。2016 年年底，全市覆盖食品安全责任保险试点，共有 2200 余户经营企业投保食品安全责任险，保费收入 1500 万余元，保险金额达 90.68 亿元。[1]2012 年上海市出台了农村集体聚餐食品安全责任保险试点的规范性文件后，各区县相继开展了食品安全责任保险试点的探索，如在婴幼儿奶粉、学生午餐、大型婚宴、集体食堂和“老字号”食品商店等领域探索试行。2014 年年底，上海市参加食品安全责任保险的食品生产经营企业 882 户；直至 2015 年年底参保企业数量达 4479 户，参保企业数比 2014 年增长了 4 倍。关于安全责任保险制度，从参保企业的数量来看，上海市的 8 个郊区县的参保企业明显多于 8 个市区，这主要因为郊区县在与承保机构接洽农村自办酒席食品安全责任保险的同时，也与承保机构共同研究创新开拓其他食品领域的试点，所以总体上看上海市的郊区县推进食品安全责任保险工作成效高于市区，特别是崇明区和嘉定区的食品安全责任保险工作成效比较显著，两区企业参保数占全市参保数的 74.7% 。

上海市的 8 个市区中，静安区以企业购买责任险、政府年终考核补贴的形式，向区内“白领午餐”供应单位推行食品安全责任险，并将责任保险作为新申报“白领午餐”单位的必要条件之一，提高了“白领午餐”单位的参保积极性，截至 2015 年年底参保的餐饮单位数量达 66 户。2013 年 9 月，黄浦区诞生了上海市第一份游轮餐饮食品安全责任保险，此外，黄浦区还推动南京路的“上海第一食品”等 6 家“老字号”知名食品商店通过投保食品安全责任保险，维护名店“老字号”食品安全信誉，帮助企业持续健康发展，保险涵盖食品饮料责任、食源性疾

---

〔1〕 参见李婉怡：《发挥风险管理者功能　确保“舌尖上的安全”》，载《解放日报》2017 年 10 月 23 日，第 6 版。

病、销售外卖食品责任等。徐汇区食安办、民政局、食药监分局联合印发《关于推进本区为老助餐膳食加工单位食品安全责任保险工作的意见》，要求16家为养老助餐加工配送企业参加食品安全责任保险，由为养老助餐加工配送企业购买保险服务，为其服务的区内近50家为养老助餐服务点提供食品安全保险保障，推动区内养老助餐点食品安全责任保险全覆盖。2013年7月长宁区签订了上海市首张大型婚宴食品安全责任险保单。杨浦区积极协调区内10家盒饭供应企业与安信农保公司签订食品安全责任险，大大提升了企业的风险承受能力。2015年6月，浦东新区积极推动益海嘉里投资有限公司与中国大地保险签订食品安全责任险，成为第一家大型食品企业食品安全责任保险制度的试点单位。

2. 搭建线上投保平台

虽然上海较早提出食品安全责任保险并被保险业所关注，但很长一段时间市场上并没有专门的食品安全保险险种，各大保险公司一般采用产品责任保险、产品质量保证保险、公众责任保险的附加条款等来提供食品安全保险。经调查，上海市现有的食品类保险主要有：中国人保公司的食品安全责任保险条款；太平洋保险公司的食品生产、加工、流通企业食品安全责任保险条款，以及餐饮企业保险产品；安信农保公司开发有粮油、蔬果、畜肉、学生奶和学校配餐、饲料安全等保险产品；国泰产险公司有台资食品企业保险产品等。承保机构有安信农保、中国人寿、中国人保、长安保险、平安保险、太平洋保险、大地保险、中国联合财产保险、华泰保险、三井保险、AON保险等10余家机构，其中以安信农保承保的企业居多，达1957家，占全市各区县参保企业的43.7%。安信农保在上海的承保量大与政府部门的支持有莫大关系，2007年起安信农保就与上海市食药监局、农委、商务委、法制办等部门合作，开发承保了瘦肉精保险，与上海农产品中心批发市场签订国内首张猪肉食品安全保单。2010年世博会期间，安信农保公司为148家世博会专供农产品生产基地提供食品安全责任保险。有的区县在印发的规范性文件中还明确提到“安信农保等承保机构”，促使区县政府落实食品安全责任保险的工作中会优先选择与安信农保接洽，企业在选择承保机构时也会优先选择该机构，认为这是“政府信赖的”。

保险公司积极探索利用大数据和平台经济在食品安全责任保险体系构建的作用，发挥大数据应用手段支持食品经营模式创新与产业迭代。例如，中国太平洋保险公司和“饿了么”经济平台合作，针对菜品缺陷、食入异物食物中毒等经营和食品安全风险，可为1400个城市、130万商户、8000万订餐用户提供相应的保险服务。[1]中国人保财险上海市分公司与“美团点评”合力搭建线上投保平台，将“美团点评”的所有食品经营商户纳入食品安全责任险，首期试点对象为分布在长宁区的150家“美团点评”商户。

3. 高风险企业强制保险义务

上海食品安全责任保险险种包括校园食品安全责任保险、厨师职业责任保险、餐饮企业食品安全责任保险、餐饮平台商户综合责任保险等诸多险种。在此基础上，为了提高食品生产企业的保险保障水平，上海率先并首次以地方政府条例形式明确“高风险食品生产经营企业应当主动投保”[2]，即高风险企业的强制保险义务，主要涉及婴幼儿配方食品、保健食品、医学用途配方食品、乳制品、肉制品、生食水产及蔬菜、食用植物油、冷冻饮品、预包装冷链膳食、集体用餐配送膳食、现制即食食品11类高风险食品生产经营企业。

（五）河北：浮动费率+经纪服务的共治体系

自2014年9月开始，河北省在石家庄、秦皇岛、邢台、唐山、张家口5个市实行食品安全责任保险试点，并建立食品安全监管与责任保险之间的互动机制，确定平安、人保和太保3家财保公司承保试点项目，明确设立河北安信和长城经纪两家经纪公司作为项目经纪服务机构，统一组织协调全省试点项目。

保险公司之间有较为明确的分工和方式区分。例如，人保财险从转嫁食品企业经营风险的角度实行网络化对接服务，简化保险业务流程，通过市场化管理提高食品企业风险管理水平；保险范围涵盖保单上列明

---

〔1〕参见刘锟：《发挥风险管理者功能，食品安全责任保险护航“舌尖上的安全”》，载上观新闻2017年10月22日，https://www.jfdaily.com/news/detail?id=68844。

〔2〕《上海市食品安全条例》，上海市第十四届人民代表大会第五次会议通过，2017年1月20日。

的食品企业在指定的经营场所生产和销售的产品，或在现场提供销售产品时，由于企业自身的过失导致食品安全事故发生，出现消费者食物中毒等事故。平安财险则主要以食品生产企业、食品销售企业、餐饮服务企业为投保对象，明确规定免赔责任范围包括食品企业在生产销售产品时使用禁止原料、食品添加剂等。按照市场化原则确定保险费率，采用浮动费率机制。保险责任包括食品企业由于疏忽对受害者造成人身伤害和财产损失的，保险公司在约定的责任范围内进行赔偿，对于食品企业的故意行为造成的保险事故则排除在合理承保范围之外。

2014 年 5 个试点地区共签署食责险保单 995 笔，保费收入共计 216.5 万元，为参保企业提供风险保障达 19.67 亿元（见表 3）。该模式也逐渐由试点地区推广至全省，2016～2018 年全省食责险保费收入明显有所提升（见表 4），从 2016 年的 321.05 万元上涨到 2019 年 4 月的 1290 万元。

表 3　2014 年河北省食责险试点实施项目情况

地区	保单数	保费/万元	保额/亿元
石家庄	132	34.40	3.20
唐山	646	134.50	13.60
邢台	205	45.90	2.80
张家口	12	1.70	0.07
秦皇岛	0	0	0
合计	995	216.50	19.67

资料来源：河北省保险协会网 2020 年 1 月 20 日，http：//www.hbia.cn/。

表 4　2016～2018 年河北省食责险项目统计

年份	保单数	保费/万元	保额/亿元
2016	1405	321.05	28.83
2017	2680	491.55	54.96
2018	7841	1109.78	196.80

资料来源：河北省保险协会网 2020 年 1 月 20 日，http：//www.hbia.cn/。

（六）其他地方食品安全责任保险的特色构建

除前述省级构建特征，全国其他省市级的食品安全责任保险制度的构建模式，也体现了因地制宜展现地方性特征。其中比较有代表性的制度，主要有以下几种。

1. 小微客户专享与校园食堂安全

黑龙江省与平安保险“乐享美食”小微客户专享产品携手，以保险组合套餐式的产品给予客户全面保障，促进食品安全责任在小微企业的全面覆盖，并将“乐享美食”与平安保险公司的“创保网”互联网保险平台链接，客户可以随时随地选购与食品安全相关的保险产品。此外，中国人保财险哈尔滨分公司向黑龙江大学、哈尔滨市第九中学分别提供1000万元和500万元的食品安全风险保障，将以在学校食堂就餐的在校学生和教职工为保障对象，在一年内，当他们在学校食堂就餐时或就餐后因食堂提供的餐食而导致食源性疾病，或因食物中掺杂异物造成人身伤亡的，该食品安全责任险便可对其进行赔付。[1]

2. 政府购买推进校园食堂的保险覆盖[2]

国家级食品安全示范县，江苏南通市如东县为全县7.5万名在校学生推出了“完美午餐”计划，其中就包括校园食堂的食品安全保险项目。该项目由县政府出资作为投保人，由中国人民财产保险公司作为承保人，保费标准以每学年每名在校就餐学生2元投保；保险范围包括两个方面；一是学校食堂因疏忽致使学生食物中毒或造成其他食源性疾病；二是因学校食堂用餐时发生食物中掺杂异物造成人身伤亡或财产损失。保险赔偿限额全年累计为200万元，每次事故最高可获赔付20万元，每人最高可获赔2万元。

3. 建立专项资助和预防费计划

2017年，按照《北京市昌平区食品生产环节开展食品安全责任保险试点工作的实施意见》要求，北京市昌平区采用政策引导、企业自

---

〔1〕参见李佳琪：《哈市首批食安险试点单位落地——在校师生因饮食造成疾病有保险能赔》，载哈尔滨新闻网2020年10月1日，https://www.sohu.com/a/404005171_349336。

〔2〕李军建、张海燕：《如东实现校园食堂食品安全责任保险全覆盖》，载《中国市场监管报》2017年7月4日，第3版。

愿、市场化运营方式开展试点工作，充分发挥事前预防的作用，明确政府、保险公司以及投保经营者三方义务。(1) 政府提供专项资助。由区政府出资 80 万元，设立食品安全责任保险专项资助资金，为投保企业提供 50% ~65% 的保费补贴。(2) 引入食品安全事故预防费概念。保险公司提取当年度保险收入总额的 35% ~40% 作为投保企业事故预防费，专门用于促进投保企业提高食品生产经营条件、加强食品安全风险控制。(3) 设立风险评估委员会，专业负责事故预防费评估、审核、决议。(4) 纳入经营者风险评价体系。把经营者投保食品安全责任保险的情况纳入风险等级评价体系。(5) 参照《食品安全法》关于食品安全标准的规定，针对食品生产企业已履行原辅料进货查验等义务而因原辅料带入导致的食品安全问题纳入食品安全责任保险承保范围。(6) 强化保险公司事前预防机制。通过鼓励投保企业升级设备、参加培训、实施国际通行的质量管理规范、建立食品安全电子追溯体系等，强化食品安全责任保险事前预防机制。(7) 提升理赔服务效率。鼓励保险公司简化工作流程、明确理赔标准，主动参与食品安全事故应急救援和善后处理，加强与投保企业和赔付对象沟通。这些政策和手段的落实，提高了昌平区食品安全责任保险制度的构建水平。截至 2018 年 11 月，全区食品生产企业食责险覆盖率为 65.9%，覆盖率同比增长 30.7 倍，投保企业数量同比增长 27 倍，保费规模同比增长 10.2 倍，显著提高食责险的覆盖率。[1]

第二节　食品安全责任保险典型案例与合同条款

食品安全责任保险在中央和地方的政府监管中获得了制度保障，并形成了特色鲜明的区域性适用特点。保险市场也在积极构建食品安全责任保险产品，建立专门的食品安全责任保险合同。随着食品安全责任保

---

〔1〕 参见黄获：《浅析北京市昌平区实施食品安全责任保险试点工作的推行方式》，载《劳动保障世界》2019 年第 2 期。

险市场和产品的推进，以及政府监管力度的强化，司法审判领域中也逐渐出现直接或间接以食品安全责任保险为案由的案例，提供了生动的市场和司法实例。

一、食品安全责任保险诉讼典型案例

从近几年的司法判决来看，食品安全责任保险案件具有一定程度的相似性。主要表现在：直接以“食品安全责任保险”为案由的案件相对较少，相反，涵盖食品安全责任保险的间接案件呈现增长状态；食品安全责任保险相关的案件主要集中在食品经营、学校等集体保险。

（一）直接案由为食品安全责任保险

通过案例查询发现，近几年我国各级法院审理判决的以“食品安全责任保险”为直接案由的案件并不多，且诉讼标的相对集中于保险合同的效力，保险合同当事人的变更，以及保险合同的期限等问题。

1. 食品安全责任保险合同主体变更的效力

案件：安信农业保险股份有限公司诉上海清新正快餐有限公司责任保险合同纠纷[1]

原告：安信农业保险股份有限公司

被告：上海清新正快餐有限公司

诉讼请求：要求被告支付应收保费12,000元。

案情：2014年9月15日，被告向原告投保餐饮食品安全责任保险，原告同意承保并于当日签发保单（附保险条款），保险期间自2014年9月15日起至2015年9月14日止，保费金额为12,000元。被告收取保单及保费发票后，至今未付保费，故原告诉至法院。被告上海清新正快餐有限公司承认原告在本案中所主张的事实，但认为2015年4月被告因股权转让而股东发生变更，涉案保费应由变更前的股东支付。

分析：被告承认原告在本案中主张的事实，故对原告主张的事实予以确认。被告向原告投保餐饮食品安全责任保险，原告向被告出具保单，故双方之间的保险合同成立，被告作为投保人应当按约支付保费。

---

〔1〕 案号：（2016）沪0117民初16066号。

原告提供的证据，能够证明被告拖欠保费12,000元的事实，故原告的诉讼请求法院予以支持。被告辩称保费应当由被告变更前的股东承担，于法无据。

2. 食品安全责任保险合同的确认

案件：安信农业保险股份有限公司与上海凤莲餐饮有限公司责任保险合同纠纷[1]

原告：安信农业保险股份有限公司

被告：上海凤莲餐饮有限公司

案情：2014年9月15日，被告向原告投保餐饮食品安全责任保险，原告同意承保并于当日签发编号为×××的保单，保险期间自2014年9月15日起至2015年9月14日止，保费金额为20,000元。上述保单及保险费发票由原告业务人员面交被告。因被告至今未付保费，故原告诉至法院。被告上海凤莲餐饮有限公司辩称其未向原告投保上述保险，也未收到上述保单及发票，故不同意支付保费。原告为证明其主张，向法院提交保险单、发票、案外人情况说明、2013年至2014年被告的投保单，挂号信收据及催收函等证据。被告质证对情况说明、投保单和催收函无异议，但认为其上一年度投保及出具的情况说明均与本案无关，其未收到涉案的保单和发票。法院认为：因被告否认其收到原告开具的保单及发票，且原告未能举证其交付保单及发票的证据，故不予认定。

分析：原告称其与被告存在保险合同关系，但被告不予认可，故原告对其主张负有举证责任。原告提供的证据，不足以证明被告提出投保要求及原告向被告交付保单及发票的事实，故其诉讼主张缺乏依据，法院不予支持。

3. 食品安全责任保险费的期限确定

案件：安信农业保险股份有限公司与上海灵鼎餐饮管理有限公司财产保险合同纠纷[2]

原告：安信农业保险股份有限公司

〔1〕 案号：(2016)沪0117民初16065号。
〔2〕 案号：(2018)沪0112民初35451号。

被告：上海灵鼎餐饮管理有限公司

案情：被告原名上海洁美餐饮管理有限公司，于2014年9月10日向原告投保食品安全责任保险（生产流通环节适用），保险期间2014年9月10日至2015年9月9日，并约定被告于2014年9月25日前付清30,000元保险费。原告按约出具了保险单，并开具了发票，但被告未按约支付保险费。原告多次催索无果，故提起诉讼。被告上海灵鼎餐饮管理有限公司辩称，原告所主张的权利已超过法定的诉讼时效，要求驳回原告的诉讼请求。原告向法院提供了投保单、企业信用信息公示报告、食品安全责任保险单、保险条款、发票、律师函及邮寄凭证等证据以证明其诉讼请求。因被告未应诉答辩，法院对原告提供的证据进行审查，认为原告证据符合法律规定的证据条件，可作为定案的依据。

法院认为：被告原名上海洁美餐饮管理有限公司，于2016年4月14日变更为现名称。2014年9月9日，上海洁美餐饮管理有限公司向原告投保食品安全责任保险（生产流通环节适用），保险期间为2014年9月10日至2015年9月9日，每次事故赔偿限额400万元，保险费为30,000元。2014年9月9日，原告向上海洁美餐饮管理有限公司签发编号为×××的食品安全责任保险单，载明："……鉴于本保险单明细表中所列明的投保人向安信农业保险股份有限公司（以下简称本公司）提交书面投保申请书和有关资料（该投保申请及资料被视作本保险单的有效组成部分），并向本公司缴付本保险单明细表中列明的保险费，本公司同意按本保险单的规定负责赔偿在本保险单明细表中列明的保险期限内被保险人的保险财产遭受的损坏或灭失，特立本保险单为凭。本保险单内容主要包括明细表、保险责任、责任免除、赔偿处理、投保人义务、被保险人义务、特别约定……"明细表载明：保险名称为食品安全责任保险，投保人、被保险人均为上海洁美餐饮管理有限公司，保险期限自2014年9月10日至2015年9月9日，每次赔偿限额400万元、累计赔偿限额800万元，总保险费30,000元，付费日期截至2014年9月25日。《安信农业保险股份有限公司食品安全责任保险条款》第12条载明：除另有约定外，投保人应在合同订立时一次性缴清保险费。经保险人同意分期缴费的，投保人应按照本保险合同特别约定或批单中的规定，按期缴付和结算保险费。同日，原告开具金额为30,000元的保险费发票。2018年6月13日，原告向被告发出律师函，要求被告支付保费30,000元。函件由圆通速递寄往被告住所地，于××××年××月××日由他人代收。

分析：《民法总则》（已失效）第188条规定，向人民法院请求保护民事权利的诉讼时效期间为3年。原告向洁美公司签发的保险单中载明付费日期截至2014年9月25日，故本案保险费诉讼时效届满日为2017年9月24日，原告自该日起应积极主张债权以维护自己的权利。然而原告提供的证据仅能证明其于诉讼时效期间届满后向被告主张过权利，不能导致诉讼时效中断的后果。原告未能提供证据证明其于2017年9月24日诉讼时效届满之前向被告主张过债权，原告于2018年11月向本院提起诉讼要求被告支付保险费已超过法律规定的3年诉讼时效期间，法院对原告要求被告支付保险费的诉讼请求不予支持，驳回原告安信农业保险股份有限公司的诉讼请求。

4. 非因被保险人故意行为的食品安全责任保险标的认定

案件：市北区中港友友牛肉粉店、中国人民财产保险股份有限公司青岛市分公司保险纠纷[1]

上诉人（原审原告）：市北区中港友友牛肉粉店

被上诉人（原审被告）：中国人民财产保险股份有限公司青岛市分公司

案情：上诉人市北区中港友友牛肉粉店因与被上诉人中国人民财产保险股份有限公司青岛市分公司（以下简称人保青岛市分公司）保险合同纠纷一案，不服山东省青岛市市南区人民法院（2020）鲁0202民初770号民事判决，向本院提起上诉。本院立案后，依法组成合议庭对本案进行了审理。本案现已审理终结。上诉人市北区中港友友牛肉粉店上诉请求：（1）依法撤销山东省青岛市市南区人民法院（2020）鲁0202民初770号民事判决，依法改判支持上诉人的诉讼请求；（2）一审、二审案件受理费由被上诉人负担。事实和理由：（1）冯某与被上诉人签订

〔1〕 案号：（2020）鲁02民终8180号。

食品安全责任保险合同，约定被上诉人为上诉人提供食品安全责任保险服务，保险期间内，上诉人发生食品安全事故，向被上诉人报案，被上诉人拒绝现场查勘，拒绝联系事故第三者，拒绝核定第三者人身损害，最终其于当日出具拒赔告知函，上诉人无奈向第三者赔偿人身伤害赔偿金 30 元。（2）涉案保险条款系格式合同，本案中对第三者的赔偿责任和赔偿事务处理全部由上诉人来处理并承担举证责任，明显加重上诉人责任，违背公平公正法律精神。（3）根据禁止反言原则，被上诉人已放弃勘查现场的权利，不应在一审诉讼中再次要求上诉人提交证据证明第三者遭受人身损害和财产损失，被上诉人若现场查勘可以用一个挂号费的价格赔偿结案，但被上诉人故意设置壁垒，强迫上诉人和第三者承受大量间接损失来放弃理赔，被上诉人的行为不利于社会经济秩序稳定。

被上诉人人保青岛市分公司辩称：（1）保险赔付的履行应当符合《保险法》和合同条款的规定，上诉人未遵循上述规定；（2）责任险的保险标的是被保险人依法应对第三者承担的经济赔偿责任，上诉人和第三者未举证证明第三者受到何种性质、程度的侵权事实；（3）法律未规定对于食客就餐时吃出头发的救济途径，因头发属于软质异物，不会对进食者生命健康造成实质影响，亦不会有心理或精神损害。

市北区中港友友牛肉粉店向一审法院起诉请求：（1）判令人保青岛市分公司赔偿市北区中港友友牛肉粉店经济损失 30 元；（2）本案诉讼费由人保青岛市分公司承担。

一审法院认定事实：2019 年 7 月 22 日，人保青岛市分公司向市北区中港友友牛肉粉店及其负责人冯某出具载有冯某作为投保人、市北区中港友友牛肉粉店作为被保险人的食品安全责任保险（2017 版）保险单一份，约定由人保青岛市分公司为作为被保险人的市北区中港友友牛肉粉店提供食品安全责任保险服务，期限为一年，自 2019 年 7 月 28 日 0 时至 2020 年 7 月 27 日 24 时。保障内容为食品安全责任保险条款（2017 版）：食品安全责任，保险金额 800,000 元，保险费 1000 元，累计责任限额 800,000 元，每次事故责任限额 500,000 元，每人责任限额 50,000 元。同日，市北区中港友友牛肉粉店向人保青岛市分公司支付保险费 1000 元。

《中国人民财产保险股份有限公司食品安全责任保险条款（2017版）》第3条约定：在保险期间或保险单载明的追溯期内，被保险人在生产经营场所内从事食品生产、经营业务过程中，非因被保险人故意违法行为导致食品安全事故，造成消费者或者其他第三者人身损害或财产损失，由受害人在保险期间内首次向被保险人提出损害赔偿请求，依照中华人民共和国法律应由被保险人承担的经济赔偿责任，保险人按照保险合同约定负责赔偿；第4条约定：发生本保险条款第3条约定的食品安全事故后，应由被保险人承担的问题食品鉴定费用、受害人健康检查费用，保险人按照本保险合同约定负责赔偿。第15条约定：保险人收到被保险人的赔偿请求后，应当及时就是否属于保险责任作出核定，并将核定结果通知被保险人。第21条约定：被保险人收到受害人的损害赔偿请求或得知可能产生损害赔偿时，应及时以书面形式通知保险人，并就损害赔偿请求与保险人进行协商。第23条约定：被保险人向保险人请求赔偿时，应提交以下单证材料：（1）保险单正本；（2）保险出险或索赔通知书；（3）造成人身损害的，应提供病历、诊断证明、医疗费等医疗原始单据，保险人认可的伤残鉴定机构出具的伤残程度证明；造成死亡的，还应提供公安机关或医疗机构出具的死亡证明。

2019年8月26日，市北区中港友友牛肉粉店处一顾客就餐时在碗中发现异物，向市北区中港友友牛肉粉店提出索赔，市北区中港友友牛肉粉店电话联系人保青岛市分公司将现场情况向人保青岛市分公司反映，人保青岛市分公司告知市北区中港友友牛肉粉店应让顾客就医检查，其可就产生的医疗费用进行赔偿。市北区中港友友牛肉粉店于当日给付第三者人民币30元。

2019年8月26日，人保青岛市分公司向市北区中港友友牛肉粉店出具告知函，拒绝保险索赔请求。

一审法院认为，当事人对自己提出的诉讼请求所依据的事实或者反驳对方诉讼请求所依据的事实有责任提供证据加以证明。没有证据或者证据不足以证明当事人的事实主张的，由负有举证责任的当事人承担不利后果。本案中，市北区中港友友牛肉粉店依据其负责人冯某作为投保人与人保青岛市分公司签订的食品安全责任保险（2017版）保险单向人保青岛市分公司主张权利，但未按照《中国人民财产保险股份有限公司食品安全责任保险条款（2017 版）》第 23 条约定的“造成人身损害的，应提供病历、诊断证明、医疗费等医疗原始单据”以证实其损失的数额，故对市北区中港友友牛肉粉店的诉讼请求，不予支持。

综上所述，一审依照《合同法》（已失效）第 8 条、第 60 条，《民事诉讼法》第 64 条，《最高人民法院关于民事诉讼若干证据的规定》第 2 条之规定，判决：驳回市北区中港友友牛肉粉店的诉讼请求。案件受理费 50 元，减半收取 25 元，由市北区中港友友牛肉粉店负担。

二审中，上诉人提交微信转账记录，拟证明：上诉人向事故第三者转账 30 元。二审查明的其他事实与一审一致。

分析：本案的争议焦点系被上诉人应否向上诉人承担保险赔偿责任。上诉人主张本案事故发生后，其向被上诉人报险，被上诉人拒绝现场勘查及联系事故第三者，根据相关法律规定和禁止反言原则，被上诉人应当承担保险赔偿责任。对此法院认为，涉案保险条款第 3 条约定，保险人的保险标的应为“非因被保险人故意违法行为导致食品安全事故，造成消费者或者其他第三者人身损害或财产损失”。保险条款第 23 条约定，“被保险人向保险人请求赔偿时，应提交以下单证材料：（一）保险单正本；（二）保险出险或索赔通知书；（三）造成人身损害的，应提供病历、诊断证明、医疗费等医疗原始单据……”被上诉人收到上诉人的保险金赔偿请求时，告知其应当提交相应证明材料，但上诉人未提交相应证据证明第三者的健康损害，故被上诉人不应承担保险赔偿责任。一审判决并无不当，二审法院予以维持。

（二）间接案由为食品安全责任

司法实践中审理遇到的与食品安全责任保险间接相关的案例主要体现在综合类保险，例如，下文中提到的几个典型案例，“店家一保通”“老板安心保险系列”都是从食品经营者主体出发，保险公司为其设计提供的“一揽子”保险产品，其中就包括食品安全责任保险。这些间接相关的保险险种或产品，为食品安全责任保险的推广提供推动力，但是同时也反映出一些问题，如保险责任范围的确定，赔偿责任以及比例等。

1. “店家一保通”保险的保险范围

案件：凤城市凤凰城经济管理区阿喜烤肉店与中国人寿财产保险股份有限公司凤城市支公司保险纠纷[1]

原告：凤城市凤凰城经济管理区阿喜烤肉店

被告：中国人寿财产保险股份有限公司凤城市支公司

案情：原告于2019年12月6日在被告处投保了“店家一保通”保险，其中雇主责任险每人医疗费用责任限额10,000元，保险期间自2019年12月7日0时至2020年12月6日24时。保险期间内，原告员工李某于2019年12月21日在原告经营场所摔倒受伤，经住院治疗17天后出院，花费医疗费29,087.24元，原告作为该员工雇主，向其支付了全部医疗费用并在其住院期间支付其误工损失。被告作为保险人，在原告处发生保险事故后应当承担保险责任，即向原告支付医疗费用保险金10,000元、支付误工费保险金1156.78元。原告于2020年1月8日向被告提出理赔申请后，被告于2020年1月28日明确拒绝支付保险金。综上所述，请求人民法院判决支持原告全部诉讼请求。

被告中国人寿财产保险股份有限公司凤城市支公司辩称：关于原告凤城市凤凰城经济管理区阿喜烤肉店起诉被告保险合同一案，答辩人提出答辩如下：（1）原告在我公司投保了“店家一保通”保险，其中雇主责任保险中每人医疗费用责任限额为10,000元，同时保险合同中约定被保险人支付的必要合理的、符合当地社会医疗保险主管部门规定可报销的医疗费用，保险人扣除人民币100元，即医疗费部分需要扣除非医保部分后，扣除100元的绝对免赔额。（2）关于原告的诉请，经我司前期调查，案外人李某的受伤，不属于保险责任，答辩人不同意对原告进行赔偿。理由如下：在李某的住院病志中，现病史中，明确写明了“患者及其家属陈述李某约3小时前吃完夜宵回家途中在河畔一期附近因路滑不慎摔伤，伤及右小腿，当即右小腿疼痛、畸形、不敢活动”，这是李某在受伤到达医院后第一时间的自我陈述，最能反映事故发生的

[1] 案号：（2020）辽0682民初1505号。

实际情况，后因原告在被告处投有保险，为了获得保险理赔款，双方虚构事实，意图进行保险诈骗。在原告老板刘某的所谓“事故证明中”，其已经说明了案外人李某在2019年12月21日22时下班，但是在我公司对李某的调查笔录中，李某自述其在2019年12月21日22时多、快到23时的时候才下班。双方的陈述相互矛盾。从原告病志看，其为右胫腓骨干骨折，从医学常识及日常生活经验看，人在骨折之后根本不可能忍受六七个小时，需立即前往医院治疗，李某及刘某对事故发生经过的陈述不符合常理。综上所述，请求法院依法保护答辩人的合法权益。当事人围绕诉讼请求依法提交了证据，对当事人无异议的证据，法院予以确认并在卷佐证。

法院认为：2019年12月6日，原告在被告处投保了“店家一保通”保险，为电子保单投保。保障项目包括公众责任、雇主责任、食品安全责任。其中在雇主责任中约定：雇员人数12人、每人伤亡责任限额100,000元、每人医疗费用责任限额10,000元、每次事故责任限额1,320,000元、每次事故每人医疗费用免赔额为被保险人所支出的必要合理的、符合当地社会医疗保险主管部门规定可报销的医疗费用，保险人扣除人民币100元。保险期间自2019年12月7日0时起至2020年12月6日24时止。适用条款有《中国人寿财产保险股份有限公司公众责任保险（C）条款》及其相应附加险条款、《中国人寿财产保险股份有限公司食品安全责任保险条款》、《中国人寿财产保险股份有限公司雇主责任保险（C）条款》。

《中国人寿财产保险股份有限公司雇主责任保险（C）条款》中保险责任第3条约定：在保险期间内，被保险人的雇员因从事保险单载明的业务工作而遭受意外，包括但不限于下列情形，导致负伤、残疾或死亡，依法应由被保险人承担的经济赔偿责任，保险人按照本保险合同约定负责赔偿：（1）在工作时间和工作场所内，因工作原因受到事故伤害；（2）工作时间前后在工作场所内，从事与工作有关的预备性或者收尾性工作受到事故伤害；（3）在工作时间和工作场所内，因履行工作职责受到暴力等意外伤害；（4）因工外出期间，由于工作原因受到伤害或者发生事故下落不明；（5）在上下班途中，受到非本人主要责任的交通事故或者城市轨道交通、客运轮渡、火车事故伤害；（6）在工作时间和工作岗位，突发疾病死亡或者在48小时之内经抢救无效死亡；（7）在抢险救灾等维护国家利益、公共利益活动中受到伤害；（8）原在军队服役，因战、因公负伤致残，已取得革命伤残军人证，到用人单位后旧伤复发；（9）法律、行政法规规定应当认定为工伤的其他情形。

案外人李某为原告雇员，2019年12月22日5时案外人李某因胫腓骨干骨折到凤城市中心医院住院治疗，在住院病案中的入院记录部分，患者本人及其家属陈述病史为："主诉：外伤后右小腿疼痛肿胀畸形3小时。现病史：该患者及家属述于约3小时前吃完夜宵回家途中在河畔一期附近因路滑不慎摔伤，伤及右小腿，当即右小腿疼痛、畸形、不敢活动，未予处置病情不见好转，急呼'120'来院。'120'检查后以'右胫腓骨骨折'收入我科。病来无发热，无寒颤及抽搐，饮食睡眠佳，二便正常。辅助检查：X线片显示：右胫腓骨骨折。"原告的经营者刘某在病史确认处填写"真实"，在患者或代理人签字处签名。案外人李某住院17天，于2020年1月8日8时出院。

案外人李某在原告处工作时间为上午9时30分到晚上11时，月工资5000元，自认事发当天（2019年12月21日）晚上接近11时离开原告凤城市凤凰城经济管理区阿喜烤肉店，入院记录中的主述部分为其本人所述。案外人李某称其当天晚上接近11时离开阿喜烤肉店，因下雪在阿喜烤肉店门口台阶处滑倒摔伤，由屋内服务员关某、于某将其扶进店内，之后在原告店中停留至第二日（2019年12月22日）4时30分拨打"120"就医。在2020年4月22日被告对案外人李某进行询问所制作的询问笔录中，案外人李某自述："摔倒后店里的小于和宋某出来把我扶进店里。"在被告给原告经营者刘某的询问笔录中，刘某自述："事后我调店里的视频看见，李某吃完员工餐从店里出去（具体吃没吃不知道），等她从店里出去不一会儿就又被人扶了回来。"事故发生时店内有监控，原告未能提供监控录像。

分析：保险合同是投保人与保险人约定保险权利义务关系的协议。双方均应按合同约定履行各自的权利和义务。本案中，原告凤城市凤凰城经济管理区阿喜烤肉店在被告中国人寿财产保险股份有限公司凤城市支公司处投保了“店家一保通”保险，对于其中所包括雇主责任险部分，电子保险单中写明适用条款为《中国人寿财产保险股份有限公司雇主责任保险（C）条款》，该条款中保险责任第3条明确约定了9种被保险人的雇员因从事保险单载明的业务工作而遭受意外，导致负伤、残疾或死亡，依法应由被保险人承担经济赔偿责任，保险人按照本保险合同约定负责赔偿的情形。本案的争议焦点是，案外人李某的受伤是否符合上述情形。

根据案外人李某住院病案中的入院记录，患者本人及其家属陈述病史为：“主诉：外伤后右小腿疼痛肿胀畸形3小时。现病史：该患者及家属述于约3小时前吃完夜宵回家途中在河畔一期附近因路滑不慎摔伤，伤及右小腿，当即右小腿疼痛、畸形、不敢活动，未予处置病情不见好转，急呼‘120’来院……”其住院时间为2019年12月22日5时，主诉3小时前吃完夜宵回家途中在河畔一期附近因路滑不慎摔伤，即事故发生时间应为2时左右，故原告主张案外人李某是11时左右离开店时在阿喜烤肉店门口台阶处滑倒，在事故发生时间和地点上都与住院病历中的主述部分存在矛盾之处。同时，庭审中，案外人李某陈述其滑倒摔伤后由屋内服务员关某、于某将其扶进店内，而在2020年4月22日被告对案外人李某进行询问所制作的询问笔录中，案外人李某自述：“摔倒后店里的小于和宋某出来把我扶进店里”，其陈述亦存在相互矛盾之处。原告亦未能提供监控录像加以佐证。综上所述，因案外人自认入院记录中的主述部分为其本人所述，原告的经营者刘某亦在病史确认处填写“真实”，并在患者或代理人签字处签名确认，故在案外人及原告前后陈述与病历记载内容发生矛盾时，对事故发生的时间和地点的确认应以病历中的记载为准。因此，案外人李某此事故的发生，是在下班之后，入院治疗“3小时前吃完夜宵回家途中在河畔一期附近因路滑不慎摔伤”，故不属于原告、被告之间签订的“店家一保通”电子保险单中适用条款《中国人寿财产保险股份有限公司雇主责任保险（C）条款》第3条明确约定的9种保险人按照本保险合同约定负责赔偿的情形。关于原告称其从未收到过《中国人寿财产保险股份有限公司雇主责任保险（C）条款》，对条款内容不了解的主张，证据不足，不予支持。

综上所述，此次事故不属于保险合同约定的被告应承担保险责任的情形，被告中国人寿财产保险股份有限公司凤城市支公司不应当承担保险赔付责任。

2. “老板安心系列保险”的保险责任

案件：顺德区容桂佳城鱼头王饭店与阳光财产保险股份有限公司佛山中心支公司财产保险合同纠纷[1]

原告：顺德区容桂佳城鱼头王饭店

被告：阳光财产保险股份有限公司佛山中心支公司

案情：2017 年 3 月 24 日原告向被告购买了“老板安心系列保险”，保险期间为 2017 年 3 月 24 日 0 时至 2018 年 3 月 23 日 24 时，其中财产责任每次事故赔偿限额为 50 万元。2018 年 2 月 4 日 20 时原告的饭店发生火灾。经相关部门认定，此次火灾是“燃气泄漏遇火源引发爆燃”。事故发生后，被告经过现场损失清点，损失总额为 633, 220 元。但被告却以各种理由推诿，仅愿承担 5 万多元的理赔。

被告阳光财产保险股份有限公司佛山中心支公司辩称，被告不同意原告的诉讼请求，本案的保险事故发生后，被告已进行了现场勘查履行了相应的保险义务。依据保险单约定保险单中所述的财产责任为因发生火灾、爆炸造成保险标的的直接物质损坏或灭失。而依据被告的公共责任保险条款中的附加财产损失条款约定本附加险扩展承保在保险期间内由于火灾、爆炸造成的本保险单明细表列明的被保险人营业场所的房屋及室内设施设备（如固定装置的水暖、气暖、卫生、供水、管道煤气及供电设备，厨房配套的设施等）的损失保险人依据本合同约定负担理赔，即依据保险合同的约定本次保险事故中损坏的房屋以及固定的设施为案涉保险合同的保险标的，而并不包括可移动的物品。因此被告经过勘查后认为本案的保险理赔金额为 55, 277 元。

当事人围绕诉讼请求依法提交了证据，法院组织当事人进行了证据交换和质证。对当事人无异议的证据，法院予以确认并在卷佐证。对当事人有争议的证据，法院认证如下：（1）原告提交的原告营业执照

---

〔1〕 案号：(2018) 粤 0606 民初 13058 号。

（复印件）、机构代码证（复印件）及被告企业信息（打印件），形式与来源合法，法院对其真实性予以确认；（2）原告提交的损失清点表，与被告提交的损失清点表，所列的受损物、索赔金额有差异，原告、被告双方均同意以原告提交的损失清点表所列的受损物为本次事故发生的受损物，法院予以确认，而两份损失清点表上记载的相同受损物所对应的受损描述一致，法院予以确认，对两份损失清点表其余记载事项，法院不予确认；（3）本院依法委托佛山市兴禅保险公估有限公司进行评估而作出的鉴定报告，系根据事故现场勘查情况及向原告经营者杨某调查情况、原被告提交的证据而综合作出的损失评估，合法有效，法院予以确认。原告认为，鉴定报告的认定与事实不符、厨房设备受损情况和处置方式错误以及空调机报废认定价值有误，依据不足，法院不予采纳。

法院认为：原告向被告投保“老板安心系列保险”，保险单约定投保人与被保险人为原告，保险期间为 2017 年 3 月 24 日 0 时至 2018 年 3 月 23 日 24 时，面积 530 平方米，保险费 2800 元，累计赔偿限额 200 万元。该保险单记载了场所责任、雇员责任、食品责任以及财产责任，其中场所责任保障描述为意外事故导致第三者损失，每次事故赔偿限额 100 万元，附加火灾和爆炸责任条款，每次事故赔偿限额为 50 万元，免赔率为 0；财产责任，保障描述为因发生火灾爆炸造成保险标的的直接物质损坏或灭失，每次事故赔偿限额 50 万元，免赔率 5%，免赔额 1000 元；雇主责任保障描述为雇员发生工伤事故，附加 24 小时意外险特别扩展条款（B）。原告于 2017 年 3 月 24 日缴纳保险费。2018 年 2 月 4 日 20 时 7 分，原告发生火灾。经佛山市公安消防支队顺德区大队组织调查发现该火灾属于燃气火灾事故（燃气泄漏遇火源引发爆燃）。

根据被告提交的《阳光财产保险股份有限公司公众责任保险条款（2015 版）》载明附加火灾和爆炸责任条款：兹经双方同意，鉴于被保险人已交付了附加保险费，本保险扩展承保明细表中列明的地点范围内，因火灾或爆炸造成第三者人身伤亡或财产损失时被保险人应付的赔偿责任；附加财产损失条款：兹经双方同意，本附加险扩展承保在保险期间内，由于火灾、爆炸造成本保险单明细表列明的被保险人投保营业场所的房屋及室内附属设备（附固定装置的水暖、气暖、卫生、供水、管道煤气及供电设备、厨房配套的设备等）的损失，保险人依照本附加险合同约定负责赔偿，本附加险标的发生全部损失和部分损失，在本保险合同记载的赔偿限额内，按实际损失赔付。此外，被告提交了《阳光财产保险股份有限公司雇主责任保险B款条款（2015版）》，该条款含附加24小时意外险特别扩展条款（B），以及《阳光财产保险股份有限公司食品安全责任保险条款（2015版）》。

诉讼中，被告向法院申请对原告因案涉火灾造成的实际损失进行评估鉴定。法院依法委托佛山市兴禅保险公估有限公司对此进行鉴定，鉴定结论为依据现掌握信息评估金额为381,404.44元，评估残值为871.75元。

分析：本案系财产保险合同纠纷，根据原告、被告双方的诉辩意见，本案审查的争议焦点是案涉保险合同的保险标的是否包括可移动物品。首先，原告投保的"老板安心系列保险"保单载明四类保险，分别是场所责任、雇员责任、食品责任与财产责任。被告提交的保险条款仅有附加火灾和爆炸责任条款、雇主责任保险、食品安全责任保险与前述保险类别相对应，没有对应的财产责任保险的保险条款。其次，法庭曾责令被告提交原告在购买保险时书面投保申请，但被告在限期内未提交。因此，被告提及的本案保险标的应适用附加财产损失条款，既不能与保单所载险种相对应，也不能说明其适用于本案的合理性，其对自己的主张应承担举证不能的法律后果，不予采纳。由于被告未能举证证明保险合同中对因发生火灾造成保险标的损坏或灭失的适用范围，亦未能提交原告投保时所作的投保说明，应按通常理解予以解释，法院认定案涉火灾造成的原告经营的饭店的财产损失，包括固定装置及可移动的物品在内。至于原告在本次事故中遭受的损失，应以评估鉴定结论为准。根据鉴定报告结论，案涉饭店财产受损评估金额为381,404.44元，评估残值为871.75元，因此认定原告在本次事故中所受损失为380,532.69元。根据案涉保险保单财产责任的约定，因发生火灾爆炸造成保险标的的直接物质损坏或灭失，每次事故赔偿限额为50万元，免赔额为1000元，免赔率为5%。上述免赔约定存有争议，且没有进一步的条款对此作出明确约定，根据《保险法》第30条的规定，应作出有利于被保险人的解释，即免赔额为1000元。被告应向原告赔偿保险金379,532.69元。对原告超出上述损失的主张，理据不足，法院不予支持。

二、食品安全责任保险合同的主要条款

从前述直接和间接以食品安全责任保险为案由的审判实践中发现，法院审理此类案件时，除依据《保险法》《食品安全法》等法律外，案件中各大保险公司都有自己的食品安全责任保险条款，这些条款作为保险经营者提供的保险产品的格式条款，其性质为格式合同，因而成为法院审理保险案件时一个非常重要的依据。本书选取其中一些典型条款展开具体阐述。

（一）保险范围

食品安全责任保险合同由保险条款、投保单、保险单、保险凭证以及批单组成。凡涉及本保险合同的约定，均应采用书面形式。凡在中华人民共和国境内依法设立并登记注册，有固定经营场所，从事食品生产、销售或餐饮服务的企业均可作为本保险合同的被保险人。

（二）保险责任及其免除

食品安全责任保险责任范围包括以下几个方面。

1. 应由被保险人承担经济赔偿责任

在保险期间或保险合同载明的追溯期内，被保险人在保险合同列明的经营场所内生产、销售食品，或者现场提供与其营业性质相符的食品时，因疏忽或过失致使消费者食物中毒或其他食源性疾患，或因食物中掺有异物，造成消费者人身伤亡或财产损失，受害人或其代理人在保险期间内首次向被保险人提出损害赔偿请求，依照中华人民共和国法律（不包括港澳台地区法律）应由被保险人承担的经济赔偿责任，保险人按照保险合同约定负责赔偿。

2. 应由被保险人支付法律费用

保险事故发生后，被保险人因保险事故而被提起仲裁或者诉讼的，对应由被保险人支付的仲裁或诉讼费用以及事先经保险人书面同意支付的其他必要的、合理的费用，保险人按照本保险合同约定负责赔偿。

3. 保险责任的免除

第一，出现下列任一情形时，保险人不负责赔偿：（1）被保险人未取得食品生产、销售或餐饮服务经营许可证从事食品生产销售经营活动的；（2）被保险人被吊销食品生产、销售或餐饮服务经营许可证后继续从事食品生产销售经营活动的；（3）被保险人超越经营范围生产、销售或提供食品；（4）被保险人在本保险合同列明的经营场所外生产、销售或提供食品；（5）被保险人使用劣质的、未经国家有关部门批准使用或国家明令禁用的食品原料或非食用性原料、食品添加剂、营养强化剂或包装材料等来生产、销售或提供食品。

第二，下列原因造成的损失、费用和责任，保险人不负责赔偿：（1）投保人、被保险人及其代表的故意行为或重大过失；（2）战争、敌对行动、军事行为、武装冲突、罢工、骚乱、暴动、恐怖活动；（3）核辐射、核爆炸、核污染及其他放射性污染；（4）大气污染、土地污染、水污染及其他各种污染；（5）行政行为或司法行为；（6）地震、火山爆发、海啸、雷击、洪水、暴雨、台风、龙卷风、暴风、雪灾、雹灾、冰凌、泥石流、崖崩、地崩、突发性滑坡、地面突然下陷等自然灾害；（7）食品超过规定的保质期限；（8）专供婴幼儿的主、副食品不符合国务院卫生行政部门制定的营养标准；（9）被保险人违反《食品安全法》的规定，雇佣患有痢疾、伤寒、病毒性肝炎等消化道传染病（包括病源携带者），活动性肺结核、化脓性或者渗出性皮肤病以及其他有碍食品卫生的疾病的人员，参加接触直接入口食品的工作。

第三，下列损失、费用和责任，保险人不负责赔偿：（1）被保险人或其雇员的人身伤亡及其所有或管理的财产的损失；（2）被保险人应该承担的合同责任，但无合同存在时仍然应由被保险人承担的经济赔偿责任不在此限；（3）罚款、罚金及惩罚性赔偿；（4）精神损害赔偿；（5）间接损失；（6）投保人在投保前已经知道或可以合理预见的索赔情况；（7）销售到境外（包括港、澳、台）的食品所引起的责任；（8）由食品引发的任何慢性病、代谢病（如糖尿病、高血压等）所引起的责任；（9）基因或转基因食品所引起的责任；（10）食品保健功能的失效所引起的责任；（11）食品退换、回收、召回所造成的损失；（12）食品本身的损失；（13）由于消费者自身疾病、故意或重大过失行为所导致的任何损失；（14）保险合同中载明的免赔额。此外，其他不属于保险责任范围内的损失、费用和责任，保险人也不负责赔偿。

第四，知道保险事故发生后，被保险人应该：（1）尽力采取必要、合理的措施，防止或减少损失，否则，对因此扩大的损失，保险人不承担赔偿责任。（2）及时通知保险人，并书面说明事故发生的原因、经过和损失情况；故意或者因重大过失未及时通知，致使保险事故的性质、原因、损失程度等难以确定的，保险人对无法确定的部分，不承担赔偿责任，但保险人通过其他途径已经及时知道或者应当及时知道保险事故发生的除外。（3）保护事故现场，允许并且协助保险人进行事故调查；对于拒绝或者妨碍保险人进行事故调查导致无法确定事故原因或核实损失情况的，保险人对无法确定或核实的部分，不承担赔偿责任。（4）涉及违法、犯罪的，应立即向公安部门报案，否则，对因此扩大的损失，保险人不承担赔偿责任。

第五，被保险人收到受害人或其代理人的损害赔偿请求时，应立即通知保险人。未经保险人书面同意，被保险人对受害人作出的任何承诺、拒绝、出价、约定、付款或赔偿，保险人不受其约束。对于被保险人自行承诺或支付的赔偿金额，保险人有权重新核定，不属于本保险责任范围或超出应赔偿限额的，保险人不承担赔偿责任。

第六，被保险人获悉可能发生诉讼、仲裁时，应立即以书面形式通知保险人；接到法院传票或其他法律文书后，应将其副本及时送交保险人。保险人有权以被保险人的名义处理有关诉讼或仲裁事宜，被保险人应提供有关文件，并给予必要的协助。对因未及时提供前述通知或必要协助导致扩大的损失，保险人不承担赔偿责任。

4. 赔偿限额与免赔额

赔偿限额包括每次事故赔偿限额、每人每次事故赔偿限额、累计赔偿限额，由投保人与保险人协商确定，并在保险合同中载明。每次事故免赔额由投保人与保险人在签订保险合同时协商确定，并在保险合同中载明。

（三）保险费

除另有约定外，投保人应当在保险合同成立时交付保险费。约定一次性交付保险费的，投保人在约定交费日后交付保险费的，保险人对交费之前发生的保险事故不承担保险责任。

1. 分期支付方式

约定分期交付保险费的，保险人按照保险事故发生前保险人实际收取保险费总额与投保人应当交付的保险费的比例承担保险责任，投保人应当交付的保险费是指截至保险事故发生时投保人按约定分期应该缴纳的保险费总额。

2. 保费增加或解除合同的适用

被保险人应严格遵守国家及政府有关部门关于食品安全等方面的法律、行政法规和部门规章，加强管理，采取合理的预防措施，尽力避免或减少责任事故的发生。保险人可以对被保险人遵守前款约定的情况进行检查，向投保人、被保险人提出消除不安全因素和隐患的书面建议，投保人、被保险人应该认真付诸实施。但前述检查并不构成保险人对被保险人的任何承诺。投保人、被保险人未按照约定履行前述安全义务的，保险人有权要求增加保险费或者解除合同。在保险合同有效期内，保险标的的危险程度显著增加的，被保险人应当及时通知保险人，保险人可以根据费率表的规定增加保险费或者解除合同。被保险人未履行前款约定的通知义务的，因保险标的的危险程度显著增加而发生的保险事故，保险人不承担赔偿保险金的责任。在处理索赔过程中，保险人有权自行处理由其承担最终赔偿责任的任何索赔案件，被保险人有义务向保险人提供其所能提供的资料和协助。

3. 被保险人提供的证明材料

被保险人请求赔偿时，应向保险人提供下列证明和资料：（1）保险单正本；（2）被保险人或其代表填具的索赔申请书；（3）受害人或其代理人向被保险人提出索赔的相关材料。

4. 被保险人放弃赔偿请求权

保险事故发生后，在保险人未赔偿保险金之前，被保险人放弃对有关责任方请求赔偿权利的，保险人不承担赔偿责任；保险人向被保险人赔偿保险金后，被保险人未经保险人同意放弃对有关责任方请求赔偿权利的，该行为无效；由于被保险人故意或者因重大过失致使保险人不能行使代位请求赔偿权利的，保险人可以扣减或者要求返还相应的保险金。

5. 预收保险费

投保时，保险人按照保险期间内被保险人的预计生产额、销售额或预计营业收入预收保险费。保险期满后，被保险人应将保险期间内的生产额、销售额或营业收入书面通知保险人，作为计算实际保险费的依据。实际保险费若高于预收保险费，被保险人应补交其差额，反之，若预收保险费高于实际保险费，保险人应退还其差额，但实际保险费不得低于所规定的最低保险费。保险人有权在保险期内的任何时候，要求被保险人提供一定期限内的生产额、销售额或营业收入数据。保险人还有权派员检查被保险人的有关账册或记录并核实上述数据。

（四）保险合同变更与解除

1. 变更与解除

投保人和保险人可以协商变更合同内容。变更保险合同的，应当由保险人在保险单或者其他保险凭证上批注或附贴批单，或者投保人和保险人订立变更的书面协议。投保人可随时书面申请解除本保险合同，保险合同自保险人收到投保人的书面申请之日的24时终止。发生保险事故且保险人已承担赔偿责任的，自保险人赔偿之日起30日内，投保人可以解除合同；除合同另有约定外，保险人也可以解除合同，但应当提前15日通知投保人。

2. 剩余保险费

保险责任开始前，投保人要求解除合同的，保险人扣除3%的手续费后，剩余部分的保险费退还投保人；保险责任开始后，投保人要求解除合同的，对保险责任开始之日起至合同解除之日止的保险费，按短期费率计收，剩余部分退还投保人。保险人亦可解除本保险合同。保险责任开始前，保险人要求解除合同的，不得向投保人收取手续费并应退还已收取的保险费；保险责任开始后，保险人可提前15日通知投保人解除合同，对保险责任开始之日起至合同解除之日止的保险费，按日比例计收，剩余部分退还投保人。

（五）保险人的义务

保险合同成立后，保险人应当及时向投保人签发保险单或其他保险凭证。保险人按照约定，认为被保险人提供的有关索赔的证明和资料不完整的，应当及时一次性通知投保人、被保险人补充提供。保险人收到被保险人的赔偿保险金的请求后，应当及时作出是否属于保险责任的核定；情形复杂的，保险人将在确定是否属于保险责任的基本材料收集齐全后，尽快作出核定。保险人应当将核定结果通知被保险人；对属于保险责任的，在与被保险人达成赔偿保险金的协议后10日内，履行赔偿保险金义务。保险合同对赔偿保险金的期限有约定的，保险人应当按照约定履行赔偿保险金的义务。保险人依照前款的规定作出核定后，对不属于保险责任的，应当自作出核定之日起3日内向被保险人发出拒绝赔偿保险金通知书，并说明理由。

保险人自收到赔偿保险金的请求和有关证明、资料之日起60日内，对其赔偿保险金的数额不能确定的，应当根据已有证明和资料就可以确定的数额先予支付；保险人最终确定赔偿的数额后，应当支付相应的差额。投保人、被保险人义务订立保险合同，保险人就保险标的或者被保险人的有关情况提出询问的，投保人应当如实告知。投保人故意或者因重大过失未履行前款规定的如实告知义务，足以影响保险人决定是否同意承保或者提高保险费率的，保险人有权解除保险合同。前款规定的合同解除权，自保险人知道有解除事由之日起，超过30日不行使而消灭。自合同成立之日起超过两年的，保险人不得解除合同；发生保险事故的，保险人应当承担赔偿保险金的责任。投保人故意不履行如实告知义务的，保险人对于合同解除前发生的保险事故，不承担赔偿保险金的责任，并不退还保险费。投保人因重大过失未履行如实告知义务，对保险事故的发生有严重影响的，保险人对于合同解除前发生的保险事故，不承担赔偿保险金的责任，但应当退还保险费。保险人在合同订立时已经知道投保人未如实告知的情况的，保险人不得解除合同；发生保险事故的，保险人应当承担赔偿保险金的责任。

（六）赔偿

1. 赔偿的确认

保险人的赔偿以下列方式之一确定的被保险人的赔偿责任为基础：（1）被保险人和向其提出损害赔偿请求的受害人协商并经保险人确认；（2）仲裁机构裁决；（3）人民法院判决；（4）保险人认可的其他方式。被保险人给第三者造成损害，被保险人未向第三者赔偿的，保险人不负责向被保险人赔偿保险金。

发生保险责任范围内的损失，保险人按以下方式计算赔偿金额：（1）对于每次事故造成的损失，保险人在每次事故赔偿限额内计算赔偿，其中对每人的赔偿金额不得超过每人每次事故赔偿限额，对每次事故承担的法律费用的赔偿金额不超过每次事故赔偿限额的10%，但合同另有约定的除外；（2）在上述计算的基础上，保险人在扣除每次事故免赔额后进行赔偿；（3）在保险期间内，保险人对多次事故承担的赔偿金额之和不超过累计赔偿限额。被保险人生产、销售的食品，或在餐饮场所现场提供的食品，由于同样原因造成多人的人身损害或财产损失的，应视为一次事故造成的损失。

2. 比例赔偿和代位赔偿

发生保险事故时，如果被保险人的损失在有相同保障的其他保险项下也能够获得赔偿，则本保险人按照本保险合同的赔偿限额与其他保险合同及本保险合同的赔偿限额总和的比例承担赔偿责任。其他保险人应承担的赔偿金额，保险人不负责垫付。若被保险人未如实告知导致保险人多支付赔偿金，保险人有权向被保险人追回多支付的部分。发生保险责任范围内的损失，应由有关责任方负责赔偿的，保险人自向被保险人赔偿保险金之日起，在赔偿金额范围内代位行使被保险人对有关责任方请求赔偿的权利，被保险人应当向保险人提供必要的文件和陈述所知道的有关情况。被保险人已经从有关责任方取得赔偿的，保险人赔偿保险金时，可以相应扣减被保险人已从有关责任方取得的赔偿金额。

第三节　我国食品安全责任保险制度特征与问题

一、监管视角下食品安全责任保险制度

通过在风险等级较高的食品生产经营企业开展食品安全责任保险试点，充分发挥保险的风险控制和社会管理功能，探索建立政府、保险机构、企业、消费者多方参与、互动共赢的激励约束机制和风险防控机制，为全面推行食品安全责任保险制度积累了经验。

（一）原则：社会共治与因地制宜结合

1. 重点领域与行业

在关系民生的重要领域、风险等级较高的行业，鼓励食品生产经营单位参加食品安全责任保险试点工作，积极投保。具体包括：一是食品安全事故易发领域和风险较高环节。如婴幼儿配方乳粉、液体奶、肉制品、食品添加剂、保健食品等食品生产加工环节；流通环节包括大型商超、批发企业、食品网络交易第三方平台的流通环节；餐饮主要是指大型餐饮服务单位、学校（中小学、托幼机构）食堂、企业食堂、旅游接待饭店、养老机构食堂、农村集体聚餐（民间厨师）、网络订餐平台等食品直接消费环节。二是已经明确试点投保食品安全责任保险的行业范围。食品生产经营企业按照当地有关规定，积极投保食品安全责任保险。三是地方特色食品企业。除上述行业外，当地特有的，属于食品安全事故高发、需纳入试点的行业和领域，应当引导其投保食品安全责任保险。四是风险等级较高的行业和业态。鼓励下述风险较高的有关企业投保食品安全责任保险：酒类、软饮料、食用油、糕点行业，集体用餐配送单位，中央厨房企业，餐饮连锁企业和星级酒店等业态单位。同时，鼓励各地根据实际情况推行政府购买保险服务，以学校（中小学、托幼机构）食堂、养老机构食堂、农村集体聚餐（民间厨师）等为试点对象，保险费用由属地政府财政承担。鼓励该市中小型食品生产经营企业积极参加试点工作。

2. 政策扶持工作机制

食品安全关系国计民生，要给予必要的政策扶持。要求保险公司对纳入试点范围内的食品生产经营企业加大业务宣传力度，积极引导企业参加食品安全责任保险。鼓励保险经纪公司为开展食品安全责任保险工作提供经纪服务。例如，苏州市市场监管局、苏州银保监分局等部门建立了苏州市食品安全责任保险试点工作联席会议办公室，其他各市、区可参照建立食品安全责任保险试点工作联席会议办公室。

3. 企业建立分级分类管理

各级食品药品监管部门可将企业是否投保纳入企业信用记录和分级分类管理指标体系，并作为企业分级分类管理措施的重要参考。对按规定投保的企业，同等条件下在品牌战略认定、财政资金申请等方面给予优先支持。各地也可根据本地实际情况，因地制宜，开拓创新，采取其他激励方式，逐步扩大保险范围。

（二）工具：新经济形态和大数据技术的融合

食品安全责任险，是指被保险人在保险合同列明的经营场所内生产、销售食品或现场提供与其营业性质相符的食品时，因过失致使消费者食物中毒或出现其他食源性疾患，造成消费者人身伤亡或财产损失所应担负的责任，由保险公司在限额内负责赔偿。这是对买卖双方的一种保障，一旦商户投保了食品安全责任险，消费者就有了安全保障，同样，中小餐厅等食品经营商户也不用再为可能产生的巨额赔偿而提心吊胆。食品安全责任险在全国的投保率不足1%，且主要集中在对外出口食品加工型企业。即使是在北京地区，以餐饮为代表的食品经营企业中，其投保率也不足10%。美团点评集团与人保财险共同搭建的“食品安全责任保险网上投保平台”，一方面，发挥美团点评作为“互联网+餐饮”平台的技术优势、平台优势，推动解决食品安全责任险投保率偏低的问题；另一方面，可以让消费者获得更多消费保障，并且利用平台自身流量优势，将更多消费导向“参保商户”，从而带动商户购买食品安全责任险的积极性，形成餐饮保障的良性循环。

随着消费需求的不断升级，商家除了提升产品性能与服务质量外，主动规避因客户而引发的潜在风险是餐饮企业对自身有序经营的更高要求。美团点评从第三方平台切入，推动食品商户主动纳入保险保障体系，将成为整个餐饮行业及食品安全事业发展的又一风向性举措。

（三）方法：阶段性服务和分步推进

1. 分步推进试点实施

2015～2016年，各地在大中小学校食堂、大型餐饮服务和配送单位、农村集体聚餐、大中型食品生产企业等食品安全重点领域开展食品安全责任保险试点工作，探索建立与责任保险相结合的食品安全长效监管机制，积极发挥食品安全责任保险的社会管理和经济补偿功能；再通过几年的努力，全面推进食品生产、流通、餐饮服务及食用农产品种植养殖等环节的食品安全责任保险制度建设，基本建立事前风险预防、事中风险控制、事后理赔服务相统一的风险管理机制，进一步健全食品安全风险防范化解体系。各地可根据本地区食品产业特点和发展现状，在重要领域和风险等级较高的行业，鼓励食品生产经营者积极参加食品安全责任保险试点工作。

2. 政府推进市场实施

政府鼓励推进市场制定承保方案。食品安全责任保险试点工作应选择有食品安全责任保险经营能力、综合实力强、机构网点全、承保理赔服务优且自愿参加的保险机构经办，由各市分别组织实施。鼓励通过行业协会组织投保、企业联保等多种方式组织承保工作，健全完善食品安全责任保险竞争激励机制。各地食安办、金融办及食品安全监管部门要把保险机构作为推进食品安全社会共治的重要力量，加强沟通协调，提供政策指导，鼓励更多有实力的保险经营机构参与食品安全责任保险建设。主管部门及食品安全监管部门会同保险监管部门结合各地实际情况，根据食品安全风险情况，研究提出开展责任保险试点工作的范围以及损害赔偿标准、最低限额等要求。保险机构开展食品安全责任保险项目调研，广泛听取各方面意见建议，在充分论证和可行性分析基础上，以契合市场需求为导向，以便捷可行为原则，研究开发食品安全责任保险新产品，拟订科学公平合理的食品安全责任保险条款和费率，制定保险承保理赔、费率浮动、市场推广、专户管理等制度。

3. 分步实施推广模式

保险机构充分利用自身的网络、产品和服务优势，吸引食品生产经营主体投保。食品安全监管部门则采取行政指导、风险分析、诚信建设、示范创建、财税金融、宣传推广等多种政策措施，引导食品生产经营主体投保。截至 2015 年年底，学校食堂、校园大宗食品统一配送单位、大中型餐饮服务单位先后开展了相关试点工作。在取得经验的基础上，逐步将食品安全责任保险推向食品生产、经营、餐饮服务单位及农村集体聚餐等领域，把是否投保食品安全责任保险作为一项重要检查内容，不断提高单位参保意识。

（四）事前事中事后服务体系

1. 事前服务体系

要求保险机构探索建立食品安全风险评级制度，在承保前强化现场勘查，对投保单位进行风险评估，向相关监管部门提交风险评估报告，根据投保单位性质、规模、管理水平及危险等级等要素合理确定费率水平。将企业的安全管理评级、信用记录、行业风险差异、历史损失情况等纳入费率调整因子。食品安全监管部门则探索建立基于风险管理的企业分级分类监管模式，将企业是否投保纳入企业信用记录和分级分类管理指标体系，并作为企业分级分类管理措施的重要参考。

2. 事中服务体系

保险机构应当根据有关标准流程规范，主动、定期对投保单位食品安全事故防范工作进行检查，督促投保单位加强事故预防能力建设，并将相关情况报告食品安全监管部门。同时，保险机构也应该积极开发先进的风险管理平台和产品，建立食品安全风险数据库，逐步实现行业之间的数据共享，提升对食品安全的风险甄别水平和风险管理能力。此外，保险机构在获知保险事故发生或接到事故报案后，应第一时间展开事故查勘与处理，积极参与事故救助。

3. 事后服务体系

要求保险机构科学、合理设定食品安全损害事故鉴定流程和标准，明确事故鉴定报告和调查结论的认定程序，保证赔付过程公开、透明、方便、快捷，最大限度保障受害者的合法权益。对投保单位提出的索赔，要按照保险合同的约定，规范、及时地履行保险赔偿责任。对责任明确的重大保险事故，保险机构可直接对受害者先行赔付，或积极提供预付赔款，及时化解矛盾纠纷。保险机构应加大对承保企业的食品安全风险管理、业务培训、公益宣传、督促检查等投入，进一步夯实防灾减损基础性工作。有条件的地区可探索由政府和保险公司共同设立食品安全责任赔偿基金，应对食品安全风险的超额赔付及突发事件应急费用的垫付。表5详细展现了浙江省食品安全责任保险制度的构建和推广情况。

表5　浙江省食品安全责任保险工作情况

城市	投保单位数/个					保费收入/万元				
	生产企业	流通主体	餐饮单位	其中：食堂	其他	生产企业	流通主体	餐饮单位	其中：食堂	其他
杭州市	2	6	470	291	298	18	10.75	98.28	51.83	46
宁波市	0	0	447	414	432	0	0	305.7	301.3	0
温州市	3	0	58	50	1	2	0	2.5	0	0.3
湖州市	1	0	5	86	1	5	0	11.9	36	2
嘉兴市	5	3	12	0	16	1.2	2.7	4.87	0	24.62
绍兴市	1	0	0	0	94	0	0	11.7	11.7	19.85
金华市	64	88	206	178	5	15.09	41.98	78.02	58.7	5.98
衢州市	1	39	90	89	0	0.15	8.2	61.79	60.29	0
舟山市	0	0	182	45	0	0	0	12.89	6.83	0
台州市	9	43	3	0	22	6.16	27.75	2.8	0	88
丽水市	2	42	57	46	0	0.22	9.12	15.72	10.65	0
合　计	88	221	1530	1199	869	47.82	100.5	606.17	537.3	186.75

资料来源：《浙江省食品安全委员会办公室关于食品安全责任保险试点、千万学生饮食放心工程、四个“你我”活动等相关情况的通报》，载浙江省食品药品监督管理局网2020年11月2日，http：//zw. zjfda. gov. cn/info！detail. do？id＝48323。

世界保险业发展的历史表明，责任保险的发展程度是衡量一国保险业发达与否的重要指标。有关资料显示，美国的责任险业务是非寿险公司的支柱性险种，责任保险市场自 20 世纪后期即占整个非寿险业务的 45% ~50%；在欧洲国家则占 30% 左右，有的国家高达 40%；日本也达到25% ~30%。反观我国，责任保险市场规模一直较小且产品种类有限，不仅与我国保险业发展的整体面貌不协调，而且也难以满足我国的经济发展和社会需要。

二、当前食品安全责任保险面临的主要问题

从保险市场和保险法的角度来看，当前我国食品安全责任保险制度面临的主要问题在于，该制度在确定相关主体的职责与利益时出现冲突或不平衡问题。保险市场运行的一个重要基础是大数定律，其运行的前提是存在相当规模的具有相对独立性和不相关性的被保险人。就食品安全责任保险领域而言，由被保险人构成的“险池”规模越大，保险市场各方主体的积极性越高，其运行的灵活性也越高，而造成当前这种主体职责与利益不平衡性的原因，可能存在于以下几个方面。

（一）食源性特征与侵权赔偿适用性问题

侵权损害赔偿的实际运用不足，是食品责任保险制度构建和完善过程中一个很难绕过的阶段，因其既需要市场的积累，也受制于制度发挥效应的时间性。食品经营者和消费者之间信息不对称，以及食源性疾病特征使消费者难以将食源性疾病与特定食物来源联系起来，为侵权赔偿责任的确立带来相当大的因果关系障碍，而侵权损害赔偿的实际应用不足，主要就反映在食源性疾病导致的诉讼率极低。即使是在食品安全责任保险比较完善的美国，绝大部分的食源性疾病导致的侵权问题都没有实质上进入诉讼判决。[1]这主要是因为，食源性疾病的病原测定需要昂贵的调查和实验室测试，而测试确定侵权方责任的概率又比较低。因此只有不超过万分之一的食源性疾病进入诉讼判决，而其中能够真正获得

---

〔1〕 See Neal D. Fortin, *Food Regulation: Law, Science, Policy, and Practice*, 2nd edition, Wiley, 2017, p. 431.

赔偿的则更罕见。每100万起急性食源性疾病病例中，提起侵权诉讼的不到45起。每年有7600万例食源性疾病病例，其中大约有75,996,000名受害者无法使用侵权救济措施。[1]

由于责任保险依赖于侵权赔偿（包括和解）来分散风险并迫使被保险人将其承担的风险成本内部化，侵权赔偿实际适用性不足会直接影响食品责任保险体系构建及其完善所需要的案例素材、制度成本以及内在激励。这一切都将明显阻碍食品安全责任保险作为食品安全监管者的有效性。

如果没有足够的侵权赔偿适用，食品安全责任保险费将相对较少，无法反映出社会成本，只反映出极低的诉讼率所产生的少数解决方案。这样的结果就会对市场主体的投保动机产生负面影响。由此导致的风险是，较少食品安全责任保险费可能会对市场发出错误信号，即保险费不仅仅是分散风险的，还能够发出关于特定风险的潜在成本的强烈信号，并向被保险人提供信息，帮助他们识别他们应该采取的适当防护措施。保险费为风险可能性和损失规模提供了明显的、有潜在意义的指标。如果保险合同的保险费准确反映损失的概率，则每份合同的保险费可能是每种选择或活动风险的重要信号。[2]准确反映风险的保险费会发出可能导致风险降低的信号。在被保险人的决策受到偏见影响的情况下，这种具体信号可能特别有效，食品安全就是这种情况。鉴于与食品安全相关的信息问题和认知偏差，食品经营者很难准确预测潜在的损失。保险费只能在这些保险费准确发出风险信号时产生适当的风险激励。如果保险费反映的是侵权诉讼率不足，而不是实际的损害风险，则被保险人会收到有关损失风险的不准确信号，而错误信号会导致风险更高的行为。

（二）信息不对称阻碍风险分散水平

食品安全责任保险，在行使食品安全监管的辅助或“替代”职责

---

〔1〕 See Jean C. Buzby & Paul D. Frenzen, *Food Safety and Product Liability*, 24 Food Pol'y 637 (1999).

〔2〕 See Susan K. Laury & Melayne Morgan Mclnnes, *The Impact of Insurance Prices on Decision Making Biases: An Experimental Analysis*, 70 J. Risk & Ins. 219 (2003).

时，面临的一个障碍就是食品市场中的信息问题，即如何面对和缓解消费者对其所获得的食物信息不对称的疑虑。与农民、加工商、运输商、零售商以及其他食品供应主体相比，消费者所拥有的信息较少，他们无法区别哪些食品是有风险的、哪些食品是无风险的。此外，食源性疾病的特征也会产生信息不对称的问题。病原体感染和症状发作之间的时间间隔是可变的，一些食源性疾病可能几个小时才会发作，而另一些疾病可能需要一周或更长时间，而这一过程每个阶段的信息都不同。这不仅让那些食源性疾病患者更难将所患疾病与某一个特定的食物联系起来，而且时间的推移也增加了证据无法测试的可能性，从而切断了疾病与其食物来源之间的实证联系。

信息问题会带来严重后果。食品安全市场受到道德风险和逆向选择问题的困扰，“激励”食品经营者推卸保障食品安全责任，即阻碍其采取更多谨慎措施，会引发食品安全风险的增加。食品安全危害的不确定性和食源性疾病的追溯难度，是保险公司准确评估食品安全风险的主要障碍。不准确的定价，加上保险公司的积极营销，导致食品经营者只会将食源性疾病视为“保险所涵盖的交易成本”[1]，从而背离食品安全责任保险制度作为食品安全监管辅助者的初衷。因此，信息是理解保险作为减轻社会风险的工具的关键。保险机制运行的关键和基础是信息。保险本身并不会降低被保险人所面临的风险之不确定性，也不会降低与风险相关的经济损失之可能性。保险公司通过使用数据和复杂的精算分析，来预测被保险人所面临的风险之性质、结构与覆盖范围，据此制定最小化道德风险的策略。保险公司使用索赔数据来预测投保人将遭受的损失成本。一旦控制了这些损失，整体风险就会降低。

（三）食品相关保险之间可能的互抑性

从各国保险市场来看，与食品相关的保险产品主要有食品责任保险、食源性健康保险和食品召回保险等。虽然这些相关保险产品具有不同的保险标的和范围，但是它们具有较为一致的目标，即降低不安全食

[1] See Timothy D. Lytton & Lesley K. McAllister, *Oversight in Private Food Safety Auditing: Addressing Auditor Conflict of Interest*, Wis. L. Rev. 289 (2014).

品带来的风险，及时弥补损失。这种目标的类似性，可能会在各相关保险产品之间产生一定的互相抑制作用。

1. 健康保险

就保险体系内部而言，存在这样一种可能性，即消费者购买了健康保险，而该健康保险产品也覆盖了一定的食源性疾病引发的健康风险。与健康保险对降低消费者风险的直接补偿相比，虽然我国《保险法》对基于责任保险的被保险人给第三人造成的损害，既规定了保险人可以直接向第三人赔偿，也规定了第三人有权直接向保险人请求赔偿。但是这两种"直接赔偿"的基础仍然是责任保险。[1]可见，食品安全责任保险对消费者的利益保障具有间接性。

从各国保险市场实践也能看出这种抑制性。以美国为例，大多数因食物而生病的人不会提起食品安全侵权诉讼，也不会从责任保险中获得赔偿。这些受害者所承担的食源性疾病的治疗费用，往往被健康保险覆盖。90%的美国人拥有不同形式的私人或公共健康保险。[2]与健康保险的基本覆盖相比，美国的食品责任保险虽然有免赔额、共同保险和政策上限等保险机制——所有形式的部分保险都可以为食品供应商提供更多激励，但这些激励措施并不那么有效。免赔额和共付款只给被保险人一种削弱的注意力，因为被保险人只能享受投资的部分利益。[3]

2. 召回保险

食品安全责任保险也可能会抑制对其他类型保险产品的需求，如食品召回保险等。食品召回制度在我国尚处于初步构建阶段。一方面，我国《食品安全法》确立了食品召回制度，明确食品生产者、经营者发现其生产、经营的食品不符合食品安全标准或者有证据证明可能危害人体健康的，应当立即停止生产和经营，并应当立即召回。[4]根据我国市场

---

〔1〕 参见《保险法》第65条第1款、第2款。

〔2〕 See Health Insurance Coverage of the Total Population, http://kff.org/other/state-indicator/total-population/ [http://perma.cc/CRC8-QK8N].

〔3〕 See Ben-Shahar & Logue, supra note 17, at 209.

〔4〕 参见《食品安全法》第63条第1款、第2款。

监管总局的统计，2018 年食品相关产品召回 53 次，涉及 2351 万件食品，位居同时期所有产品召回数量的首位。[1]由此可见，食品召回已成为保障食品安全的重要制度。另一方面，我国《保险法》并未确立食品召回保险制度，但是产品召回保险产品及其业务已经存在。这可能与制度构建的市场需求和理论研究阶段相关。就保险市场需求而言，食品召回制度在我国确立的时间不久，该制度的影响力辐射到保险市场和保险制度领域后，还需要时间去分析研究相关内容。从理论探讨角度来看，包括食品在内的产品召回的法律性质尚存争议。其中，关于召回行为到底是法律义务还是法律责任这一争议，直接影响了食品召回保险法律性质的确立，进而影响该保险制度的构建。但是在国际上，食品召回保险制度的普遍存在，是保障食品安全的一种重要手段。从我国食品安全法律体系和保险法发展的趋势来看，我们在探讨食品安全责任保险的时候，应该对其与食品召回保险的构建予以必要的研究和比较，以便为未来保险产品的构建留下足够空间。

食品召回保险主要为与食品企业召回不安全食品相关的损失提供保险。召回保险无法消除与召回相关的所有财务风险，但可以最大限度地减少这些风险，即在供应商的产品对公众健康构成风险时帮助其从市场上移除危险产品以促进更及时地召回。[2]因此，食品召回保险可以改善食品安全。但是召回将产生一些直接和间接成本，这些成本有时候非常昂贵，可能使食品供应商产生延迟或完全避免召回的动机。召回保险的“险池”大小与风险概率的比例关系，决定了召回保险的保险费不会太低。与食品安全责任保险相比，食品召回保险通过管理与召回相关的风险，使其能够以社会有益的方式控制食品风险。尽管有其好处，食品召回保险仍然被视为“奢侈”保险，而食品安全责任保险则可用于涵盖食源性疾病的索赔。

---

〔1〕 参见《市场监管总局 2018 年上半年缺陷产品召回工作情况》，载市场监管总局网，http：//www. samr. gov. cn/xw/zj/201807/t20180703_277537. html。

〔2〕 See Amy O'Connor, *Insurers: Product Recalls a Death Sentence' to Food Manufacturers*, *Coverage Demand Still Lags*, Ins. J. , http：//www. insurance journal. com/magazines/features/2013/10/07/306786.

3. 职业保险

与食品安全责任保险高度关联的是食品从业人员的职业责任保险。保险费是食品从业者的成本资源，但在很大程度上也是一种必要的负担。保险的价值在于花费成本来获得保险，以提供我们希望永远不会发生的风险防范措施。本质上，这属于对冲赌注。这种不受欢迎的风险的可能性防范措施在风险可能发生的情况下使从业人员获得额外保护。以下几个相互关联的问题能够帮助食品从业人员确定是否需要购买职业责任保险：所购买保险的风险的性质；可保险事件发生的风险或可能性；保险范围的成本是否根据风险的类型和金额确定；有没有其他可替代的风险防范措施。

（1）食品职业责任保险的性质

虽然承保范围可能因保单而异，但职业责任保险一般包括因该职业的实际实践而产生的责任索赔。作为或不作为的从业者即受到某种形式的损失或受伤的申请人提出索赔，政策将要求保险人支付一定金额。在大多数情况下，这意味着从业者可以防止因自己疏忽的行为或不作为而受到索赔。该保单还可能涵盖专业人士可能面临的其他类型的索赔，如诽谤、商标或版权侵权的索赔，或类似商业“侵权”。侵权行为通常是违反对另一个人的法律、非合同义务，对其造成伤害或损失，并不是所有的侵权行为（如人身攻击等侵权行为），都将被专业责任政策所涵盖，但一些与商业或职业有关的侵权行为可能会被涵盖。需要注意的是，职业责任保险通常不包括违约或类似的事件。违反合同的行为通常被视为从业者做生意所应承担的风险类型。当然，一些保险公司可以提供违约保险，但这种保险的成本可能相当高。

（2）食品职业责任保险的保险范围

如果一个导致实质性责任的事件发生的可能性几乎不存在，那么在许多情况下就很难证明花钱获得责任保险是合理的。例如，为了遵守航空管理局的规定，商业航空公司必须确保发生重大飞机事故的概率不超过一定范围。当然，这意味着可能导致责任事故发生的可能性“几乎不存在”。然而，没有一家航空公司会拒绝维持责任保险（即使法律没有要求），这在很大程度上是因为重大事故所产生的潜在责任金额是巨大的。同样重要的是，保险事件发生的可能性与专业人员的能力问题。例如，人们可能会被引导得出这样的结论：损失的风险不是实质性的，因为从业者是有能力的、勤奋的，不太可能从事被判定为疏忽或错误的行为。我们已经说过，如果专业人员把一切都做对了，最终就不应该有赔偿伤害或损失的责任。虽然这是真的，但这并不意味着即使是“完美的”从业者，也不会面临保险风险的可能性。即使没有发生疏忽或错误行为，也可能对从业者提出索赔。任何认为自己受到伤害的当事人，都可以主张侵害方对伤害进行赔偿，无论他们是否能证明任何人做错了任何事或他们有权获得赔偿。因此，受到侵害的任何人都有对专业人士提出索赔的可能性。专业人士必须评估的是他或她的执业性质是否有可能引起索赔。当然，在私人诊所治疗客户或病人并与之互动的专业人员都知道，每个客户或病人都是潜在的索赔人。通常情况下，执业者必须考虑他或她的执业性质，从业者的行为可能导致损失或伤害的可能性，以及在从业者的行为事件中可能成为潜在索赔人的个人或实体。以食品营养师为例，当前在处理人身伤害、医疗事故或非正常死亡的诉讼中，营养师常被指定为当事人。如果营养师被起诉，或作为多方诉讼的被告加入，这可能意味着对保险的需求也更大。事实上，针对营养师的诉讼数量并没有上升到压倒性的水平。事实上，在涉及多个医疗保健提供者的情况下，原告律师通常的策略是出于战略目的说出团队的所有成员。因此，营养师被其客户或病人单独起诉的案件数量似乎很少，但营养师成为被告的案件数量正在增加。不幸的是，营养师只是诉讼的几个当事人之一，这一事实并不构成任何安慰，因为它并没有减少必须用于案件辩护的时间和费用。此外，即使是诉讼数量的适度增加，尽管对营养师的损害赔偿的判决可能很少，也可能导致保险公司重新评估保险成本。

（3）食品职业责任保险的成本考量

是否购买食品从业者职业责任保险，一个基本考量因素是所购买的保险是否值得支付保险的费用。市场上的各种因素可能导致保险公司增加保费。索赔的发生率越高，意味着越需要更多的资金来辩护或支付索赔，而保费中的资金池是该基金的来源。如果潜在的被保险人是处于可能提出索赔的现实情况中，保险覆盖范围的优势可能会大大超过维持保险覆盖范围所需的成本。主要原因是诉讼成本。参与诉讼的当事人别无选择，只能聘请法律顾问协助为诉讼进行辩护。律师承担的每项任务都将涉及额外的费用。对被保险人的专业人员来说，专业责任保险通常包括上述费用，但要减去被保险人应承担的可能的免赔额。在获得保险时，每个人都应该明确确认，保险单确实支付了辩护费用。由于与诉讼相关的费用将在不考虑案件结果的情况下产生，而且通常即使在被告胜诉的情况下也不能转移给对方，因此对从业者来说，确保提供这些费用是绝对必要的。

影响食品从业人员的是，是否有其他人将提供保险或以其他方式处理与任何可能主张的索赔相关的所有费用。这种评估的真正意义在于，专业人员是否受雇于保险也包括专业人员业务的人，或者在发生人身伤害、医疗事故或非正常死亡索赔时，他们将赔偿专业人员。这在很大程度上取决于专业人员与他或她所工作的经营实体之间关系的性质，以及该实体所维持的保险程度。例如，如果专业人员是该实体的雇员，雇主就有可能对该雇员在雇佣范围内所作的事情负责。雇主所维护的保险通常会涵盖雇员所作的事情，因为雇员只是为雇主行事，而雇主通常会为雇员代表雇主所作的事情赔偿。然而，除了就业之外，还有其他关系的保护可能没有那么广泛。

综上所述，虽然食品安全责任保险具有保障食品安全的作用，在某些情况下甚至可能比政府监管更有针对性和效率性，但是食品安全责任保险的构建也面临诸多问题。

第四章　食品安全责任和规范的比较法考察

责任保险位列全球各主要国家保险业务的第四位，是这些国家财产保险中涉及标的较多的业务，然而我国责任保险占比仅为10%。[1]食品安全责任保险比重近年来也在这些国家的财产保险中不断攀升，形成了一些具有特色的监管规范。

第一节　美国

即使是常被认为拥有“世界上最安全的食品”的美国，由食源性疾病引起的食品安全问题仍然十分突出，每年有数百万美国人患病，数千人因吃不安全的食物而死亡。食源性病原体可以在生产和分配过程中的任何时候感染食物。污染可能发生在农场，运输过程中，加工厂，餐馆，超市，甚至是我们自己的家中。工业化食品生产，长期供应链以及降低食品生产成本

[1] 参见魏平、魏丽：《国际财产保险业务结构研究及启示》，载《保险研究》2018年第3期。

的市场压力都会增加食源性病原体污染风险。[1]随着食品加工和运输系统不断发展壮大和其效率提高，食源性疾病已成为一个国家问题。

这些食源性疾病的主要致病机制是对食品及其成分的处理不当，包括储存不当，准备不当，交叉污染，食品处理人员的卫生不当。虽然大多数食源性疾病与疫情大规模暴发无关，但食源性疾病的暴发很常见。平均而言，每年向疾病预防控制中心报告的疫情超过 1200 起。其中许多疫情大规模暴发，影响了数十或数百名受害者。例如，2014 年，受单核细胞增生李斯特菌污染的焦糖苹果在 12 个州导致 35 人受伤、7 人死亡。[2]此外，在全国范围内大规模召回受污染的食品是司空见惯的事情，消费者团体和媒体定期调查食品安全问题，并发现了一些骇人听闻的细节。典型的报告是 2014 年关于调查超市鸡肉的报告——通过对全国数百家超市鸡胸肉进行抽样调查，结果发现 97% 的鸡胸肉受到多种致病病原体的污染，其中包括多重耐药细菌。[3]

毫无疑问，食品安全监管系统对此负有相当大的责任。美国的食品安全系统由十几个联邦机构和数千个当地卫生部门组成，看起来很庞大，但上述食源性疾病的持续高发率则表明其执行力并不好。

一、食品安全风险防范与监管主体的扩张

联邦和地方政府机构无法阻止食源性疾病的传播。这些机构因为严重依赖设施和食品检查作为确保食品安全的手段，结果就是要面临三个主要问题的困扰：监管分散，资金不足，缺乏足够的执法权力。由于存在这些缺陷，并且为了应对受污染食品带来的重大风险，许多食品供应商（和政府）转向由私人第三方市场提供风险防范措施来降低或分担自

---

〔1〕 See Amanda Belanger, *A Holistic Solution for Antibiotic Resistance*: *Phasing Out Factory Farms in Order to Protect Human Health*, 11 J. Health & Biomedical L. 145 (2015).

〔2〕 See Multistate Outbreak of Listeriosis Linked to Commercially Produced, *Prepackaged Caramel Apples Made from Bidart Bros.* Apples (Final Update), CTRS. For Disease Control & Prevention (Feb. 12, 2015), http: //www. cdc. gov/listeria/outbreaks/caramel - apples - 12 - 14/index. html.

〔3〕 See *Dangerous Contaminated Chicken*, Consumer Rep. , http: //www. consumerreports. org/cro/magazine/2014/02/the - high - cost - of - cheap - chicken/index. htm.

己的责任。其中责任保险就是作为改善食品安全的手段之一。

（一）食品安全法规和监管碎片化

美国食品安全的主要责任在于联邦政府，该政府负责监管、检查和执行消费市场的大部分食品和饮料的安全标准。[1]尽管联邦政府在食品安全方面的支出巨大，例如，仅 2015 年，美国农业部食品安全检验局（FSIS）的年度财政预算就超过 10 亿美元，[2]并且建构了多个联邦机构共同确保食品安全。但是，其系统的有效性仍然存在三个方面的阻碍：监管分散、资金有限、执法权力不足。

碎片化是美国联邦食品安全的标志系统，联邦食品安全监管一直是分散的。从 1906 年《纯食品和药品法》[3]的通过，以及 1907 年的《联邦肉类检验法》[4]开始，联邦政府的食品安全监管的功能结构就在不同机构之间进行分配。所以，“这些由十几个管理机构组成的联邦食品安全监管体系给人一种全面覆盖的假象，但实际上却无法完成保护国家粮食供应安全的任务”[5]。

当前，美国食品药品管理局（FDA）和美国农业部（及其组成机构）共同负责绝大多数联邦食品安全活动，这种共同负责就会经常出现监管分散的现象。典型的例子就是，一方面食品安全的绝大部分监管职责交给了 FDA，另一方面对于食品的安全检验又由农业部负责。具体来看，FDA 负责确保所有国内和进口食品的安全，但不包括大多数肉类和家禽及管制动物药物和动物饲料。美国农业部食品安全检验局对大多数肉类、家禽和蛋制品进行管理。美国农业部的各个组成部门负责其他食品安全和质量活动，如对鸡蛋、乳制品和肉类的质量进行分级。美国农业部内的多个组成部门对肉类、家禽和乳制品行业的各个方面进行监

---

〔1〕 联邦政府、国会有权在州际贸易中管理食品，但是各州保留了对仅在州内销售的食品的权力。参见案例：Weigle v. Curtice Bros Co.，248 U. S. 285，288（1919）。

〔2〕 美国农业部 2015 年预算及每年实施计划，http：//www. obpa. usda. gov/budsum/FYi5budsum. pdf。

〔3〕 Pub. L. No. 59 - 384，34 Stat. 768（1906）.

〔4〕 Pub. L. No. 59 - 242，34 Stat. 1260（1907）.

〔5〕 See Helena Bottemiller Evich，*Why President Obama and Congress Turned Their Backs on Food Safety*，Politico，http：//www. politico. com/story/2015/07/sickness - in - the - system - 120057. html.

督。例如，食品安全检验局负责监督所有国内和进口的肉类、家禽和加工蛋制品；动植物卫生检验局负责监督农业资源的健康；谷物检验、包装和牲畜饲养管理局制定粮食检验和质量指南；农业营销服务部门（AMS）制定了乳制品、水果、蔬菜、牲畜、肉类、家禽和蛋制品的标准；农业研究局开展食品安全研究。州和地方政府合作联邦机构进行检查和其他食品安全活动。餐馆、超市、食品卡车和其他零售食品企业的监管由各州负责。食品安全责任也已委托给其他联邦机构。总共有 15 个联邦机构实施了 30 项主要的食品安全法规。[1]

这种疯狂的“撒胡椒面”系统受到美国审计总局（GAO）的批评，GAO 认为，联邦政府对食品安全的过度支持“导致监督不一致，协调效率低下，资源使用效率低下”[2]。例如，在 2011 年的报告中，GAO 指出召回 5 亿个受沙门氏菌污染的鸡蛋和蛋制品，凸显出缺乏联邦食品安全协调的问题。召回的鸡蛋和蛋制品与肠炎沙门氏菌的暴发有关，可能导致近 2000 人患病。正如 GAO 指出的那样，没有任何一个机构负责鸡蛋或鸡蛋生产设施的监管，并且在确保鸡蛋安全方面起作用的许多机构之间没有协调。虽然 FDA 对其壳中残留的鸡蛋负责，但 FSIS 对加工成鸡蛋产品的鸡蛋的安全性负责。美国农业部的农业营销服务部门负责对鸡蛋进行分级，但它不会检测鸡蛋中的病原体，如沙门氏菌。一旦沙门氏菌暴发，美国食品药品管理局的调查就会揭示几个鸡蛋供应商设施的不卫生条件，然而，在疫情暴发前不久，AMS 就在同一设施内进行鸡蛋分级服务。虽然意识到设施的恶劣状况，但 AMS 从未告知 FDA 有关设施的状况。[3]

虽然权力分散导致了明显的问题，但国会认为联邦食品安全监管体系不适合过于集中化和固定化。2011 年，针对暴发的一系列事件而制定

---

〔1〕 See U. S. Gov't Accountability Office, GAO – 05 – 549T, Overseeing the U. S. Food Supply: Steps Should Be Taken to Reduce Overlapping Inspections and Related Activities 21 (2005), http://www.gao.gov/products/GAO–05–549T [http://perma.cc/SF8P–7YNU].

〔2〕 U. S. Gov't Accounting Office, Food Safety: Selected Countries' Systems Can Offer Insights into Ensuring Import Safety and Responding to Foodborne Illness 2 (2008).

〔3〕 See U. S. Dep't of Agric., Office of Inspector Gen., Audit Report 50601 – 0001 – 23, USDA Controls over Shell Egg Inspections 11 – 13, 13 n. 42, 17 – 18 (2012).

的联邦立法也未改善这种情况。[1]《食品安全现代化法》旨在实现食品安全现代化并改进过时的规定，但它没有解决碎片化问题，事实上，它只影响了一个机构，即 FDA 的运作。由于这些和其他问题，食品安全监督仍然存在于 GAO 的“高风险”清单中，该清单是“高风险”和“最需要转型”的政府机构和计划领域的汇编。[2]

（二）各州之间法规不平衡

作为抗击食源性疾病的第一线，各州和地方政府必须对其境内发生的相关疾病负责。它们是州境内食品安全的主要监控机关。[3]州和地方的健康部门的职责主要有：检查食品零售商店、食品生产企业的人员编制，提供技术支持；对消费者进行食品安全培训；对州境内生产的某些食品实施食品安全标准；确定疑似食源性疾病的暴发及调查。

然而，食品安全仍然是一些餐馆的主要问题，它们仍然采用不卫生甚至危险的食品处理措施。例如，普遍的高风险的肉类食品的准备和做法增加了污染的风险；[4]餐厅经理缺乏处理和准备食品的安全知识；食物冷却方式和做法不足；新鲜蔬菜和水果的处理不当；食品工人在生病时经常工作，不采取安全的卫生习惯。[5]此外，定期检查并没有有效促进食品安全。各个司法管辖区的检查率各不相同，检查往往流于形式。[6]实际上，经验证据表明由于实施有缺陷和标准不一致，州政府健康部门对餐馆的检查并不那么严格，且无法给消费者提供信息来帮助他们作出一些预判与调整。所以，检查的结果实际上并不能准确预测食

---

〔1〕 See Gregory M. Sehieber, *The Food Safety Modernization Act's Tester Amendment: Useful Safe Harbor for Small Farmers and Food Facilities or Weak Attempt at Scale - Appropriate Farm and Food Regulations?*, 18 Drake J. Agric. L. 240 - 41 (2013).

〔2〕 See U. S. Gov't Accountability Office, GAO - 15 - 290, High Risk Series: An Update 1, 262 - 66 (2015), http://www.gao.gov/assets/670/668415.pdf.

〔3〕 See Kevin S. Murphy et al., *Does Mandatory Food Safety Training and Certification for Restaurant Employees Improve Inspection Outcomes?*, 30 Int'l J. Hosp. Mgmt. 150, 151 (2011).

〔4〕 See April K. Bogard et al., *Ground Beef Handling and Cooking Practices in Restaurants in Eight States*, 76 J. Food Protection 2132 (2013).

〔5〕 See Laura Green Brown et al., *Frequency of Inadequate Chicken Cross - Contamination Prevention and Cooking Practices in Restaurants*, 76 J. Food Protection 2141 (2013).

〔6〕 See Don Sapatkin, *Restaurant Inspection Rates Vary by County*, Philly. Com, http://articles. philly. com/2015 - 07 - 18/news/64539884_1_inspection - reports - fewer - violations - food - safety [http://perma. cc/5K7X - GRQV].

源性疾病是否会暴发。

（三）公共监管资金不足

美国联邦食品安全项目长期处于资金不足状态，无法满足 FDA 和 FSIS 都获得关于食品安全检查和执法的足够的资金需求。同时，资金分配也非常不均等。[1] 目前，FDA 负责监管 80% ~90% 的食品供应，但资金不到一半。此外，FSIS 仅占美国食品供应的 10% ~20%，但它获得的资金占食品安全总预算的约 60%。[2] 近年来，国会颁布 120 多项新法律，这些法律扩大了 FDA 的职责范围而没有相应增加资金。[3] 此外，《食品安全现代化法》也增加了 FDA 的职责，但没有给予充分的资金，资金缺乏让 FDA 无法完成食品安全监管的现代化，例如，重新培训检查员和工作人员以满足新的要求，同时还要适当监督食品进口等。当然，与 FDA 相比，FSIS 的预算也严重不足，其大部分资金都用于肉类和家禽加工商进行实物检查，这种检查已经落后于现代食品安全的需求。[4]

（四）政府监管执法权限问题

美国食品安全监管体系的另外一个主要问题是缺乏执法权限。FDA 和 FSIS 都在具体的执法中受到限制。例如，FDA 获得的强制性食品召回权[5]，只有一小部分检查员来监督检查所需的数十万个设施。与此同时，FSIS 对其所涵盖的数千个设施中的每一个设有一个以上的检查员，但是都没有召回权，也不能要求召回受污染的肉类或家禽。[6]

FSIS 的执法方式更加特殊——它的检查过程并不以阻止感染沙门氏菌和李斯特菌等病原体的肉类和家禽进入市场为目的。实际上，FSIS 采

---

〔1〕 See Dennis G. Maki, *Coming to Grips with Foodborne Infection - Peanut Butter, Peppers, and Nationwide Salmonella Outbreaks*, 360 New Eng. J. Med. 949 (2009).

〔2〕 See Ctr. For Sci., In The Public Interest, Outbreak Alert! 2008: Closing the Gaps in Our Federal Food - Safety Net i (2008).

〔3〕 See Kristin Choo, *Hungry for Change*, 95 A. B. A. J. 56 (2009).

〔4〕 See Richard A. Merrill & Jeffrey K. Francer, *Organizing Federal Food Safety Regulation*, 31 Seton Hall L. Rev. 61, 100 - 02 (2000).

〔5〕 See Food Safety Modernization Act, 21 U. S. C. § 350/ (2012).

〔6〕 See Mariano-Florentino Cuellar, *Modeling Partial Agency Autonomy in Public - Health Policymaking*, 15 The Oretical Inquiries In L. 471, 490 (2014).

取的立场是，不要求确保肉类和家禽没有致命的病原体。相反，从 FDA 在 1971 年 8 月 18 日的一封信中可以看出，这种立场在美国联邦食品安全监管体系中是一种普遍认知——“美国消费者知道生肉和家禽不是无菌的，如果处理不当，可能会导致疾病”，相应的司法机关也认为这是消费者的一个常识：“美国家庭主妇和厨师通常不是无知或愚蠢的，他们准备和烹饪食物的方法通常不会导致沙门氏菌病。”可见，FSIS 也将此责任归咎于为人民提供这些食品消费的任何人。或者也可以理解为，FSIS 认为消费者最终要对自己的食品安全负责。2013～2014 年暴发的与福斯特农场的鸡有关的（导致美国全国共有 634 例确诊的海德堡沙门氏菌感染病例，其中 242 人住院治疗）多重耐药性沙门氏菌事件，可以看作 FSIS 对致病性污染食品缺乏召回权的严重后果。[1]

二、食品监管模式的市场化选择

从上文可知，一方面，受污染食品企业面临严厉制裁；另一方面，食品生产和销售企业从政府监管部门处又未能获得充分安全的支持。因此，一些食品生产企业和供应商转向私人风险控制措施，以确保他们生产和销售的食品安全。私人风险控制措施有不同的形式，表现如下。

（一）自我检测与标准化管理

拥有足够资源的大型零售商，如好市多超市，他们研发了一套自我检测体系，来确保进货和销售的食品足够安全。[2]其他的食品销售商也会制定和实施自己的安全标准，并向消费者公布宣传。例如，从事全国鸡肉销售的普渡农场就宣布了自己的食品安全标准：所有该农场生产的鸡肉不再经常接受抗生素治疗。抗生素使用通常被认为有助于抗生素抗性食源性病原体的传播，但是，大量使用抗生素的肉类食品又对消费者的身体健康构成威胁，所以，这个食品安全标准是消费者一个重要的关注点。普渡农场的策略就是通过提高食品的安全性而不是使用抗生素的

---

〔1〕 See Lynne Terry, *A Game of Chicken: USDA Repeatedly Blinked When Facing Salmonella Outbreaks Involving Foster Farms*, Oregonllve Com (May 1, 2015).

〔2〕 See Karen Stabiner, *Private Eyes in the Grocery Aisles*, N. Y. TIMES, (Apr. 4, 2015).

方法，来消除顾客的恐惧从而提高销售。[1]

（二）第三方认证与评估

好市多超市与普渡农场是有充分资源的企业，能够通过自己的检测和安全标准实现食品安全需求的自足。但是，并非所有食品供应商都有资源、能力或者意愿如此实施，他们中的有些就会选择以市场第三方的保护来降低风险。例如，沃尔玛在接受供应商的食品运输之前，会要求对方提供第三方食品安全认证证明。[2]所谓第三方认证，旨在通过提供独立和严格的食品检查与评估，以确保其安全。事实上，第三方认证虽然可能是对政府监管薄弱之处的有效补充，但其仍然存在争议。争议的原因很简单——谁来监管他们的监控或评估行为？一方面，第三方认证机构不受任何统一标准的约束，未获得许可或受到任何监督，并且不必向除付费客户（他们检查的食品供应商）以外的任何人报告他们的调查结果。另一方面，第三方认证过程中也存在固有的利益冲突。也就是说，第三方认证者在经济上依赖于他们的客户，即那些委托他们的食品供应商。这些争议的存在，不仅会削弱对第三方认证流程的信心，还会导致不可靠的认证。

（三）第三方保险

另一项第三方风险降低服务就是寻求第三方保险。保险与其他第三方风险降低服务有一个重要的区别：保险公司不仅评估风险，还承担风险责任。“不仅要将他们的建议与他们的声誉联系在一起，还要承诺支付客户的损失。因此，保险公司最有动力获得正确的建议，并且由于这个原因，应该比其他防损建议供应商具有相对优势。”[3]因此，与第三方认证机构不同，第三方保险公司在确保风险得到正确评估和降低风险方面具有直接的经济利益。同其他类型的第三方风险降低服务相比，这种差异使保险具有比较优势，并使保险成为私人监管食品安全风险方面

〔1〕 See Stephanie Strom, *Perdue Sharply Cuts Antibiotic Use in Chickens and Jabs at Its Rivals*, N. Y. Times (July. 31, 2015).

〔2〕 See Stephanie Armour et al. , *Food Sickens Millions as Company – Paid Checks Find It Safe*, Bloomberg Markets (Oct. 11, 2012).

〔3〕 Tom Baker & Sean J. Griffith, *The Missing Monitor in Corporate Governance: The Directors' & Officers' Liability Insurer*, 95 Geo. L. J. 1795 (2007).

更有吸引力的选择。

三、责任保险的保险范围和要求

像食品安全要求一样，产品责任保险需求会影响市场准入。在针对农民的评估中，72% 的农民表示他们有产品责任保险。其中，64% 的农民表示他们有需要覆盖的客户。需要产品责任保险的客户包括杂货店、批发分销商、零售商、农贸市场、物业所有者和某些 CSA 客户。关于农民携带责任保险的选择，其中 50% 表示有保险产品的选择，19% 表示他们只有一个选择，31% 说他们没有探索保险产品选项（见图 2）。

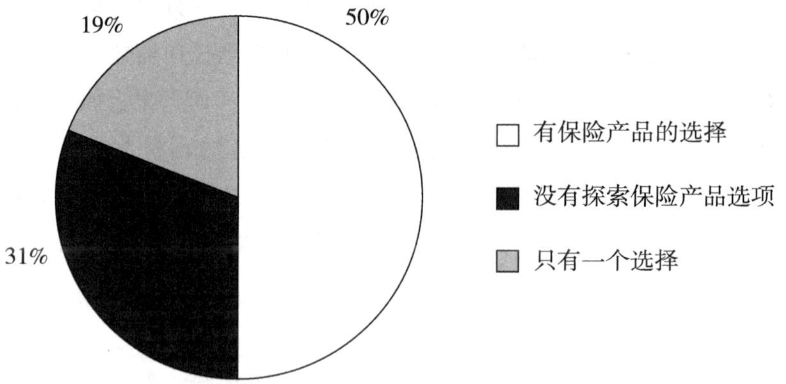

图 2　美国农民的食品责任保险选择

在检查州的要求时，联邦工作人员联系了华盛顿州、马萨诸塞州和俄克拉何马等三个州的相关机构，这三个州都有对责任保险的要求。联邦工作人员在三个不同的州的联系中发现，这些州在州政策层面，都没有针对食品服务从业者作出保险的要求。相反，一般来说，责任保险需求往往存在于经销商或企业内部规章层面。在学校区域，学校对合作的所有批发商/分销商都有保险要求，保额范围为最高 250 万美元的保险。参与评估的农民参加产品责任保险，有时是将其作为较大的能覆盖其业务和个人的财产政策或农场工人伤害责任保险的一部分。虽然他们已经提前通过电话被告知了这些问题，但是在评估中，他们中的一些人还是不确定相关政策，不知道有多大的保险覆盖范围或保险的费用。

这些反映了，即使是农民普遍参加了产品责任保险，但是他们购买的保险的承保范围比食品服务管理公司要求的要少。这也同时反映了，购买责任保险项目的成本变化相当大。从这两点可以看出，农民自行承担的食品安全责任风险要比食品服务管理公司大，因为他们的承保范围明显小于食品服务管理公司。此外，也可以看出，农民购买责任保险的行为缺乏体系和标准，或者他们对这个体系和标准，以及获得保险的服务范围缺乏明确认识。如果是前者，会造成不同农产品生产者在责任保险上的支付成本的不同，进而影响各自的农产品售价，同时也会造成不同农产品生产者之间的成本、风险差异。

四、基于分组的食品安全方法和责任保险方法

正是意识到了如农民等小型产品或者有限资源生产者面临的风险，一些州政府开发了基于分组的管理和鼓励方法来帮助他们。例如，弗吉尼亚州的 Appalachian 可持续发展部门（ASD）制定了本州食品安全指南，即有机结合的认证标准。这一食品安全政策，受到了食品购买者的积极拥护和支持，他们基于此进而鼓励产品的售卖者寻求各自不同类型的证明。ASD 有一个 200 万美元的一般产品责任保险政策和一项 200 万美元的“保护伞”政策，这些政策覆盖了 ASD 支持范围的总计 4 万美元的产品责任。也就是说，如果 ASD 在处理产品时造成了一些问题，那么他们就要承担责任。如果被证明这个问题来自一个农场，那么农民应该承担自己的产品责任保险。

马萨诸塞州实施了一项名为“红番茄”（Red Tomato）[1]的农民支持计划，支持农民获得 GMP（Good Manufacturing Practices）优质生产证明。这是一项针对农产品生产者的自愿参加的食品安全计划，目的是帮助他们获得 GMP，从而提升他们的产品竞争力和抗风险能力。为了鼓励种植者参与，通过共同努力增加收入，该项目承担了种植者的种植者能力评估涉及的费用、食品安全项目协议和手册，以及培训实施方案。例如，种植者能力评估这一块，他们通过对每一个农场进行“一对一”的访问，从而准确评估每个种植者关于食品安全认知和农场经营的

〔1〕 参见美国东北地区非营利性食品安全支持机构，http：//www. redtomato. org。

相关措施。通过以此方式获得的评估数据，他们为每一个生产者制定针对性的个性化的食品安全实验报告和推荐建议，充分回应和解决不同生产者的问题和需求。事实证明，在该计划实施后不久，有些生产者已经快速获得 GMP 证明。当然也有些生产者会经过 1 年或者更长的时间获得证明，但是这主要取决于他们自己的能力和对于市场环境的需求。总体而言，马萨诸塞州的这项计划的目标就是，帮助所有的农业生产者努力获得 GMP 认证，提升市场竞争力和食品安全风险应对能力。Red Tomato 有一项覆盖了从产品售出到客户使用整个过程的责任保险政策，这项政策包括对单次发生的 200 万美元的保险覆盖，以及整个保险期间的总额 400 万美元的覆盖。此外，他们还有额外的 100 万美元的“保护伞”政策。但是，如果客户要求一个明确的保险覆盖范围，那么这些参加 Red Tomato 项目的农民还要就自己所有的产品承担一些其他的保险费。

肯塔基州则采用“蚱蜢式分配”（Grasshoppers），一种针对纳入该州农产品生产者的食品安全标准的政策程序。他们使用了肯塔基农业部提出的培训计划。Global GAP（全球良好农业操作认证），则提供了另一种私营服务模式。它为全球农业生产者提供了一个自愿认证的标准。它对自己的定位是全球市场获取 GAP 资格的参考咨询机构，它的主要任务是把消费需求和农业生产结合起来，为农业生产者提供咨询建议服务，帮助生产者实现消费需求向农产品生产的转化。[1] Global GAP 认为，囿于自身规模的因素，相较于大的食品生产企业，小规模生产者经常会面临更多的关于客户食品安全需求的难题，他们需要花费更多的时间和精力去解决这些难题，很多时候这也导致了小规模生产者进入市场的高风险。Global GAP 为小规模生产者的市场参与能力提供了服务和建议：（1）建立一个团体证明程序，主要发展当地的培训和“一对一”的第三方证明程序，以此建立一个能符合本地政策要求又能同时满足外部市场的相关证明需求，从而降低长期生产的成本。（2）小规模生产者

〔1〕 参见全球 GPA 服务公司，http：//www. globalgap. org/cms/front_content. php? idcat = 70。

向团体提供模板建立内部控制系统。（3）获得反馈的机会，允许小生产者能够对标准产生影响。作为项目的参加者，ALBA 公司与 NSF Davis Fresh 公司共同致力于 Global GAP 项目之下的发展培训、技术支持和食品安全证明系统，即 ALBA 体系。ALBA 的特许批发生产商也和种植出售者一样，在这个过程中获得食品安全证明。[1]（4）寻求支持的生产商也可以同经销商一起检查所在的地区，看看经销商是否有兴趣出售他们的产品，检查他们的产品责任保险覆盖需求，以及食品安全规则等。为了保障公共机构食品服务提供的数量和稳定性，管理好对这些机构的高保险覆盖率需求的满意度，以及明确他们对食品安全的要求，农产品生产者通常通过经销商的运作来满足市场需求。肯塔基州认为 Global GPA 证明对他们的农产品生产者来说非常复杂和昂贵。总共有 600 万美元覆盖农民产品的政策使用 Grasshoppers 分销渠道，绝大部分农民不需要自己承担费用，所以通过 Grasshoppers 的覆盖，许多市场大门正在为这些小规模农产品生产者打开。

五、保险法律体系内部的协调与适用

虽然目前并没有一组完整的关于食源性疾病引起的侵权诉讼率的全国性数据，但根据已有的一些证据仍然可以发现，即使在美国，此类侵权索赔案件的诉讼率是很低的。根据 USDA 的（农业部有机认证机构）一次专项研究，食源性疾病的诉讼率最高是每 22, 000 个食源性疾病事件中有 1 件诉讼，而最低则是每 110, 000 个事件中才有 1 件诉讼。诉讼率低得令人惊讶。[2]当然，在这个研究备注中也提到，由于没有涵盖一些涉密数据信息，该研究所得出的结论可能低估了诉讼率。但是，即使在此基础上，将这个数据放大 1000 倍，仍然不超过 1%，而且这组研究数据并不是唯一一个证据。

---

〔1〕 See a sample organizational chart for this kind of group – based, GAP certification and to learn more about the process, http: //www. ngfn. org/resources/food – safety and click on the Primer on Global GAP Group Certification.

〔2〕 See Jean C. Buzby & Paul D. Frenzen, *Food Safety and Product Liability*, 24 Food Pol'y 637 (1999).

即使在一些可识别性比较强的事件中——有明确直接的证据能够证明食源性疾病与食品供应商有关系——受害的消费者也很少提起侵权诉讼。例如，有毒海洋弧菌引发的食物中毒与海湾生蚝消费有关的案例。

案例：生牡蛎中的有毒海洋弧菌诉讼[1]

创伤弧菌（一种天然存在的海洋杆菌）导致的疾病和死亡较容易与原始食品相关联，市场上具有相对较高的食品安全法律激励。牡蛎产业是一个小型的可识别[2]市场。所有出售的生牡蛎都先装袋，并标有识别收割机和收获水的标签。根据疾病控制和预防中心（CDC）的报告，在1988～1997年，每年发生的由创伤弧菌引发的食源性疾病平均为22例，其中死亡率为50%（11例死亡）。这种疾病主要归因于生海湾牡蛎。所有死亡病例都与海湾牡蛎有关，因为可以确定这些牡蛎的收获水域（大约有一半的水被识别）。

这种疾病一旦发生，可能会导致败血症（血液中毒）。该病毒发病的潜伏期时间相对较短，大概在18小时，而从住院到死亡的时间为2天。疾病的快速发展使人们更容易将疾病追溯到牡蛎供应商，这是与其他大多数食源性疾病最大的区别。这些信息则可用于诉讼，为改善牡蛎产品安全提供法律激励。

尽管追溯相对容易，但是在相关数据中，只发现了8个关于该弧菌引发疾病或死亡而导致的法律诉讼案例。这8个案例中有2个达成秘密和解。原告在2个保密的和解协议中得到了赔偿，并且原告可能会在更大的案件中获得更多的保密赔偿，从而无法计算出对该行业真实的年度责任成本的准确估计。这些创伤弧菌病例中，事故和法律解决之间的平均时间为2.7年。

除了遵守联邦和各州的食品安全法律标准外，受到法律和市场的激励，牡蛎产业正在与政府合作，通过消费者教育和安全增强技术研究来提高生牡蛎的安全性。在1994年州际贝类卫生会议（ISSC）上，负责

---

〔1〕 See Jean C. Buzby & Paul D. Frenzen, *Food Safety and Product Liability*, 24 Food Pol'y 637 (1999).

〔2〕 这里可识别的是指食源性疾病与食源之间的关联性。

监督美国海洋食品安全的美国食品药品管理局（FDA）向ISSC提出了一些减少该疾病破坏性和死亡的建议。其中一种选择是建立休渔期规则，即在每年的4月1日至10月31日禁止捕获海湾牡蛎。值得注意的是，4月至10月，海湾牡蛎产业关闭，法律制度不会实施奖励、和解以及惩罚性赔偿。诉讼率的估计下限为3.2%。如果包括其他和解和未公布的诉讼案例，这一比率将更高。相比之下，所有美国食源性疾病的估计诉讼率远低于0.01%。尽管这些计算是粗略估计，但它们表明法律体系对于具有更多关于食物与企业间具有可识别联系的市场更有效。

从上述案例可见，创伤弧菌引发的疾病与死亡可以被毫不费力地追踪病源，但属于食源性疾病诉讼的最佳案例仍然只查到8起，其中2起和解。

调查食源性疾病案件诉讼趋势的另一位食品安全学者亚力克夏在2000年至2011年的11年间共发现了320例食源性疾病病例。平均每年有29例诉讼案例。[1]

由于亚力克夏使用的Westlaw数据库中未包含庭外和解，因此数据库中的案件数量并未反映提起的诉讼总数。即使我们慷慨假设，实际诉讼率高于亚力克夏发现的案件数量1000倍（实际上，1000件诉讼中只有1件提起并进入Westlaw数据库），在该11年期间仍然只有320件案件被提起。当这个数字与同一时期的食源性疾病病例数量——超过百万——进行比较时，很明显食品供应商并未对其造成的危害负责。

关于食源性疾病的低诉讼率问题有许多可能的原因，通常的是因果关系。因果关系在抑制食源性疾病索赔方面发挥重要作用，即受害者无法将食源性疾病与特定来源联系起来。除了因果关系，还有其他可能的因素。例如，受害者在诉讼中都面临着同样的障碍：诉讼费用、时间限制和小额伤害等。

但是，还有另一个原因能够解释为什么食源性疾病的诉讼率如此之低，即个人的医疗保险。亦即不同类型的保险法律关系之间的相互关

---

〔1〕 See Alexia Brunet Marks, *Check Please: Using Legal Liability to Inform Food Safety Regulation*, 50 Hous. L. Rev. 723 (2013).

系，当然这里主要讲的是，医疗保险对食品安全责任保险的抑制与影响。

健康保险一般会覆盖与食源性疾病相关的大部分医疗费用，因此提出食源性疾病侵权索赔的动机会大大减少。根据美国《患者保护和平价医疗法案》（Patient Protect and Affordable Care Act）的规定，[1]扩大健康保险范围会加剧这种影响。根据健康保险合同的代位条款，保险公司可以从侵权行为人处或者根据判决裁定收取保险责任覆盖范围内的医疗费用。即使如此，健康保险公司也几乎从不追究食源性疾病费用。[2]保险公司放弃对食源性疾病的代位求偿索赔的原因与受害者不提出食源性疾病侵权索赔基本相同，即食源性疾病的信息障碍。

第二节　欧盟

随着生活方式发生变化，欧盟及其成员方也面临和过去截然不同的食品消费方式。当前，欧洲的消费者可以随心所欲、方便、快捷地选择物美价廉的食品。然而，公众也意识到相比过去，食品的供应历程也随之更为复杂，从农场到工厂，再到餐桌，只要一个环节没有实行有效的预防，食品的安全就可能存在风险。因此，欧洲的消费者最大的期望就是在相应措施的保障下，大家可以吃到安全、令人放心的食品，而与消费者的消费行为和消费需求相应发生变化的还有食品的生产、加工和销售。与20世纪50年代的食品供应链相比，如今的已是大为不同。每隔10年，科学技术的进步都促使农业和食品工业的发展到达一个新的阶段，而随着全球化进程的加快，新的生产方式、新的竞争模式和对食品新的担忧也层出不穷。

在这个过程中，欧盟有关食品安全的政策也在推陈出新，以适应不断变化着的环境。当农业和食品加工业中不断使用新的技术时，相应

〔1〕 法案引用处：美国公共法律，42 U. S. C. 300 - 11。

〔2〕 See A. Mitchell Polinsky & Steven Shavell, *The Unease for Product Liability*, Harvard Law Review, 1462 (2010).

地，也就需要与此适应的新的监管方式。面对食品发展中不断出现的挑战和威胁，我们都需要作出有效、适当的反应。正是在这样的背景下，欧盟出台了一系列保障动物食物链和人类食品供应链的法律和补充条款，内容覆盖从农场到餐桌的整个过程。通过回顾欧盟相关法规是如何针对过去50年中的那些最基本的发展因素制定出来的，可以收获一些关于“为什么欧洲人可以在全世界范围内凭借最高要求的标准来保障食品安全”的思考。

一、食品安全白皮书法规计划

当食品需要经历更长、更为复杂的环节才能到达餐桌时，一些细菌和其他有害的微生物就更容易污染那些尚处在生产阶段的食品。由于当时的卫生管理体系和微生物检测体系并不像现在这么完善，因而在众多有害健康的威胁中，食物中毒是较为突出的一个问题。

1964年，欧盟颁布了第一部食品卫生法规，但仅仅针对鲜肉做了规定。在随后的时间里卫生法规不断完善，针对其他食品如鸡蛋、乳制品、禽肉、鱼类产品和野味等的卫生法规也得到了制定和实行。卫生法规规定要预防、消除或是减少有害细菌、寄生虫、化学物质和玻璃碴等不该带有的碎屑对食品的污染，这无疑大大提高了欧盟食品安全的水平。比如，经过成员方几十年来的努力，有关消灭牛结核病的计划的实行使牛群中牛结核病的暴发率大幅度地减少了，从而消灭了一个对人类健康具有很大危险的传染源。此外，由于兽医和那些经过培训的检查人员开展了大量的肉类检查工作，使其他一些常出现在肉类中的病原体如绦虫的幼虫得到了有效遏制。

随着科学和技术的不断进步，欧盟的立法也在不断地改进或是增添新的内容以求符合现实的要求。到了20世纪90年代中期，欧盟已经有了一系列综合性的针对各种食品安全的卫生指令。当这些法律成为保障食品安全的重要手段时，对于他们的执行者来说，这些法律还是比较复杂、不易贯彻的。对此，欧盟委员会（以下简称欧委会）决定进一步完善这些卫生立法，以求重点强调对于消费者的保护，并且借此可以明确和简化这些法规内容，以便生产者更好地遵守，而欧委会2000年出版的食品安全白皮书则是这个领域的一个重要里程碑。在该白皮书中，欧委会阐述了一个食品安全立法的新方法。其中一个主要的原则就是有关食品安全的法规必须覆盖“农田到餐桌”的全过程。这意味着在食品的生产链中，无论是农业生产，还是零售食品都要在法律的监管下进行。对于保障产品的安全，使消费者放心购买，食品经营者需要肩负起更多的责任。

食品安全白皮书的出台为全面修订欧盟食品卫生法奠定了基础。2004 年，“食品卫生一揽子解决方案”代替了纷繁复杂的食品卫生指令，从而以协调、简化了的综合卫生立法保证食品在生产链中各个阶段的卫生。欧盟食品卫生法于 2006 年 1 月正式实行，其中对食品和饲料的卫生做了基本的规定，同时特别针对动物源性食品的卫生做了相应规定。

随着“食品卫生一揽子解决方案”的实施，食品业中的每一个参与者都要采取“自我检查”的机制，并且采用危害分析和关键控制点体系，而这正是为了确保在食品安全的生产中不存在任何遗漏环节。经营食品和饲料必须登记，一旦市场上出现不安全食品或是饲料他们就要负全责。对于进口的产品，也必须符合欧盟制定的高标准，而这方面的卫生立法也与时俱进地处于不断完善的阶段中。与此同时，在欧盟边境对于进口的产品会进行定期检查。

除了卫生方面的立法，2006 年欧盟对于食品和饲料的控制也实行了一些新的法规。为了保障法律的全面实行和欧盟市场上的产品符合相应的安全标准，控制是必须的。《食品和饲料的官方控制条例》的出台就是要通过协调一致的欧盟控制体系，明确各成员所需要执行的具体工作。为了实现控制要求，各项具体工作必须有效执行且要明确责任的划分。欧委会试图确保在欧盟境内建立统一、有效的食品安全控制体系，而有关微生物标准的立法对于完成欧盟整个卫生立法至关重要。食品在制作过程中往往很容易受到细菌等微生物的污染，因此，微生物标准的确定可以检验在食品的生产过程中是否存在那些会影响最终产品安全的微生物污染，如果存在则可以进一步确定它所已达到的程度。在欧盟的立法中，已经针对一些微生物建立了标准，如沙门氏菌和李斯特菌，从而保证肉类、鱼类、奶制品及开袋即食、水果和蔬菜这些主要食品的安全。通过对一些食品中常见细菌的安全标准设定，可以减少食源性疾病在欧盟的传播。这些立法之所以很重要就是因为它可以协调欧盟内部的各种措施，以便在欧盟内部以统一实行的立法替代成员方各自分散的立法。

二、食品添加剂标准与安全

当欧盟内部市场给食品的经营者带来丰厚利润时，来自欧盟外国家的食品也源源不断地涌入该市场。为了便利欧盟成员间的贸易往来，欧盟制定了新的法规，其中德国禁止法国酿酒商案件的处理对共同体内部市场产生了“里程碑”式的意义。1973 年全世界范围的石油危机使食品的运输出现了中断，导致欧盟市场上一些食品的供不应求，如白糖。这表明欧洲的市场已经在一定程度上依赖进口，而自给自足所能带来的便利已经成为历史。

当食品不再是直接从农场运到市场，而是大量地经过工厂的生产和加工，因此更多的化学添加剂被用于保存和提升食品的味道。对于这些化学添加剂，必须经过测试证明其安全性和确保没有任何潜在的副作用才能使用。

经过那么多年的发展，食品的数量供应安全已不成问题，但是对于食品的担忧又以新的形式出现了。1971 年，欧盟在禽肉的屠宰、储存和运输方面制定了统一的卫生要求，同时对牛和猪鲜肉的进口也做了相应的健康要求，并且规定对肉类要强制性地进行旋毛线虫的检验。作为对有效解决各种问题的一个支持性措施，欧盟于 1979 年建立了食品和饲料的快速预警系统。这个系统意在通过食品和饲料危机中有效的信息交流，在成员方建立责任型的主管部门。同时这也使各主管部门可以相互交流自己行之有效的食品安全保障措施。然而在这近 10 年里，人们除了担忧那些直接来自食品产品的威胁外，也开始思考不良饮食习惯和过早死亡之间的关系。1975 年，欧盟成立了一个基金会，意在改善人们的生活和工作环境，其研究内容包括与食品、营养及锻炼相关的问题。

（一）杀虫剂法案

欧盟关于杀虫剂的第一部法案是1976年制定的。该法案规定了水果和蔬菜中农药的最大残留限量，也就是所谓的在食品中允许杀虫剂残留的最大剂量。2005年，欧盟通过了有关杀虫剂残留量的最新立法，并于2008年实施。关于杀虫剂的许可和使用的监管问题，欧委会的第一目标就是要保障人类和动物的健康，保护环境的安全。自1991年起，任何用于植物保护剂的活性物质都必须取得欧盟的许可。只有经过科学验证和获得欧盟许可的活性物质，才能在成员方使用或是销售。2006年，为了加强这些立法，欧盟又针对动物保护剂制定了更为严格的条例，从而与最新科学和技术的发展相一致。除此之外，2006年条例的目的也意在对活性物质的使用设立一个更为严格有效的许可程序，借此提高对杀虫剂使用的控制力度和减少利用动物进行实验的次数。在2006年条例实施的同时，欧委会将对全部已经被许可使用的活性物质进行重检。其目的就是查看这些已经在市场上销售的活性物质，是否符合这部条例所规定的标准。

（二）食品添加剂和食用香精法案

食品添加剂和食用香精被广泛用于食品，从而提高食品的质感、外观和味道，或者是延长它们的保质期。当这些化学物质被用于最终消费的食品中时，必须有相应的监管措施以保证它们对人类健康不存在任何风险，对此，欧盟已经制定了严格的法案。因此，用于食品的添加剂必须获得欧盟的许可方才能够食用，而一些特殊产品的食品添加剂也规定了最大可以使用的剂量。在获得许可前，食品添加剂必须经过欧盟食品安全管理局的评估，以确定它的安全性。此外，对受到质疑的添加剂必须证明其所具有的必要作用，比如，可以增加食品的色泽、甜味或是延长食物保存，同时也要证明它的用处是有益的，并且不会误导消费者。此外，对于食品添加剂的标注也有详细的规定，即食品的包装上必须标注它们的成分和种类，如抗氧化剂或是防腐剂，其标注可以是名字也可以是欧盟的E编码系统。对于提高食品味道和香味的食用香精则是由有关食品添加剂的单行法规规定的，该法规定义了食用香精的不同种类，如天然的香精和合成的香精、植物萃取香精和烟熏食品香精。除了对食用香精使用的一般规定，还有对标注的要求以及特定食用香精使用的最大添加量的立法。由于即将采取广泛的评估项目，欧委会将制定一份关于有效食用香精的清单，因此，只有在清单上列出的添加剂才能在食品中使用。

（三）食品污染的认定标准

关于食品的污染，欧盟立法规定了每一种污染的限量标准。对于一些欧盟消费者高度关注的食品污染，根据它们不同的毒性和在食品供应链中传播的可能性，都作出了最大限度的规定。例如，黄曲霉毒素、重金属，如铅和汞以及二噁英和硝酸盐。此外，欧盟食品安全管理局对杀虫剂的最大残留量做了规定，而药品评价署对于食品中的兽药也做了最大残留量的规定。这些限量标准的规定都是建立在食品安全管理局的科学建议之上的。成员方主管当局必须对食品产品进行抽样检查，从而确保它们符合法律的规定。对于进口的食品，其出产国有义务保证其产品符合欧盟的法律，同时欧盟对其的入境和市场销售进行监管。

三、食品市场：进口和控制

20 世纪 80 年代对于食品的恐慌使食品安全问题日益成为公众关注的焦点。1980 年，意大利的媒体认为婴儿食品中的牛膏粉，由于含有一种特别的生长激素，导致了大头娃娃和孩子的性早熟等一系列问题。对此，意大利和其他一些欧盟成员相继禁止在牛肉产品中使用该激素。到了 1981 年，欧盟对此出台了禁令，并在 4 年后禁止进口一切使用过激素的肉类。

（一）预防食源性疾病的专项立法

这 10 年里（1980 ~ 1990 年），欧洲面临的另一个问题就是引起公众高度关注的食源性疾病的暴发。比如 1988 年英国暴发的沙门氏菌病，涉及在许多公共场所销售的蛋类和乳制品。作为保障公共安全的措施，英国卫生部告诫公众不要食用生鸡蛋，而当卫生部长在公开场合宣称英国大多数的鸡蛋已经被沙门氏菌感染时，她不得不为由此引起的恐慌而负责，引咎辞职。在这 10 年里，还有许多其他有关肉毒杆菌和肠出血性大肠杆菌感染的报道。其中在意大利的罐装蘑菇和罐装汤、法国的小虾米和英国的榛子酸奶中发现了肉毒杆菌，而1982年一种新型的致命肠出血性大肠杆菌首次被认为是食品安全的威胁。近几十年欧盟把沙门氏菌病和其他几种食源性疾病作为预防工作的首要任务。此外，欧盟对能够传播于人的传染病和卫生管理进行了专项立法，对传染病规定了一些措施以监测和减少它的发生；卫生立法者希望可以最大限度地减少这些疾病经食品供应链传播的可能性。1986年疯牛病首次在英国的牛群中被确诊。在20世纪80年代末前，英国有超过1万例的疯牛病，而爱尔兰是第二个报告该病例的成员方。在1989年，欧盟对英国向其他成员方出口活牛和牛肉做了限制。随着越来越多的人知道这个疾病，而其他的成员方也相继报道了疯牛病的发生，于是欧盟采取了一系列的立法措施，试图抑制疯牛病的暴发从而保护消费者健康。

（二）食品进口与欧盟标准

20世纪80年代，欧洲食品的多样性和消费者的选择都有了新的发展。最大的一个原因无疑是频繁的双边和地区贸易的发展，这使许多欧盟无法大量生产的产品可以从其他国家进口。此外，欧盟与许多发展中国家建立了贸易关系，现在欧盟已是发展中国家食品产品的最大进口国。早些年，欧盟与非洲、加勒比和太平洋地区的一些国家签订了《洛美协定》，这使这些国家的产品有进入欧盟市场的优先权，其中就包括很多食品产品，像热带水果、香料和新品种的粮食大量涌入欧盟市场并且成为欧盟消费者日常饮食的重要组成部分。

欧盟是世界上最大的食品进口区域，同时也是最大的食品产品出口区域，尤其是加工食品。由于欧盟消费者们对食品多样性的要求与日俱增，因此对一些原材料产品，如热带产品、水果、蔬菜、油籽、咖啡和谷物的进口也在不断增加。以经济价值来衡量，巴西、美国、阿根廷、土耳其和中国是欧盟最大的进口国，当然，欧盟进口的产品覆盖世界200多个国家。欧盟采取了协调、有效和统一的进口验收制度以保障大量进入欧盟市场的食品的安全性。

欧盟食品安全基本法有一项基本原则，即出口到欧盟的食品必须符合欧盟食品安全基本法的相关规定或是与欧盟同类商品的卫生和安全标准相一致。欧盟采取了各种措施以最大可能地保证进口食品的安全。对于打算把动物源性食品出口到欧盟的第三国，必须先获得欧盟的许可，而对于要把各种食品商品出口到欧盟成员方的国家，也必须首先获得欧委会的同意。食品和兽医办公室负责检查这些出国口和它们的企业所采取的措施是否遵循相应的法律和标准规定。如果它们没有遵守这些规定，那么欧盟就可以采取制裁措施，包括对该国全部产品或仅是有问题的产品采取可能收回或是吊销其出口许可证的措施。

为了帮助第三国的产品可以符合欧盟的标准，欧委会在“更好的培训是为了更安全的食品”的倡议下组织了培训，这些培训在全世界范围内展开，从而可以帮助出口国的官员们理解和执行欧盟有关产品的食品安全法规，以保证它们出口到欧盟的产品符合欧盟标准。这些培训涉及欧盟对特定食品产品的进口标准、动物健康的控制、食品和饲料的快速预警机制。

大多数来自第三国的动物源性食品产品都必须经过欧盟边境检查站的检查，以确保这些产品的安全性和符合欧盟的标准。这个边境检查制度由食品和兽医办公室负责，并且经过各成员方的同意。边境检查主要由其所在的成员方当局负责进行。在检查中，官方兽医首先检查相关文件和证书，然后再随机性地对产品进行安全抽查。如果产品有问题，就会再作深入的检查。如果证实产品存在问题，那么它就会被禁止进入欧盟市场，而当这些动物源性食品经检查后证实是安全的，它就会获得一份共同检疫文件的证明，从而可以在欧盟市场内自由流通，而不论它是从哪个成员方边境进入。在欧盟层面有着严格的制度从而确保这些进入的产品可以随时被追溯到。此外，欧盟对植物的进口也有严格的规定。比如，对一些植物和植物产品必须有保证植物卫生的证书，且在其进入欧盟市场前需要经过欧盟对其卫生、证书和文件的检查。对那些被认为对人类健康具有更高风险的非动物源性食品，则必须经过更为严格的控制程序才能进入欧盟市场。

（三）国际统一食品规范

在不断提高自身食品安全标准的同时，欧盟也致力于在国际上寻求对这些标准达成一致的认同，尤其是对那些打算把食品出口到欧盟的国家。在这样的前提下，欧盟与一些国际机构和组织在食品安全问题上开展了紧密的合作。其目的就是促进建设性的国际贸易关系，与此同时，保证公平的贸易和保护欧盟的消费者。在世界贸易组织的框架下，一项国际协定已经达成，即《实施卫生与植物卫生措施协定》。这个协定签订的目的就是防止把兽医和食品安全问题作为食品国际贸易的借口。对食品安全问题的相关参考标准主要由三大国际组织负责，分别是负责食品安全标准的食品安全法典委员会，与动物的健康有关的国际兽疫局（世界动物卫生组织），与植物健康和植物产品相关的国际植物保护公约，而欧盟与这三大组织都保持了密切的联系。此外，欧盟和许多贸易合作伙伴国签订了双边的《实施卫生与植物卫生措施协定》。对从第三国进口的食品和饲料产品，欧盟都有相应严格的要求、控制和程序，以保证消费者的安全。在其鼓励和便利对欧盟出口的背后是其保持一个高水平食品安全标准，以期达到欧洲公民的期望。

四、欧盟食品安全标准

为了保证商品、服务、人员和资本的自由流通，欧盟内部对于食品生产、运输和销售标准的规定进行了整合、统一，从而确保这些法规的一致性。半个多世纪以来，欧洲人的生活方式有了很大的变化，随之而来的是和过去截然不同的食品消费方式。欧洲在很长一段时间内，食品消费呈现配额供给、产品的地方制造、食品储存的有限性和食品准备的劳动密集等特点。但是现在发生很大变化，当代的欧洲国家的消费者能够自由、快捷地选择来自全世界的物美价廉食品。每隔10年，科学技术的进步都促使农业和食品工业的发展到达一个新的阶段，而随着全球化进程的加快，新的生产方式、新的竞争模式和对食品新的担忧关注也层出不穷。在这个过程中，欧盟有关食品安全的政策也在推陈出新，以适应不断变化的环境。

五、欧盟食品安全基本法

通过两次扩大，欧盟在21世纪之初又新加入了12个成员，这使其覆盖面积从原来的320万平方千米扩大到了440万平方千米，人口从原来的37,500万人增加到49,000万人。随着欧盟进一步扩大到27国，其所提供的食品烹饪方式更为多样化，因为这些加入的成员都有其独特的食品烹饪风格，而这段时期对于欧盟的经济发展也是非常重要的，因为统一的货币欧元将在 13 国同时发行。在世纪之交，欧盟在食品和饮料方面的出口远远大于其进口，2005 年其贸易顺差有 45 亿欧元。当欧盟食品产量达到“峰值”时，人们对集约型农业的关注也更胜从前。这其中就涉及终端产品的质量和动物福利的问题。出于这些问题的考虑，人们开始青睐有机水果和蔬菜、放养家禽的蛋和牛奶的替代品豆浆等食品。尽管人们在选择食品时已考虑到了健康问题，但是在 21 世纪初的几年里还是出现了一个新的健康危害问题，即肥胖问题。据估计有超过 2 亿成年人出现了超重或者肥胖的症状，也就是说，欧盟有过一半的成年人有此困扰。

随着食品生产的日益复杂、市场选择的日益增多和媒体关注的日益密切，消费者们也越来越重视他们所食用产品的质量，而对于食品安全问题也更为警惕。然而，欧盟的一项调查表明，在消费者的意识中，他们所最为关注的未必就是对他们安全最具危险性的，比如，有过一半的人认为他们会在交通事故中受伤，但从统计数据来看事实并非如此。

随着新世纪的到来，欧盟大刀阔斧地进行了保障食品安全的立法工作和完善措施的工作。在 2000 年，欧盟制定了食品安全白皮书，重点强调了要建立一个最高水平的食品安全标准，并且规划了一个达到这些标准且与以往截然不同的新措施。该白皮书在食品安全控制、消费者信息获取和进口方面计划了 80 项独立的工作。2002 年，在此基础上的欧盟《食品安全基本法》正式实施，这奠定了欧洲食品安全的基本原则。这其中包括了从农场到餐桌的原则，也就是指在食品供应的任何阶段都要以食品安全为目标，进行良好操作、有效控制，并且在遇到问题时必须可以追查到其最初的源头。《食品安全基本法》为食品方面其他安全法规的制定奠定了扎实的基础。到 2005 年左右，食品安全的一整套立法已经完成，而《食品安全基本法》中还提到了建立欧盟食品安全管理局。此外，2002 年对食品和饲料的快速预警系统也进行了调整，其功用在 2005 年的苏丹红事件中得到了有效发挥。当欧盟 12 个成员中发现一些食品中使用了明令禁止的苏丹红时，快速预警系统立即启动，根据搜查到的信息立即查到食品的来源和去向并予以召回，从而保护了消费者的健康。然而，欧委会已经意识到，食品安全问题仅仅从立法方面完善是远远不足以保护消费者的，对此，有效执行相关法律和政策才是最关键的。在这个方面，食品和兽医办公室发挥了重要作用，在其对食品进行检查时，一旦发现有问题，就可以一查到底，决不姑息。然而，对于食品安全的保障，更多的还是有赖于各国主管当局对相关措施的持久有效执行。正是基于这一点，欧盟推出了“更好的培训是为了更安全的食品”的活动。

（一）新食品法案

世纪交替，食品产业的技术创新也在飞速发展。一个关于改变植物、动物及其他各种食品中一些营养成分，从而提高农业生产效益和食品生产的新想法开始被付诸实践。由于技术进步和产业发展，使食品生产可以为消费者、生产者和农场主提供更多的价值，这是过去所无法想象的。此外，全球化的到来意味着一些在别的地区使用而不被欧盟知晓的食品物质和成分组成也会随着全球化的趋势进入欧盟市场。结果越来越多的新食品通过一些新技术生产出来。过去的传统食品都通过反复试验从而证明其安全性后才能进入市场，但是这些新产品与这些传统产品具有不同的特性，因此在被消费之前它们必须被证明其是否安全。对此，欧盟制定了一项新的法规来规范这些新食品。在该法规实施之前，被认为新食品的那些食品和食品成分无论其何等重要都不得用于人类消费。之后在欧盟层面被认同的新食品包括一种提取自热带水果的诺丽果汁、添加了植物固醇的乳制品，其所含的植物固醇有助于减少胆固醇。新食品使得消费者受益良多，对此，欧委会努力确保其对新食品的立法不会阻碍这个可以使消费者受益的进程。与此同时，保护欧盟居民的健康和安全依旧是其首要任务。在欧盟的立法下，新食品必须通过安全评估才能进入市场。只有它们被确认为对食品安全和消费者健康不存在风险时，才能被允许使用或是销售。

（二）转基因食品法

转基因生物一般指植物、动物和微生物等的基因特性经过人为改变后而具有了新的特性的生物。比如，基因工程可用于提高植物对某类害虫的抵抗力或是提高食品的营养价值。20 世纪 90 年代中期，美国第一个成功地研制出了转基因生物，到了 20 世纪 90 年代末，欧盟产业界要求欧委会在其新食品法律的监管下允许转基因生物的使用。然而，对发展和传播这种改变基因的先进技术，欧盟的许多居民对此还是存有疑虑的。人们希望可以确保这些转基因生物不会对人类和动物的健康造成危害，而那些转基因玉米也不会对环境造成破坏。针对转基因生物，欧委会特别制定了一套严厉的法规，借此以平衡利益、控制风险的方式保证人类和动物的健康，保护环境不受破坏，而有关转基因生物的任何立法决定都必须基于科学的评估和建议。有关转基因食品和饲料的安全立法主要有两项并于 2004 年 4 月开始执行。第一项主要是欧盟层面制定关于转基因食品和饲料评估和许可的法律框架。对于进入市场的转基因生物必须登记且告知消费者，并由欧委会对清单进行保管，以便及时更新其内容。第二项立法规定对被许可进入市场的转基因生物必须建立标签和追溯制度。在欧盟使用和销售的转基因生物必须先经过科学评估，并保证其不具危害性。在欧委会许可转基因生物可进口到欧盟，或是在欧盟销售、加工和使用前，必须听取欧盟食品安全管理局的建议，且这些建议都已与成员方协商过。所有转基因生物的许可都只有 10 年有效期。关于转基因生物的标注，欧盟所有的法规都规定转基因食品和饲料都必须注明“该产品中含有转基因物质”或“该产品通过转基因而来（转基因产品）”。这些标注要求也同样适用于那些以转基因产品为原料的产品，即便这些产品中已经不再含有转基因的 DNA 或蛋白质，如来自转基因作物的食油。唯一的例外就是那些仅含有少量的转基因，往往是低于最低规定的产品。追溯制度要求任何一个使用或是处理转基因食品和饲料的人都必须遵守相应规定。例如，在生产和销售过程的任何一个环节中，有关转基因食品的出现、源头和去向都必须记录在案，并且记录要保持 5 年之久。这使产品一旦出现问题就可以立即从市场上撤出。此外，在这个方面还有独立的环境立法，从而确保欧盟对转基因生物的使用不会对环境和生物多样性造成任何危害。

在过去的 50 年里，欧洲的食品生产、分配、准备和消费经过不断的发展，都发生了巨大的变化。总体来说，这个演变的历程使消费者从中获益匪浅，而如今欧盟的食品供应与 50 年前的相比，也是大不相同。现在，欧洲居民不仅可以享受到稳定的食品供应，而且有充足的选择去挑选那些符合高标准的产品。然而，过去的 50 年也是挑战不断，从最初的食品短缺，到后来层出不穷的食品危机。要保障 49,000 万人可以吃到安全、健康的食品，这就要求欧盟长期地作出努力，持续地进行评估、再评估并采取新的措施。在这些年里，已经出台了一系列严格的食品安全法律，而且相应地建立了可靠的机制以确保对人类和动物健康的保护。此外，为了保持与最新科学和技术进步的一致性，已经相应地改进了一些措施。由此，欧盟在世界上享有最高的食品安全水平，而 50 年后的欧盟会变成什么样？将来会出现的变化是难以确定的，但是有一点是明确的：对食品安全方面会出现的任何发展趋势和挑战，欧盟都已经准备就绪，就像它在过去所做的那样，不管发生什么，都会有效应对。

第三节　日本

日本约 10% 的制造业是在食品行业，包括牲畜和渔业，以及面包、饮料和其他加工食品。和大多数其他日本制造商一样，日本的食品行业多是合资企业。20 世纪 90 年代，随着日本经济增长放缓，随着日本消费者对低成本食品的需求不断增长，与外国农业生产商和食品加工商的合资企业也在不断扩大。根据日本发展银行报告，日本饮食习惯的改变，以及对国际市场更多样饮食的需求，导致更多的日本食品公司投资合资企业和海外现代化食品产业。例如，日本食品公司在中国的直接投资从 1990 年的 13 亿美元增长到 2005 年的 249 亿美元。日本合资企业集中在中国的上海、山东、广东和江苏。日本的贸易公司在食品贸易中也是重要的参与者，并扩大了对外国食品加工的参与，特别是食品安全管理专业知识引入了交易，获得了在外国食品和分销市场的运营平台。

一、食品进口与食品自给自足目标

日本政府长期以来一直明确提出了一项提高本国自给自足水平的政策。在很大程度上，日本战后对农场的农业补贴是合理的，因为日本需要提高其供养本国人民的能力。但事实上是食品的进口量在逐年增加。贸易自由化，特别是自《关税和贸易总协定》（GATT）乌拉圭回合谈判以来，日本消费者正在广泛获得低成本的进口食品。

此外，随着日本经济发展在20世纪90年代放缓，日本消费者更愿意购买更便宜的进口食品。无论使用哪种指标，食物自给自足的轨迹都是趋向减少。作为农产品的主要监管机构，农业、渔业与食品部（MAFF）负责确保日本食品进口的安全，但它也负责支持和促进日本的国内农业发展。日本长期以来一直主张一个政策目标，即确保食品自给自足达到50%。MAFF将政策重点放在加强国内生产，而不是确保稳定和安全的粮食供应上。当然，影响自给自足能力的因素是日本政府无法控制的。例如，福岛第一核电站的核熔毁引入了一个新的变量：辐射中毒。由于日本沿海水域受到污染，国内海产品产量出现下降，对牛肉和蔬菜的需求也出现下降，导致价格下降和产量下降。受地震和海啸袭击的整个东北地区是日本农业的主要地区，因此给日本的粮食供应造成了巨大的压力。

二、食品安全的两级监管体系

（一）国家监管

1. 法律体系

日本于2003年起草了《食品安全基本法》，以应对一系列食品安全问题。从食品进口规范的角度，该部法律规定了食品企业经营者确保进口食品符合日本自身的卫生和安全标准的责任。合规的主要责任在于食品公司，日本厚生劳动省（MHLW）通过访问工厂地点和随机抽取食品产品的方式对它们进行监督。MHLW的食品监测计划是基于加强的食品卫生法，从消费者利益的角度，使监督食品安全的任务合理化。当地的管理层被委托执行商定的标准，对许多外国公司来说，这意味着重组它们的工厂，以适应日本的生产方法。2008 年，MHLW 为进口食品和在国外加工的食品制定了更严格的安全和监测准则，这些新的指南是关于进口加工食品的卫生控制强调需要“确保并确认在食品供应过程的所有阶段，包括原材料、制造和加工、储存和运输中，出口国进口加工食品的安全达到与日本境内相当的水平”。主要涉及食品进口的四个阶段：（1）受到出口国政府的监督；（2）对原材料的验收；（3）产品的制造和加工；（4）产品的储存、运输和分销。还包括在发现食品卫生问题时召回和处理产品的可接受程序。这些新的准则是根据与海外制造商签订的直接合同为食品制造商和进口商设计的，并规定在签订合同时需要进行书面确认。MHLW 的指南还要求日本进口商进行实地调查，派驻当地代表，并对产品进行测试和检查，以确保合规。MHLW 的指南是为了促进各行业的发展，但严重依赖进口食品安全协会（ASIF）的协助。这些准则成为 ASIF 制作的简报焦点，以向日本公司通报案件导致的监管变化。此外，这些指南还扩大到包括对外国境内事件和政策变化的更新和警报。ASIF 于 2011 年成为一个独立的非营利组织。该公司总经理来自一家大型食品制造商。他的评估是，日本面临的挑战真正归结为当前的法律是否足以监管食品进口，即如何对所有日本工业实施自我监管。MHLW 指南的核心是危害分析和关键控制点程序，现在被视为确保食品生产安全的全球标准。几乎所有日本的主要食品制造商都采用 HACCP 的做法。但“食品防御”的更广泛目标包括对员工的监控和对工厂车间的其他侵入性监控，这在日本面临相当大的阻力。

2. 机构设置

2008 年 5 月 19 日，日本首相会见了帕洛马工业公司燃气热水器故障和涉及日本果冻的窒息事件的受害者家属。这两起案件都上了法庭，这些家庭一直在积极游说，要求全国政府更多地关注消费者保护。除了外国的食品安全管理，福田康夫还试图通过简化政府对消费者事务的管理来提升这个问题的受关注度。这个想法是为消费者事务创建一个“控制塔”，一个对消费者事务拥有直接权力的单一集中机构。新的消费者事务机构在 2009 年到位，并将能够在不受其他机构阻碍的情况下采取行动。尽管如此，基于《消费者事务机构》和《消费者委员会建立法案》，消费者事务机构将不会对食品安全负全部责任。在促进消费者政策委员会的最后审议期间，它决定将食品安全委员会作为一个独立的实体。原因在于其授权的科学性质，食品安全委员会需要监督食品和医疗产品的安全，而食品安全委员会需要保持其独立性。尽管该机构并不完全独立于日本内阁，但它被赋予了集中消费者相关政策信息的主要责任。在2009年对这些法案的审议中，自民党和民主党在新机构的结构上产生了分歧，但在需要使与消费者事务相关的管理合理化方面，他们几乎没有实质性分歧。到2012年，与日本其他官僚机构相比，消费者事务机构仍然很小，其部长们拥有多个职位，这使他们很难在内阁中维护消费者事务方面的领导地位。该机构的工作人员只有270人，其年度预算为90.4亿美元。相比之下，2012年的官僚机构负责管理日本的工业政策，包括经济、贸易和工业，雇用了8582名员工，管理预算和监督食品安全和其他安全问题。[1]

（二）地方监管

地方政府是日本消费者和生产者之间的第一个公共卫生接口。以应对日本中毒事件为例，东京政府的做法非常值得借鉴。当外国进口食品安全案件爆发时，东京市政府对食品进行了现场调查，当确定所有有毒的海鲜都来自同一块地时，立即通知MHLW并警告消费者不要吃这个品牌的海鲜。随后，MHLW为所有负责食品安全问题的地方官员起草了一份联系人名单，这使东京政府能够与日本其他地方的地方官员进行直接磋商。根据法律规定，日本公司在发生食物中毒病例时必须立即联系当地负责机构；在蔬菜上使用化学品时，医院和医生必须联系日本医学协会。由于是海鲜中毒，加工食品的生产过程也要受到当地政府的检查。

由于东京居民开始非常担心外国商品，东洋都厅TMG建议要求贴上标明进口加工食品原产国的标签。为此，东京政府考虑在日本农业标准法中的标签要求之上设置地方行政规范，并征求日本大型冷冻食品制

---

〔1〕 See Sheila A. Smith, *Intimate Rivals*, *Chapter* 5: *Food Safety*, Columbia University Press, p. 162 (2015).

造商的意见。东京政府主办了一个由专家和东京居民组成的消费者政策审议委员会，并征求了当地居民的公众意见。这次政策审查产生了以下决定。首先，冷冻加工食品将标明原材料来源的国家和前三种原材料(肉类、蔬菜、海鲜等)。其次，当包装使这些信息难以显示时，制造商可以将其放在其主页或其零售网站上，或通过其客户服务电话号码披露它。

尽管国家政府负有建立食品安全法律框架的行政责任，但“东京是一个几乎完全由消费者组成的地方，因此消费者在我们的政策中的声音是强烈的。东京政府本身可以为其制定一个国家法律无法覆盖的政策框架”。[1] 东京政府可以在补充国家政府在确保进口食品安全方面的努力方面发挥有效作用。东京拥有1300万人口，是日本最大的地方政府选区，而与之相对的则是东京在其行政边界内几乎没有食品生产企业。因此，为了确保食品安全，东京的食品安全监管地方性法规更为发达。由此可以看出，国家政府和地方政府之间的信息共享是必要的，包括具体的机构之间的沟通，以及地方政府与国家政府的沟通。

三、食品安全的社会辅助监管

(一) 日趋依赖企业合作的食品监管

随着日本食品进口规模的增长，日本进口的监管框架越来越依赖日本食品行业合作来监督其海外合作伙伴。日本的食品公司要遵守严格的食品安全和卫生法规。然而，对MHLW检查员来说，将外国食品提高到这种监督水平是很困难的。1988年，40家食品公司成立了一个自愿研究小组，讨论改善食品进口的安全性。大多数加入进口食品安全协会的都是贸易公司、食品制造商和一些分销公司。MHLW开始对该协会产生兴趣，并在1992年作为一个法人机构赞助了它。该协会由前行业员工组成，成为规范行业的关键环节，就新的监管要求提供研讨会和简报，并促进MHLW检查员和工厂一级食品安全经理之间的互动。

---

〔1〕 Sheila A. Smith, *Intimate Rivals*, *Chapter* 5: *Food Safety*, Columbia University Press, p. 147 (2015).

（二）食品消费者权益的社会监督

食品安全一直是日本消费者运动的一个重要原因。正如帕特里夏·麦克拉克兰所指出的那样，食品安全“在日本对消费者利益的定义”中发挥了主导作用。[1]日本最活跃的消费者权益倡导组织之一是日本家庭主妇协会，致力于在加强消费者保护的更广泛目标范围内塑造日本政府的反应随着日本的进口食品增长而不断提高，消费者维权人士发现自己能够确保消费者明白他们的食物是如何生产的。该协会认为日本食品自给自足水平的下降是日本经济结构不断变化所带来的一个挑战。成本和分配因素现在在日本的食品供应选择中处于首要考虑地位。例如，合作社长期以来一直是确保消费者能够获得有关其食品来源的最佳信息的一种手段，因为它们也同样容易受到食品安全问题的影响。大规模的、具有成本效益的食品生产——其中越来越多的食品来自国外——意味着标签和广告成为消费者活动人士关注的目标。

四、食品安全的国际合作

2010年5月31日，中国和日本达成更实际、更集中的食品安全合作。两国签署了谅解备忘录。该谅解备忘录列举了四个基本目标。第一，根据世界贸易组织《实施卫生与植物卫生措施协定》和各国国内法律，制定确保食品安全的合作框架。第二，同意每年举行一次部长级会议，并定期举行工作级会议进行学习并制定有关食品安全的政策倡议。第三，有关用于规范食品工业的法律、法规和程序的材料将用日语和中文编写。第四，两国政府将制定一项行动计划，制定年度合作目标。该食品安全促进倡议促进两国制定更严格的国内食品安全法规。

随着日本福岛核污染事件的发生，中国消费者对日本生产的食品安全产生了恐慌。日本政府认识到必须努力重新建立起外国对其所提供食品的信心，以解决外国对日本进口食品安全的担忧。到2010年，日本每年向外国出口价值5.93亿美元的农产品。日本的食品出口包括高附

---

〔1〕 See Sheila A. Smith, *Intimate Rivals*, *Chapter* 5: *Food Safety*, Columbia University Press, p. 147 (2015).

加值的大米和清酒，以及其他高质量的产品，成为外国中产阶级消费者最喜欢的产品。根据日本对外贸易组织的数据，2001 年日本食品对外国出口占出口总额比例不到 6%，但到 2006 年，这一比例已跃升至近 14%。此后，运往外国的食品份额有所波动，但在 2010 年，日本对外国的食品出口量约为 11%。且这一比例在当年 3 月 11 日之后大幅下跌。日本在世界上拥有安全的食品制度的声誉被打破，对食品安全问题高度敏感的外国消费者对日本食品深感担忧。日本政府宣布来自福岛第一核电站附近地区的食品中存在放射性污染，这也提醒了外国政府和国际机构来自日本的食品存在危险。之后，世界贸易组织宣布了远离核反应堆的菠菜的“严重”核辐射读数。印度、俄罗斯、新加坡、巴西、韩国、加拿大、智利和欧盟等全球各地国家都宣布了对日本食品进口的限制。直到 2011 年 11 月外国才放松了对日本食品进口的限制。

此外，福岛第一核电站事故发生后，日本本国消费者也更趋向于购买国外生产的食品。对受污染的水、大米和其他食品的担忧，显然影响了消费者对其自身食品供应和生产系统安全的看法。政府和东京电力公司（拥有福岛第一核电站的主体）关于核危机影响的简报导致大家对食品安全信心下降，这也延伸到了消费者的行为。外国大米在日本消费者中越来越受欢迎，大型零售超市也增加了外国大米库存。尽管日本媒体报道了这是福岛核事故后国内大米价格上涨的结果，但食品安全和价格很可能都影响了消费者的选择。无论是出于价格还是安全的考虑，日本的食品企业加快了投资，扩大了在外国的食品生产。灾难袭击日本 1 年后，日本的大米生产商和零售商都把目光投向了外国。例如，2012 年 4 月 8 日，住友宣布了一项新计划，将“按照日本的安全标准”在中国生产超过 100 万吨产品，并可能出口到日本。日本的农民也在考虑在外国种植水稻。著名的越稻、玉米和秋田水稻品种的种子正在外国土壤中进行测试，以扩大外国农业合作社和日本农业合资公司在外国种植的日本粮食作物的产量。外国对食品安全的持续担忧，以及日本消费者对自己国家大米信心的动摇，增强了日本对外国作为日本粮食生产场所的依赖。

第四节 金砖国家

随着食品科技的广泛发展，国际食品贸易将迅速增加。发展中国家将在投资和研发方面获得更多的参与。在亚洲，特别是转基因作物研发和商业生产的投资很高；但在拉丁美洲和非洲的巴西和南非，转基因食品进入市场仍会引起公众对健康、法律、社会、伦理和环境问题的关注。特别是，污染问题被认为是转基因食品发展的许多阶段的一个重大威胁。食品安全监管系统如安全评估、责任和纠正的问题仍未得到完全解决。本节将系统回顾金砖国家中发展中国家在监管新兴食品的安全评估和责任机制方面的立法和制度机制的发展程度，对巴西、俄罗斯、印度、中国和南非国家食品安全体系组成部分的比较，揭示这些国家的食品政策和食品监管的差异。

1999 年转基因食品被商业化，由此引发了人们对转基因食品的潜在影响和风险的担忧。例如，内布拉斯加大学食品科学与技术系进行的一项研究发现，来自巴西坚果的基因被引入转基因大豆后，会导致人类过敏。还有实例表明在贸易过程中，传统食品污染转基因食品的可能性很高。转基因污染登记册是由绿色和平组织和英国观察组织拟定的一个文件服务，该登记册记载自 1997 年以来，已在三种国际种植的转基因食品和饲料作物——油菜、大豆和玉米中发现了污染。[1] 通过对各种国际文书和国内立法的全面分析，笔者发现金砖国家食品安全体系的安全评估、标签程序、监测、信息共享和责任等，以及实施转基因食品进口和国内生产相关阶段的必要制度机制，对国内进口至关重要。从国际角度研究转基因食品和衍生品的安全法规和责任框架，需要特别关注金砖国家。

---

〔1〕 Becky Price & Janet Cotter, *The GM Contamination Register: A Review of Recorded Contamination Incidents Associated with Genetically Modified Organisms (GMOs)*, International Journal of Food Contamination 1 (2014).

一、金砖国家科技食品的商业状况

巴西对转基因大豆的研究和开发开始于20世纪90年代，当时农民开始种植从阿根廷进口的转基因大豆。2015年巴西转基因作物的采用和种植增加到棉花、玉米和大豆，总覆盖率达78%。到2018年，巴西国家生物安全技术委员会已经批准了50种转基因作物，其中大多数（35种）是植物，包括棉花、大豆和玉米。巴西是向美国出口农产品和食品的主要出口国。此外，巴西是转基因棉花、玉米和大豆的主要出口国，中国和欧盟是转基因棉花和大豆的主要进口国。[1]

中国转基因技术已被应用于制药、农业和食品加工等领域。1988年，我国成为第一个对抗病毒烟草植物给予商业批准的发展中国家。1991~2002年，中国农业部（现为农业农村部，后文不再赘述）颁发了6个转基因粮食作物的商业生产许可证，其中包括2种棉花和2种番茄、甜椒和矮牵牛花。转基因作物的种植已有390万公顷。根据2008年国家科研计划，中国政府把转基因技术研发指定为到2020年实现16个主要领域的重大突破之一。与此同时，中国是美国棉花、木瓜、大豆和玉米的主要进口国；2014年中国大豆的年进口量约为7000万吨。此外我国还进口了数百万吨大豆油。随着国内消费者对转基因食品担忧的增加，我国退回了887万吨美国玉米。总体上，中国更注重转基因食品的研发，而不是专注于进口。

南非转基因食品研发在过去30年里取得了成功。为了应对饥荒和饥饿，可以说它是非洲唯一一个接受转基因技术的国家。与其他各种农业技术一样，南非政府也显示出了采用转基因技术的积极意愿。它是第一代转基因作物的第九大生产商。1989年，南非首次对转基因作物进行了田间试验批准。1997年，抗虫转基因棉花和玉米获得了商业试验批准。从那时起，转基因食品的种植和商业化就有所增加。例如，2011~2012年，转基因玉米的种植率为72%。[2]目前，商业化的转基因粮食作

---

〔1〕 Top China Imports from the World (Feb. 20, 2018), http://www.worldsrichestcountries.com/top china imports.html.

〔2〕 Genetically Modified Organism Presentation, *Department of Trade and Industry*, Sep. 13 2013, https://www.thedti.gov.za/parliament/2013/GMOS.pdf.

物包括玉米、棉花和大豆。菜籽油是唯一一种以转基因衍生品的形式进口到欧洲的产品。2014 年，三种新型的转基因玉米被允许普遍种植。同年，25 个现场试验被批准。转基因作物进出口许可证 402 件，其中出口 244 件、进口 120 件、试验 25 件、管制用途 3 件、其他 10 件。[1]玉米、大豆、棉花、水稻和油菜籽 5 个转基因品种，在进行了用于食品和饲料使用的适当安全评估测试后，被允许获得进口商品许可。俄罗斯是金砖国家中唯一一个禁止转基因食品的国家，既不进口也不在国内生产任何形式的转基因食品或衍生品。2016 年 2 月，俄罗斯拒绝从美国进口大豆和玉米。

在金砖国家中，除了南非之外，巴西、中国和印度正在促进本土生物技术产业，并在公共和私人研究机构中更多地使用生物技术方法。中国和印度是亚洲主要作物生产国。南非是非洲最大的转基因作物生产国，商业化的品种有玉米、大豆和棉花。虽然一些亚洲国家已经采用了非转基因粮食作物，但还是会引进以转基因为基础的粮食作物。故在巴西、中国、印度和南非等发展中国家，对研发转基因食品的公共部门的投资很高。在上述分析中可以看出，制定法律规范转基因食品从制造业到人类消费的活动是必要的。

二、食品安全法律体系

作为世界农产品和人口生产大国，金砖国家的食品安全法律体系内容和体系都具有一定规模。以俄罗斯为例，1993 年俄罗斯开始建立新的法律体系。在食品安全立法方面，俄罗斯 2000 年出台《俄罗斯联邦食品质量和安全法》，并于 2005 年对该法进行了修订。此前俄罗斯就已通过或修订了一系列与该法相配套的法律、法规、条例和规章制度，如《俄罗斯联邦商品市场竞争和限制垄断性经营法》（1991 年）、《俄罗斯联邦消费者权益保护法》（1992 年）、《俄罗斯联邦商品和服务认证法》（1993 年）、《俄罗斯联邦酒精及酒类产品的生产与流通调控法》（1995

---

〔1〕 *South Africa - Republic of Agricultural Biotechnology Annual*, *Global Agricultural Information Network Report*, USDA Foreign Agricultural Service, 8 December 2013.

年)、《俄罗斯联邦居民卫生防疫安全法》(1999年)、《俄罗斯联邦食品安全和食用价值的卫生要求》(2002年)、《俄罗斯联邦技术调节法》(2003年)以及食品标签管理条例《食品消费说明的一般要求》(TOCTP 51014－2003)(1997年)等。此外,俄罗斯还在研究制定消费需求法、饮用水法和粮食安全法等。

现行的《俄罗斯联邦食品质量和安全法》是俄罗斯食品安全领域法律体系的基础,主要用于调整保障食品品质与食品对人体健康安全方面的关系。该法共分6章30条,详细阐述了俄罗斯在保障食品质量和安全方面的有关规定与要求,明确了生产单位在食品开发、生产、储存、运输和销售等方面应遵循的原则,规定了外国食品进入俄罗斯市场的条件,申明了俄罗斯联邦和各联邦主体在保障食品质量和安全方面的职权。

《俄罗斯联邦食品质量和安全法》规定,禁止劣质的和对人体健康有害的食品进入市场流通;如果食品经营者不能说明食品的来源,且其经营的食品质量明显较差、对人体有害,那么这类食品无须鉴定即可处理或销毁;如果劣质食品需要鉴定后再作处理或销毁,那么在鉴定结果出来之前,劣质食品将被送到指定地点临时保存或者经有关部门对劣质食品进行严格清点后,由经营者负责临时保存;是否将劣质食品用作动物饲料,需要与俄罗斯联邦检疫机关协商决定;劣质食品鉴定、储存、运输、处理或销毁的费用由经营者承担。该法第21条专门对输入俄罗斯境内的食品、材料和制品的品质和安全提出了明确要求:一是输入俄罗斯境内的食品、材料和制品的品质和安全性应符合标准文件的要求。二是供货合同中应写明输入俄罗斯境内的食品的生产者和供货者在执行标准文件要求方面应承担的责任和义务。三是首次输入俄罗斯境内的食品、材料和制品须进行国家注册,且应在其输入俄罗斯境内之前完成国家注册;未按本法规定进行国家注册以及未能证明其品质和安全性符合标准文件要求的食品、材料和制品禁止输入俄罗斯境内。四是在俄罗斯边境口岸负责实施国家卫生防疫监督、国家兽医监督及国家植物检疫的人员,必须按照其职权范围对进口的食品、材料和制品实施查验,检查食品、材料和制品随附的单证,并对其是否可输入俄罗斯境内作出决定。如果对这些食品、材料和制品的安全性产生怀疑，可暂时中止办理输入俄罗斯境内的手续；如果查验结果显示食品、材料和制品质量不合格，则可禁止这些食品、材料和制品输入俄罗斯境内，并在随货单证上注明这些食品、材料和制品对人体健康具有危害性，不得销售；具有危害性的食品、材料和制品的货主应在10日内将其运出俄罗斯；如果具有危害性的食品、材料和制品在规定期限内没有从俄罗斯境内运出，则可按照俄罗斯法律予以没收，并根据鉴定结果另作他用或予以销毁。虽然俄罗斯已经建立了比较完善的食品安全法律法规体系，食品安全被看作国家安全最重要的组成部分，但由于法律执行不力，食品安全问题并未得到有效解决。

三、食品市场的政府监管

熟知政策有助于了解政府有利的或限制性的方法、措施、社会经济因素、改革、标准和倡议。不同国家的食品政策存在差别。

（一）食品市场监管与整治

食品安全问题在俄罗斯不断出现。萨拉托夫州、罗斯托夫州、滨海边疆区和诺夫哥罗德州等地接连发生幼儿园儿童和学校学生集体食物中毒事件；肉毒杆菌中毒及自制罐装蔬菜、干鱼、熏鱼、罐装肉和腌制肉等食物中毒情况也时有发生。另外，劣质酒充斥市场和转基因食品信息被蓄意隐瞒也成为社会关注的问题。因此，俄罗斯更加重视食品安全问题，并为解决食品安全问题采取了一系列政策措施。

1. 食品安全监管机构

根据其他国家的经验，保障食品安全需要一个十分强大的公权力体系，不仅要有完备的法律法规，还要有遍及全国的食品安全监管机构，特别是一个统一的最高监管机构。在俄罗斯，食品安全监管工作一直由国家卫生防疫部门、兽医部门、质检部门及消费者权益保护机构共同负责。弊端是，国家监督和监察职能过于分散，政府机构和部门重复设置，职责划分不清、相互推卸责任甚至相互扯皮等，使食品安全监管工作无法落到实处。2004年3月，俄罗斯总统普京对相关行政管理机构进行调整，在俄罗斯卫生和社会发展部下设俄罗斯联邦消费者权益保护和公益监督局，集中负责俄罗斯境内食品贸易、食品质量监督及消费者权益保护工作。其具体职能包括：检查食品制造和销售场所的卫生防疫情况；对进口食品进行登记备案；在新食品上市前对其进行食品安全鉴定；对市场所售食品进行安全及营养方面的鉴定和科学研究；制止有损消费者权益的行为等。该局在俄罗斯各联邦主体设有分局，负责当地的食品安全检查和监管工作。

2. 开展清理不合格酒类产品行动

俄罗斯联邦消费者权益保护和公益监督局成立以来，实施了一系列专项整治工程。例如，对来自摩尔多瓦和格鲁吉亚的葡萄酒进行抽样检查时发现，半数以上的葡萄酒内含有滴滴涕和七氯等杀虫剂残留物。因此，立即要求停止进口上述两国的葡萄酒，并在国内市场上全面禁售不合格的葡萄酒；莫斯科市将10万多瓶不合格的葡萄酒清出货架；萨哈（雅库特）共和国取消了产自摩、格两国的33万瓶不合格葡萄酒的可销售资格；俄罗斯警方在莫斯科近郊没收了25万瓶产自摩、格两国的葡萄酒。专项整治对于清理酒类市场起到了重要作用。俄罗斯许多地区都发生过群体性假酒中毒事件。这些事件波及范围广，中毒者成千上万，死亡人数高达数百人。事件的起因是，不法商人将购进的含有工业酒精的消毒液或抗菌剂稀释加工后卖给消费者。由于假酒价格便宜，中毒者大部分为有酗酒习惯的无业居民或低收入者。于是，俄罗斯政府部门和俄罗斯联邦消费者权益保护和公益监督局加大对不法商人及酒类市场的惩罚和监管力度，与此同时，俄罗斯政府决定生产一种名为“人民伏特加”的低价正规白酒，以满足低收入居民的需求。

3. 实行食品及粮食原料强制认证制度

俄罗斯自1993年1月1日开始实行食品及粮食原料强制认证制度。2001年俄罗斯国家标准化与计量委员会发布了《质量体系以HACCP[1]原则为基础的食品质量管理一般要求》（TOCTP 51705.1－2001）国家标准，并同时实施HACCP自愿认证体系。负责认证的机构是全俄认证

---

〔1〕 HACCP意为危害分析和关键控制点，是世界上先进的食品，特别是易腐烂变质的肉制品和水产品的质量管理体系，目前已成为全球食品界检验和控制产品质量的共同准则。它是防止食品污染的一种管理方法，已被应用于罐头、水产品、肉类和家禽的处理操作过程。

研究所。俄罗斯认证体系包括388个认证机构和819个检测实验室，分别由俄罗斯国家标准化与计量委员会的地方机构、贸易工业院、农业部、专业研究院及其他专门机构管辖。此外，俄罗斯在美国、德国、匈牙利和芬兰等国还设立了食品认证机构和实验室，并委托国际认证及检验机关按俄罗斯标准在外国供应商向俄供货前进行认证，发放GOST R证书（俄罗斯国家标准合格证书）。依据有关法律，在俄罗斯，食品及粮食原料属于强制认证商品，无论国内生产还是进口，都必须通过认证并获得GOST R证书。GOST R认证由俄罗斯国家标准化与计量委员会和俄罗斯海关联合进行监控。GOST R证书是进口商品办理海关手续和在俄罗斯市场销售时必不可少的文件，没有GOST R证书的食品，既不能通过海关也不能上市销售。

为了加大食品安全的工作力度，俄罗斯合理调整了认证体系，为认证工作提供更加科学、可靠、先进的技术法规和标准保障，并根据国际标准对检测实验室进行资质认可；产品标准以采用欧洲法规和标准为主要方向，检测标准谋求与ISO（国际标准组织）标准协调一致；积极推行HACCP方法；扩大食品及粮食自我合格声明范围，进一步缩减强制认证产品目录等。

4. 食品标签管理条例

2005年俄罗斯正式实施新的食品标签管理条例《食品消费说明的一般要求》（TOCTP 51014－2003）。与1997年出台的《食品消费说明的一般要求》（TOCTP 51014－1997）相比，新食品标签管理条例有关食品标签内容的规定既严格又具体，如对“肉和肉产品”“鸡肉、蛋及其加工产品”“奶、奶产品和含奶产品”“鱼、渔场的非鱼产品及其加工产品”“油脂品”“葡萄酿造品”“不含酒精的啤酒”“麦芽糖饮料、谷物饮料、低度酒精饮料”“分装饮用水”等食品，要求向消费者提供更加准确的信息，而对标签内容不符合规定的入境食品将进行退货或销毁处理。有关食品标签内容的标准按照《俄罗斯联邦消费者权益保护法》的要求制定，与欧盟标准相一致。具体地说，新食品标签管理条例规定：必须在消费说明（食品标签）中注明原产地、厂家名称及地址、产品名称、产品成分、容量、食用价值、使用和储存条件、适用期、储存期、生产和包装日期、代码以及食品配料表等重要信息；消费说明应使用俄文标注；食品和食品添加剂的名称必须符合俄罗斯国家标准的规定；转基因食品、转基因源食品或包含转基因源成分的食品必须符合俄罗斯规范性法令（技术法规）的规定；含有基本的天然矿物质和维生素的食品必须列出其含量和日服量等。这些规定适用于俄罗斯国内外生产的所有食品。

（二）特殊食品政策：促进限制措施

巴西生物安全政策的主要目标是确保对人类、动植物健康和环境进行适当水平的保护，以及安全利用转基因技术，促进可持续发展。科学和技术方案的主要目标是开发应用于卫生、农业和环境的技术，而开发转基因生物一直是重点领域之一。该政策建立了从转基因技术中获得最大利益并促进参与转基因技术活动的行业的框架。[1]它进一步认为，迫切需要采取生物安全措施，规范转基因生物，用于食品、饲料或加工的转基因食品，无论它们是本地生产还是从国外进口。

南非的政策是确保安全利用转基因技术，以加强该国的经济和提高其公民的生计水平，同时考虑保护人类健康和环境。根据流行的作物和气候条件，制定了转基因食品法规。该国90%的玉米种植已经通过转基因技术生产出来了。但在印度，政府自2002年以来禁止了转基因粮食作物的商业种植，只允许种植转基因棉花，且不得用于直接消费，而是作为工业消费品。

中国的转基因食品监管政策特别注重促进自我发展，而不是促进进口。农业部门加强了对农业能源的研究，重点关注农业能源的安全评估、监管和管理。[2]2015年，中共中央、国务院就如何促进现代农业和农村社区的发展、增加农民收入，提出了32条具体建议。重点强调了粮食安全的重要性和农业对社会经济发展的重要性，同时提出要确保粮食安全和农产品的质量。

---

〔1〕 Joana Ferreira, GMOs, *A Global Debate*: *Brazil*, *Second Largest GMO Producer in World*, EPOCH Times, 8 July 2013.

〔2〕 Proposal in Response to 12th Five - Year Plan for Development of Agricultural Science and Technology, 30 December 2011.

俄罗斯2004年修订的《俄罗斯联邦消费者权益保护法》，规定必须在食品包装上标明生产过程中是否添加了转基因成分。俄罗斯从2001年开始对进出口食品进行转基因成分检测，并要求对转基因食品加贴标签。从2002年9月1日起所有转基因食品必须予以标明，食品中转基因成分含量超过5%（欧盟标准为0.9%）即被视为转基因食品，并需要在食品包装上明确标注。莫斯科市依照大部分欧洲国家规定的食品标准，将食品中转基因成分限定在0.9%的范围内，只有符合这个条件的转基因食品才能在商店和市场上销售。此外，莫斯科市政府对转基因食品的销售采取限制措施，即商店不得将转基因食品销售给16岁以下的孩子；转基因食品不得进入医院和各中小学、幼儿园餐厅；军队禁止购买转基因食品。健全的法律体系和统一的最高监管机构是食品安全监管顺利推行的基础。应该说，在保障食品安全方面，俄罗斯并不乏相关法律文件和技术标准。同时，俄罗斯联邦消费者权益保护和公益监督局的成立对于集中行政资源、监控食品质量和安全起到了积极作用。

由上可见，巴西和南非在没有政策或立法框架的情况下就引入了转基因食品。中国更专注于国产转基因粮食作物及其国内生产。印度则在决定国产转基因粮食作物种植上和某种程度上转基因衍生品的进口上作出了限制。俄罗斯对标欧盟标准，并通过法律限制转基因的成分。对转基因食品及衍生品的国内生产或进口的食品安全成分及监管机制的分析是有关国家的一个重要考虑因素。为了确定国家食品安全体系的组成部分及其监管措施，对国际贸易法规的全面分析至关重要，因为转基因食品和衍生品已在国际贸易领域成为一种商品。

四、关于转基因食品和衍生品的国际贸易条例

农产品的国际贸易是以商品制度为基础的。食品作为国际贸易中的一种商品，是一个日益增长的市场。尽管存在生物安全担忧，但转基因食品和衍生品自1996年成立以来，人们对转基因食品和衍生品的接受程度一直在上升。适用于传统食品的国际法规一般也适用于转基因食品。当前国际组织和国际标准制定机构在转基因食品的国际贸易方面已有相当多的国际公约、多边协定和政策决定。《实施卫生与植物卫生措

施协定》和《卡塔赫纳生物安全议定书》是管理含有转基因生物的农业和食品跨界贸易的两项主要国际文书，是对转基因食品安全法规和责任框架进行分析的基础性文件。

国际食品安全责任框架的总体结构为安全评估和制定确保产品安全的方法提供了一个适当的起点。本部分试图回顾国际安全评估监管框架的发展范围和该框架管理着的转基因食品和衍生品的国内监管和跨界贸易。

（一）世界贸易组织（WTO）的现代生物技术食品风险分析原则与标准

WTO 的主要目标是规范国际贸易，并在不受任何贸易限制的情况下有效地利用世界资源。WTO 为处理多边贸易环境提供了法律基础和体制机制。它通过其协议确保采取精确的措施，协助商品和服务的制造商、出口商和进口商进行自由贸易和公平贸易的业务。WTO 坚信降低贸易壁垒有助于鼓励国际贸易和商业。在安全监管的背景下，协议采用足够的科学风险评估技术，以防止不安全食品进入市场。[1] 2003 年通过、2008 年和 2011 年分别修订的《现代生物技术食品风险分析原则》，构成各国政府食品安全风险分析工作的原则。这些工作原则的主要范围是风险分析的三个组成部分，如风险评估、风险管理和风险沟通，向各国政府提供充分的指导。食品安全评估的科学数据应来自产品的开发、现有的科学文献、现有的技术信息，以及来自独立的科学家、监管机构和其他国际机构。在欧共体生物技术的案例中，该原则参考了《对重组 DNA 植物衍生食品进行食品安全评估的指南》，并获得法律承认。[2]

世界卫生组织的成员应通过应用协议，根据食品法典标准制定其食品安全措施。由食品法典委员会制定的标准已演变为根据风险分析原则进行转基因食品安全评估的国际指南。这些标准是通过适用于对应的传统食品个案分析来制定的，被用作转基因食品和衍生品的安全性评估的基准。为了促进转基因食品与传统食品之间的比较，国际社会已经形成

---

〔1〕 See Gregory Messenger, *The Development of World Trade Organisation Law: Examining Change in International Law*, Oxford University Press, 2016, p. 342.

〔2〕 See European Communities – Measures Affecting the Approval and Marketing of Biotech Products, WT/DS 291/R, WT/DS 292/R and WT/DS 293/R, 2006.

了实质性对等的原则。实质等效性是安全评估过程的第一步。

（二）生物安全议定书

关于如何避免转基因食品和衍生品对人类健康造成不利影响，国际上正在进行辩论。虽然 WTO 限制了每个国家实施贸易限制的自由，但《卡塔赫纳生物安全议定书》是唯一一项关注国家目标而不是关注贸易限制的国际协定。它强调保护生物多样性、环境和人类健康的重要性。生物多样性公约组织成立了一个生物安全工作组，经过几轮谈判提出了生物安全议定书的想法。《卡塔赫纳生物安全议定书》于 2003 年生效，截至 2020 年年底约有 170 个成员方加入了《卡塔赫纳生物安全议定书》。《卡塔赫纳生物安全议定书》建立了监管的全球框架，包括转基因食品。它规定了其成员方关于转基因食品和衍生品国际贸易的重要义务。《卡塔赫纳生物安全议定书》的主要目标是保护生物多样性不受由转基因活生物体带来的潜在威胁。它是专门处理转基因食品和衍生品对人类健康和环境的负面影响的唯一国际文书。[1]此外，它还规定成员方制定法规，以解决与转基因食品贸易有关的安全问题。

五、食品安全监管的责任框架

（一）《控制危险废物及其处置的巴塞尔公约》和《巴塞尔责任议定书》

关于危险物质的最全面的环境协定是《控制危险废物及其处置的巴塞尔公约》。该公约第 12 条列举了各成员方在合作制定对危险废物的国际转移及其处置所造成的环境损害的责任和赔偿领域方面的规则和程序。该公约第 12 条制定了《关于危险废物越境移动及其处置所造成的损害的责任和赔偿问题的巴塞尔议定书》（以下简称《巴塞尔责任议定书》），于 1999 年谈判并通过。[2]《巴塞尔责任议定书》的重要目标是建

---

〔1〕 The terms Living Modified Organism（LMO） and Genetically Modified Organism（GMO） are interchangeably used in the various international references.

〔2〕 Peter Lawrence, *Negotiation of a Protocol on Liability and Compensation for Damage Resulting from Transboundary Movements of Hazardous Wastes and Their Disposal*, 7 Review of European Community and International Environmental 249（2002）.

立一个全面的责任制度，包括提供第三方责任、环境责任和对危险废物跨界移动所造成的损害的赔偿的规则和程序。

《巴塞尔责任议定书》第4条为严格责任原则。根据严格责任原则，索赔人有权就在跨境贸易过程中遭受的损害提起诉讼，并获得全额赔偿。一般来说，如果进口国和出口国是缔约国，通知人将承担责任；在某些情况下，仅出口商要对任何没有收到通知的情况承担责任。[1]在确定了索赔当事人之后，就得出了损害的定义，因为它是索赔标的物的基础。“损害”的定义为：任何生命损失或人身伤害；除法律责任人所持有的财产以外的财产损失或损害。除了严格责任之外，《巴塞尔责任议定书》还阐述了基于错误的责任体系，任何涉及损害原因的人都应该负有责任。虽然《巴塞尔责任议定书》规定了对危险物质的严格责任和基于错误的责任程序，但它并没有直接处理转基因食品和衍生品的规定。

（二）卡塔赫纳生物安全方案及其补充方案

《卡塔赫纳生物安全议定书》主要关注食品的跨境贸易，包括转基因食品和衍生品，以及实质性规定标准引起的进口或出口转基因食品和衍生品的责任和赔偿规则。《卡塔赫纳生物安全议定书》使当事各方能够制定有关责任和补救的程序，以处理转基因食品和衍生品的进出口所造成的损害。这一特别议定书要求在单一立法下制定责任条款，以处理转基因食品和衍生品在跨境贸易中产生的损害。除《卡塔赫纳生物安全议定书》之外，《卡塔赫纳生物安全议定书赔偿责任和补救问题名古屋－吉隆坡补充议定书》（以下简称《吉隆坡补充议定书》）则处理与转基因和转基因食品有关的责任问题，以防止和纠正跨境食品贸易对生物多样性造成的损害。《吉隆坡补充议定书》的显著特点包括应对措施、行政办法、民事责任和国家责任。该补充议定书在处理人身伤害或财产损害等方面提供了不同的方式。因此，食品经营者以及监管机构都承担了额外的责任来应对处理损害程序。例如，食品安全监管机构有责任考虑适当的措施来评估损害的成本。在这方面，根据特定条款提出的应对

---

〔1〕 Article 14, Insurance and other Financial Guarantees, Basel Convention on the Control of Transboundary Movements of Hazardous Wastes and Their Disposal, 27 May 2014.

措施将是各国在其国内立法中发展防御性或恢复性机制的充分行动选择。当有足够的损害可能性发生时，成员方应确定经营者采取重大行动进行处理的程序与损失。经营者必须采取“三管齐下”的行动，如向监管机构报告、评估损害和采取适当措施。对不履行职责的经营者，监管机构应制定适当的程序来处理损害，并为受害者提供救济。

国家要对转基因食品在其领土上的运输过程中造成的各种损害负责，并且通过国际协议在国际贸易上以民事责任的形式统一责任制度，以处理转基因食品和衍生品的跨界贸易所造成的损害。然而，成员方必须根据本国经济社会的现有条件，制定其国内法中的责任标准。例如，保障受害人在其国家法律体系中对引起损害的责任人享有追索权。根据民事责任原则，各成员方应制定处理转基因食品及衍生品跨境贸易造成的损害的责任规则和程序，可以通过修改现有的立法或通过引入具体的法律来处理损害。

六、食品安全性评估标准

不仅要确保从制造到市场，而且要确保从市场到消费者，食品都是安全的。比较分析金砖国家食品立法的政策、法律、法规、指导方针和标准以及国家发展机构机制，有助于处理与转基因食品和衍生品有关的食品安全问题，包括国家食品安全监管和规范系统。

安全性评估是识别和评估转基因食品和衍生品的不良影响及其对人类健康的影响的一个重要标准。中国国家农业转基因生物安全委员会、印度转基因食品安全评估单位和农业部等都是对转基因食品和衍生品进口进行安全评估的行政机构。中国实施的是全过程性食品安全评估，安全评估的程序可分为两种程序：基于分类的程序和基于评估的程序。印度和南非安全评估来自法典指南，对转基因食品和衍生品进行安全评估的最初程序是评估转基因食品是否与传统食品基本相同，即要求制造商分析传统食品中存在的毒素、营养物质或过敏原等有限的一组成分的意外变化。安全性和营养评估对发展中国家尤其重要，因为这些食品的消费将导致饮食摄入模式和食物链的重大变化。此外，印度和南非还遵循《卡塔赫纳生物安全议定书》附件三中所规定的程序，印度还制定了安全评估条例和转基因食品安全评估指南。

第五节　澳大利亚

澳大利亚对现行食品安全管理的法律体系管理框架的评估报告——《布莱尔评估》表明，整个澳大利亚有150余部食品法律法规，且由此形成的食品管理框架是“复杂、支离破碎、互不协调、浪费资源”的。

一、食品监管行政架构

《布莱尔评估》围绕建立统一食品立法和统一食品管理机构的议题，阐述澳大利亚食品安全管理将来可能的路径，给出了27条建议。《模范食品法案》出台，澳新食品标准局于2002年成立，取代了原来的澳新食品局，但是联邦层面的改革活动并未从实质意义上使澳大利亚的食品管理有很大改观，因为食品管理的真正权力属于各州政府。新南威尔士州（以下简称新州）成立了新南威尔士食品局，该局的成立标志着新南威尔士食品局成为澳大利亚各州/区最早的实施从农产品到食品销售全程管理的机构，与此同时，与新州同属于澳大利亚东南部重要的两个州之一的维多利亚州（以下简称维州）于2007年发布了《简化菜单：维多利亚食品管理报告（草案稿）》，此报告以上述所提到的所有活动为参照背景，提出维州食品管理改革的可能路径。本节从静态宏观视角分析维州的食品安全管理架构并预测它可能的改革取向。

二、监管机构职权范围

与新州食品安全行政管理的架构不同，维州相对还是维持着比较分散的食品管理模式，即食品工业加工、买卖与农产品（奶、肉、海产品）加工、运输、买卖分开管理，总体上划归为卫生和农业部门管理，同时将农产品分为两大类即奶制品和农渔产品。这两大类产品由维州第一产业局（农业局）名下的两个分立的部门专门监管。现行维州的主要食品管理集中在以下机构：

(一) 奶制品监管局

维多利亚州奶制品监管局（以下简称奶品局）是根据《奶制品法2000》设立的法定管理机构。作为维州奶制品行业独立的监管机构，维州奶品局负责确保实施澳大利亚和国际的食品安全标准。维州奶品局对从农场到生产再到销售的整个奶制品行业的所有参与者颁发执照。总的来说，维州奶品局职能有两个：技术创新引导和奶品许可管理。

1. 预防型食品安全监管体系

关于技术创新引导，维州奶品局的目标和使命是通过监管和规范奶类食品，使维州乳品行业在食品安全方面享有盛誉，使其货真价实的乳制品成为国际上的首选。维州奶品局致力于创造与食品企业的工作伙伴关系，并运用风险分析的趋势和食品安全模式形成预防性的方法。维州奶品局尽可能利用其网络的便利传送更多有效的、低成本的服务，致力于基于国际最高原则来实现奶类食品安全的全国性框架。为此，维州奶品局在建立乳制品安全标准的国家议程上，即在食品安全国家管理论坛上正起着强有力的领导作用。为达到以上目标，维州奶品局从技术上统筹规划多个测试项目来检验和提高乳制品行业的食品安全信誉，如澳洲牛奶残留分析调查，负责支助全国项目，这个项目监测农业、动物和环境化学残余物在原奶中的残留；产品测试项目，负责检测维州内生产的乳制品中微生物状态的独立监测项目；病原体预防项目，旨在减少病原体污染事件和使被污染的产品进入市场的风险最小化。这些测试项目对保证国内和出口市场中奶制品的品质非常重要。

2. 奶制品执照和许可管理

关于奶品许可管理，主要通过颁发维州奶制品执照，许可奶品加工、运输、买卖等经营活动。维州奶品局作为独立的监管机构负责确保奶类食品安全。它的目标是确保与日俱增的奶类食品安全的声誉和可观的经济效益。乳品执照是维州乳制品安全的核心，同时也是奶类贸易所有参与者的通行证。维州奶品局正努力把乳品执照与食品安全声誉联系在一起。奶制品执照是发给农场主、奶农、生产厂主、承运人和销售者，准许他们在维州奶制品行业经营和贸易的通行证。它确定了经营者的身份和合法性，阻止未接受管制企业进入奶制品行业，从而对该行业提供保护和保障。奶制品执照制度包罗万象，只有持牌人或持牌机构才允许生产奶类食品或参与其运输、加工或分销。上述执照的收费的计费方法、收费金额都不尽相同，但都会详细地公布出来供公众评议。

（二）农渔产品安全局

农渔产品安全局是在扩大前维多利亚肉品局职责的基础上新组建的机构，除负责家禽及鲜肉类食品安全外还负责海产品的安全，此外，农渔产品安全局还附带监督管理宠物食品。和维州奶品局职能架构相似，农渔产品安全局主要职能也有两个：技术标准保障和农产品（肉、海产品）登记许可。

1. 全过程技术标准监管

农渔产品安全局控制和审查肉类和海产品加工设施的建筑标准，这种控制通过颁发许可证及采取审查制度和质量审计保证方案来实现并维持技术标准。所有持牌肉类加工设施的质量保证方案由第三方的审计师来承办审核，以保证遵守适当的标准。在审查过程中，确定有不符合标准的情形要向农渔产品安全局报告。质量保证方案的审计应定期进行，一年两次或四次，具体视肉类加工经营的内在风险而定。如果有不遵守的情况，农渔产品安全局可能会实施额外审查工作。维州通过了《海产品安全法》，并修改了《肉品工业法》，从而建立起规范海鲜类食品安全的制度。这种制度贯穿整个生产和供应链，从捕鱼和水产养殖到鲜鱼零售，所有鲜肉类和家禽的加工设施必须符合相应的澳大利亚和维多利亚州（以下简称维州）的标准。农渔产品安全局制定了一套维州海产品加工标准，此标准要求所有海鲜经营必须有一个审定的质量保证方案。

2. 农产品登记许可

根据《肉品工业法》的规定，所有在维州境内的肉类加工厂及肉类运输车辆要持有由农渔产品安全局颁发的经营执照，以下场所须有执照：屠宰场——屠宰动物供人类食用的场所；家禽加工厂——屠宰和加工家禽供人类消费的场所；肉类食品深加工工厂——加工、包装、批发或商店零售供人类食用的肉制品的场所；零售肉铺——零售供人类食用肉品的场所；动物食用油初加工厂——购买或取得可食用的脂肪制成初级食用油产品的场所；野味加工厂——加工或包装的野味肉和/或野味肉类制品的场所；不宜食用的熏蒸加工厂——用加热/干燥方式加工不宜食用/可食用动物器官制成不宜食用的产品的场所；宠物肉类加工厂——屠宰动物但不是供给人类消费的场所；宠物食品厂——批发、包装或准备宠物食品/宠物肉类供出售的场所。

根据《海产品安全法》的规定，所有的在维州内的海产品经营企业为了正常经营必须持有农渔产品安全局颁发的营业执照，以下海产品业主须持有执照：零售商——零售供人消费的海产品；批发商——以零售或批发方式销售海产品并采用最低必要加工措施（如储存和冷冻）来保存海产品；加工者——以零售或批发的方式出售海产品仅仅采取必要的密封、去皮、去壳、标示、包装、冷冻、储存、去除内脏等措施；深加工者——以零售或批发的方式出售海产品仅仅采取必要的加工程序，包括装罐、熏烤、烹饪、烘干或添加成分。

另外，农渔产品安全局还颁发海产品捕捞许可证，以下海产品捕捞行为须获得农渔产品安全局的许可：水产养殖——养殖和收获海产品供人食用，并采用所需的最低限度的加工程序以使海鲜产品符合出售条件；自然捕捞——捕捞海产品供人食用并采取所需的最低限度加工程序以使海鲜产品符合出售条件。

（三）健康事务局食品部

维州健康事务局食品部是维州健康事务局下辖的一个内部机构。维州健康事务局食品部并不直接管理食品，而是比较宏观地对地方政府委员会进行技术指导，而地方政府委员会则对农渔产品安全局和奶品局管理之外的食品进行登记和日常管理。在维州内，除农渔产品安全局和奶品局管理之外的食品销售、生产者，都要到地方政府委员会登记注册并接受地方政府委员会的管理。这种登记也适用于不直接以提供食品为营利目的活动的经营者，如食品展的免费食品品尝。

三、食品安全管理手段

尽管维州食品监管部门各异，但监管方式手段比较一致，大致有以下手段：

（一）基于风险等级的强制食品安全方案

维州是澳大利亚最先实施食品安全方案的州之一，即食品安全方案发端于维州，后来联邦政府的澳新食品标准局在修订《食品标准法典》时将之收编为一个食品标准在全澳推广，维州至今几乎又成为在所有食品上强制推行食品安全方案的唯一一个州，其他州基本只在部分食品中推行。2002 年，在由联邦政府健康及老龄化局与新州的卫生局组织的一个研究项目（全国风险评定项目）中，认定了五个与风险食品领域相关的主体，按风险高低依次是：向敏感人群提供食品生产商；即食海产品的生产、收获、加工商；街头商贩；提供食品的及其他康乐服务场所的生产商；加工及腌制肉品的生产商。

现行维州对食品的风险评估分类，并没有上述的细致，但为区别不同的食品安全方案，维州健康事务局将食品场所分成两大类，一类是加工、销售高风险食品场所及为敏感人群（病人、老人、小孩）提供食品的场所，另一类是除上述列举以外的场所。对第一类，要求业主自己创设食品安全方案；对第二类，提供两个选择，或者自己创设或者采用健康事务局注册过的标准的食品安全方案。维州奶品局及农渔产品安全局监管的奶品、肉类及海产品，也有食品安全方案或质量保证方案的要求，只是具体细则不同，但基本原则大同小异。

食品安全方案是一个书面的计划，它显示出经营者将如何保证生产、加工或者销售的食品的安全。它是展示经营者提供安全食物健康经营的计划。同时食品安全方案是食品开业者对政府和消费者的承诺，上面列明了开业者承诺的义务。这和中国质检总局实施的食品质量标准（QS）制度需要准备的各种书面材料有异曲同工之妙，所不同的是，QS 是比较单向的政府行为，而食品安全方案会激发食品营业者的创造性。

（二）分类分开的商事登记与许可

食品经营者在维州都必须由相应的食品管理机构进行注册登记许可开业，登记许可分两种，一种是一般登记，另一种是特殊登记。前者由维州地方政府委员会实施，主要按《食品法》对工业生产业主、食品批零销售业主、餐饮业主进行登记；后者则是两大类特殊的食品业主即奶制品及农渔产品业主。维州奶品局负责奶制品的生产、加工、运输、销售等的许可，而维州的农渔产品安全局则负责肉类和海产品的生产、加工、运输、销售等的商业登记许可。许可的功能主要有：政府掌握食品从业者的相关从业信息，如开业地点、规模等；收取相应的管理费用以维持管理机构的日常营运。目前，维州实行的这种分类分开登记制度的主要问题有四个：

1. 兼营的食品经营登记

假如 A 既从事海产品加工又兼营奶制品加工，这种制度不做任何修正的话，就意味着 A 至少进行两次登记，即既要在农渔产品安全局登记又要在奶品局登记。同样的道理，如果 B 进行食品肉类销售又售卖饮料和酒类饮品，这就意味着 B 可能既要在农渔产品安全局登记又要在地方政府委员会登记。为避免兼营食品商可能的重复登记从而造成增加不必要的负担，2004 年维州奶品局、农渔产品安全局、维州市政联盟和澳大利亚环境卫生协会维州分协会签署了一项 5 年的维州食品管理机构谅解备忘录，旨在促进各食品管理部门的信息沟通，澄清各自管理界限，防止兼业经营项目可能产生的重复登记。按备忘录的安排，奶品局和地方政府委员会约定，业主生产、分装或销售奶品和非奶品时，由奶品局和地方政府委员会协商决定。农渔产品安全局和地方政府委员会约定，地方政府委员会对肉品、海产品及兼营其他食品的超市进行登记，而对其他可能既可以由地方政府委员会又可由农渔产品安全局登记的情况，按业主的主要业务来决定登记机构。

奶品局和地方政府委员会的约定，缺乏具有操作性的原则，因为每次都要两个机构协商决定，费时费力，没有效率；农渔产品安全局和地方政府委员会的约定有一定的操作性，但“主要业务”是按绝对数字还是比例数字以及数字是多少约定没有明说，另外由于这个政府间谅解备忘录只是一个粗糙的准法律文件，文中并未约定各协议部门如不遵守约定会有什么不利的惩罚性后果，所以这种约定是不具备权威性的。由于登记都要求管理相对人付相应的费用，这可能潜在存在部门争相将管理相对人解释成属于自己的管辖范畴的风险。因此这个谅解备忘录虽给出了解决的方案但还需细化相关规定及赋予相应惩罚机制的条款。

2. 跨区经营登记

维州地方政府委员会共登记20,000次的食品临时场所登记，这里包括街头食品商贩、食品展览等流动性食品从业者登记，这里产生的一个问题是流动食品从业者跨区作业的登记问题。按维州《食品法》的规定，食品售卖的场所都得登记。而《食品法》中又没有考虑给一些流动性强的食品从业者安排特殊的登记条款，所以导致同样的食品展览举办者跨区展览要取得不同的登记、多次登记。《简化菜单：维多利亚食品管理报告（草案稿）》设想政府设计一个专门针对流动食品商的单一登记系统对维州的跨区作业的食品商实行一次登记、跨区有效，从而减少不必要的负担。这是一个很好的设想，但困难在于需要大量的人财物。

3. 食品安全监管员

在联邦制定的《食品标准法典》中有要求食品开业者必须拥有一定的食品安全技术知识的从业人员，而在维州的《食品法》中这条标准就被细化为每个登记的食品场所要配备一名食品安全监管员，此食品安全监管员须有食品相关的专业背景。当然如业主自己满足专业技术背景要求也可以担当食品安全监管员。作为一个刚性条件，不能提供食品安全监管员的业主将面临不被授予登记、不给换证，严重时还可能吊销证照的后果。目前，没有直接的数据显示食品安全监管员制度的建立对减少食源性疾病的发病率有直接作用，但可以肯定的一点是此项规定提高了食品提供商的食品安全意识和食品安全操作意识。

4. 第三方审计认证

不定期和定期的现场检验和审查也是维州食品管理部门常用的手段，《食品法》列明了两种不同的检验审查的方式。第一，食品法审——根据第39条的规定，地方政府委员会应在登记、换证等前对食品场所是否按《食品法》规定经营进行现场审查，由于此审查是按《食品法》所有条款审查，因而称为食品法审；第二，食品安全方案审——根据第19HA款的规定，如果是采用标准的食品安全方案模板的场所，将对其是否符合食品安全方案操作进行检查；根据第19IA款的规定，如果是采用非标准的食品安全方案模板的场所，将由卫生部门认可的独立的第三方食品安全审计员进行审查，出具报告，说明业主是否严格遵守所拟订的食品安全方案，并说明此方案是否仍然对保障食品安全有效果，是否需修改或作废。由于此审查只是对食品安全方案的审查，因而称为食品安全方案审。

以上是地方政府委员会依照《食品法》进行的审查检验，维州奶品局和农渔产品安全局也会进行现场检验审查。当然两局还要求第三方的审计，除淡水产品销售等少数几种场所外，几乎所有的肉类、海产品销售场所都要求第三方审计。另外，联邦的进出口检疫检验局还要求提供出口食品的第三方认证。

四、食品安全的立法架构

澳大利亚的州食品立法大致分两个并行的层面：一个层面是以《食品法》为中心形成的食品加工和买卖相关的法律，由州卫生局和地方政府委员会实施。另一个层面是围绕农产品生产、加工、运输和买卖，涉及肉品、奶品、海产品等的所谓食品工业特别法，有三部法律与此相关重大：《肉品工业法》、《海产品安全法》以及《奶品法》，前两部法由维州农渔产品安全局实施，后一部则由维州奶品局实施。

（一）食品法

维州《食品法》和其他州法相似的地方在于都比较完整的采用联邦《模范食品法案》的附件 A 条款，并根据维州实际部分采纳附件 B 条款。这实际上也是回应澳政府间订立的《食品管理协议》。《食品法》规范的活动包括为售卖而加工食品的行为以及食品买卖行为。《食品法》中的食品的定义也比较宽泛，几乎包括除药品外任何可食用的东西。《食品法》的主要内容包括：食品场所的注册登记程序规则；食品安全方案的实施；食品场所的检验审查；《食品法》的执行及处罚措施。值得注意的是，《食品法》中规定的处罚如食品安全方案的实施、食品场所的注册登记等不适用农产品，因为这些都在专门的《奶品法》《肉品工业法》等中有特殊的规定。

（二）奶品法

这里的奶品包括奶粉、乳制品、初乳以及任何上述奶品中制作而成的产品，《奶品法》使维州奶品局成为一个法定机构，并对其职责权力等做了规定，同时还对奶品生产、加工、运输、销售等商业行为的登记许可做了比较细致的规定，对奶品的标准及奶品的食品安全方案做了规定。

（三）肉品工业法及工业规章

这里的肉品包括家禽肉、野味以及喂食给宠物的肉。而肉品管理较为重要的州法是《肉品工业法》和《肉品工业规章》，两部法一起确认了维州农渔产品安全局为肉品的法定管理机构，并对其职责权力等做了规定，同时还规定了不同肉品的加工、运输、销售等商业行为的登记许可程序，对肉品的标准及肉品的质量保证方案也做了相关规定。

（四）海产品安全法

这里的海产品包括海水、淡水鱼类、除鳄鱼外的其他脊椎类水中动物、任何非脊椎类水中动物，以及从上述动物中制作出来的食品。《海产品安全法》确认了维州农渔产品安全局为海产品的法定管理机构，并对其职责权力等做了规定，同时还规定了海产品捕捞、养殖、加工、运输、销售等商业行为的登记许可程序规则，对海产品的标准及海产品的食品安全方案也做了规定。

五、单一机构食品监管的运行效果

从现行维州的多机构食品监管的运行效果来看，改革为单一机构监管潜在的优点在两个方面：第一，就管理相对人而言，他们不必花太多时间去研究到底要去哪个部门登记注册，食品兼营也不必和多个部门打交道；另外现行维州的食品监管部门的机构运作费用基本来自登记许可中收取的费用及其他管理活动中收取的费用，也就是说，食品的监管费用基本由管理相对人分摊，如此，单一机构可相对精简运营，使食品机构的运作费用减少，管理相对人以登记许可形式分摊的费用也会相对减少，这对提高维州的食品产业的竞争力是好事。第二，就食品监管机构而言，恐怕最有利的莫过于单一机构减少了职能冲突的可能，现行三个机构进行注册登记，于是机构间对于兼营食品的监管从初始的登记造册到日后的日常管理都费时费力，管理者本身都不知所从。

但现在并没有直接的国际成功案例支持所谓的单一机构一管到底的

监管模式。政府现在所担心的是，推行单一机构治理将会产生额外费用，而这个费用肯定要通过各种手段“转嫁”给食品业主并最终传递到食品工业，并有可能直接影响食品在整个维州经济上的表现。正是基于此，《简化菜单：维多利亚食品管理报告（草案稿）》提出所谓的替代方案——渐进式改革，先回避建立一个单独的食品监管机构而把重点放在促进各现行机构的合作上，如修改和完善当前的维州三大食品监管机构间达成的食品管理谅解备忘录。就经济角度而言，维州的现行多部门监管完全是工业导向型。奶品和肉品是维州举足轻重的经济因素，特别设立两个单独机构进行专门化管理，这种专门化有利于管理的专业化和针对性。另外，如果站在澳大利亚联邦政府角度上看维州食品监管机构改革问题，恐怕会是另外一种景象和思路。

第五章　我国食品安全责任保险制度的重构

食品安全责任保险制度运行以来，实践效果与市场和社会的预期存在很大差距。笔者认为，其根本原因在于，目前将食品安全责任保险制度定位为《食品安全法》的“下位制度”，缺乏从《保险法》以及责任保险制度的价值与规则层面的研究与实践。由此引发《保险法》和《食品安全法》之间存在立法价值偏差、责任保险法律体系对于食品安全规则的创新缺乏支撑等问题。因此，应当厘清食品安全风险与责任保险所覆盖的风险利益的差异，明确食品安全责任保险的制度价值，从《保险法》体系内分析研究食品安全责任保险的特征与问题，重构符合市场和社会利益的规则。

第一节　食品安全责任保险法重构的基本框架

食品安全责任保险制度从第三方保险经营者角度履行“补充”、“辅助”或“部分替代”政府的监管职责，实践中也体现出政府监管所不具有的技术和市场优势。当前食品安全责任保险制度凸显出保险供给侧结构失衡的诸多问题，集中体现在保险第三方市场监管权责失衡、责任保险定价机制不明确、食品侵权责任规则抑制保险赔付率等。在新常态经济发展的主要矛盾转移至供给侧背景下，该制度的重构须着重于保险市场要素供给的提质增效。若想要激励保险经营者释放更多符合食品安全“社会共治”战略目标的“正外部性”，制度供给端需对其内在需求驱动力给予充分与合理的回应。食品安全责任保险制度亟须回归保险法框架，解决监管权和辅助监管权法律适配、风险防范目标下侵权责任法律体系的完善以及科学构建责任保险定价机制等问题。

一、食品安全责任保险的价值重构

当前我国食品安全责任保险运行遇到的困境，折射出我国食品市场及其法律发展的阶段性问题。其深层原因在于食品市场本身的不完善。而形成当前阶段性瓶颈的原因在于，食品安全责任保险制度的法律价值及其体系出现了偏差。食品安全法和保险法在整个食品安全问题体系中的定位与界限不清晰，导致实践中两种法律制度之间存在冲突以及司法实践和市场实践对于食品安全责任保险的制度价值缺乏深刻解析和规则整合。

（一）食品安全责任保险的法理价值

作为现代工业和科技发展的产物，食品具有商品的社会属性，在食品安全制度体系构建和研究中必须给予更多重视。食品安全问题的解决需从政府、市场监管以及公共安全等角度进行综合分析和“综合治理”。食品安全法律亦然，需从“政府—市场”的二维度进行构建，厘清食品安全与责任保险这两个法律体系的关系是进行二维构建的基础。

1. 明确法律属性和法律关系

对一部法律的属性界定，从表面上看是搭建法律框架和方法，实质上体现的是法律理念和价值认知。将《食品安全法》在法律属性上归类于经济法更符合其价值目标。《食品安全法》是以政府监管为主，市场监管为辅的经济法。以政府监管为主导，是因为食品安全关涉公共安全利益，需要政府足够重视，此外，食品安全问题的解决也需要政府从宏观层面综合应对。但是政府主导并非要求任何环节都由政府直接监管。

政府有所为有所不为，其所不为处则由市场遵循自身规律和私法规则予以“替代”与补充监管。[1]与《食品安全法》相比，食品安全责任保险的法律属性更为明确。保险法体系已经明确责任保险属于财产保险范畴。[2]责任保险体系具有的共性一般原则能够为食品安全责任保险理论和实践提供框架，以车强险、环责险等为代表的责任保险法律体系，则可以为其提供立法规则或技术上的借鉴。厘清两者的法律属性和归类体系，才能在制度构建的过程中，避免以《食品安全法》单向“指挥”责任保险制度，而忽视责任保险法律自身的规律与方法，有利于运用《保险法》这一商事私法的特殊规则，从市场主体和市场行为的角度重新思考双赢效果；而把握住保险公司的营利性需求，更有利于实现食品安全责任保险制度的建构目标。

2. 食品安全是核心法律价值

《食品安全法》的法律价值在于以法律实施来保障食品安全。其法益明确，核心就是食品安全。而食品安全问题的综合复杂性，决定了实践中需要其他法律的支持。保险法体系的责任保险、产品召回保险、健康保险等，都是从市场商业保险的角度提供辅助保障。在这些保险中，医疗健康保险是目前商业保险领域比较成熟的业务。而食品安全责任保险则相对较新。但是从食品安全保障和监管的角度来看，食品安全责任保险更能体现“补充”、“辅助”或“部分替代”政府监管职责的法律价值。因为与医疗健康保险和产品召回保险不同，食品安全责任保险是通过责任保险自身的制度运行规则和方式，使保险公司以市场第三方介入食品监管。作为商业保险的一种，其出发点也许主要在于市场盈利，但是其良好运行也会产生符合社会公益的市场“正外部性”[3]——食品安全。

（二）食品安全责任保险法的制度价值

当不确定性的灾难来袭时，个人或家庭的生活不至于“破产”，保

---

〔1〕 Catherine Sharkey, *Insurance as Safety Regulator*, JOTWELL (Oct. 9, 2012).

〔2〕《保险法》第1条、第2条和第65条。

〔3〕 市场的外部性，是指某一经济主体的活动对于其他经济主体产生的未能由市场交易或价格体系反映出来的影响。外部性分为正外部性与负外部性，正外部性是积极影响。参见［美］曼昆：《经济学基础》（第2版），梁小民译，生活·读书·新知三联书店2003年版，第214页。

险已经成为一种生活必需品。人们对食品责任保险的认识更多的还停留在购买食品安全责任保险是为了弥补个人损失，认为食品风险与车辆保险、房屋保险等并无任何区别，都是一种风险防控和分散的策略。但在实践中，这些保险之间的差异还是非常大的。食品安全本身带有公共安全属性，那么与之密切相关的食品安全责任保险当然也不会只是为了弥补个人损失，其关注点或者目标在于通过这一制度的适用保障作为公共安全的食品安全。责任保险可以规范食品市场的主体行为。而只有行为获得规范，才能真正以对社会有益的方式降低风险。这是责任保险存在的最大意义——减轻与食品相关的社会风险，当然这种意义可以被理解为“正”市场外部性。但是对于政府监管机构和食品消费者而言，食品经营者和保险公司基于何种内驱力去实施这个市场外部性并不重要。重要的是，即使你以营利为目的（于保险公司）、以减轻自身风险成本为目的（于食品经营者），最终的客观结果是各方受益。

1. 食品侵权损害赔偿制度的驱动力

责任保险是一种源于法律责任赔偿、分散风险的保险。责任保险合同的当事人通常是保险人（保险公司）和投保人（被保险人）。当保险事故发生时，通常又是向合同的第三方，即受被保险人侵害或因为被保险人的行为受到损失的保险受益人提供赔偿。因此责任保险也具有承担损害赔偿、使第三方受益的作用。

如前所述，责任保险的价值远不止弥补侵权行为中侵权人的损失并赔偿其所侵害的人。责任保险在侵权制度中具有深刻的作用，这一深刻作用尤其体现在，当侵权判决的赔偿责任超过侵权人资产时，责任保险依然能够确保受害者获得足够赔偿。[1]除此之外，责任保险的可执行性甚至决定了侵权案件的几乎所有方面。甚至有学者提出“除了责任保险之外，侵权法很少或根本没有任何意义”[2]。侵权案件中最重要的损害赔偿，与责任保险密不可分。另外，为满足侵权索赔而支付的赔偿金额

〔1〕 Gary T. Schwartz, *The Ethics and the Economics of Tort Liability Insurance*, 75 Cornell L. Rev. 313 (1990).

〔2〕 Tom Baker, *Liability Insurance as Tort Regulation: Six Ways That Liability Insurance Shapes Tort Law in Action*, 12 Conn. Ins. L. J. 1 (2005).

一般不会超过责任保险覆盖金额，因此责任保险可用的金额也可作为被告侵权责任承担的上限。所以责任保险既是侵权责任制度的重要组成，也可以成为其发展的推动力。[1]当然，关于责任保险对侵权责任的作用一直存在争议。最典型的观点是，侵权行为制度设立的原本目的是将侵权人造成的损害内化为经营成本，进而迫使侵权人增加注意并减少侵权行为。责任保险的加入使侵权人能够通过支付少于侵权损害赔偿金额的保险费，由此把其侵权损害赔偿责任转移给保险公司，那么侵权制度原本意义可能会被削弱。当然这是一个典型的道德风险问题。但是保险市场和侵权案例等事实证明，设计合理的保险产品是能够很好地管理道德风险和控制风险行为的。

2. 激发保险市场的正外部性

道德风险是讨论保险制度的一个基本前提。道德风险阐释的是保险制度对主体降低风险的动机所具有的抑制作用。鉴于责任保险的赔偿和风险转移的运行机制，在谈及责任保险和食品安全关系时，许多人会存在一种疑虑——责任保险有加剧食品安全问题的可能性。持此疑虑的观点认为，责任保险为食品供应商提供了庇护——帮助他们避免食品经营过程可能产生的损失，同时也会阻碍经营者采取更多谨慎的措施，反而增加社会风险。[2]虽然存在上述质疑，但是保险却越来越多地被理解为受害者获得补偿和风险分散的制度。这种分散风险机制的关键和基础是信息。保险通过使用信息来降低风险。保险公司通过使用信息数据和精算分析，预测被保险人所面临的风险的性质、结构与覆盖范围，因此信息是理解保险作为减轻社会风险的工具的关键。保险公司使用索赔数据来预测投保人将遭受的损失成本。一旦控制了这些损失，整体风险就会降低。

可见，保险市场具有内在动力。（1）营利动机。与保险相关的典型概念就是风险转移。被保险人愿意支付低于特定风险预期价值的保险费，以便将风险转移给保险公司。保险公司愿意接受特定风险，以换取

---

〔1〕 Steven Shavell, *On the Social Function and Regulation of Liability Insurance*, 25 Geneva Papers on Risk & Ins. 166 (2000).

〔2〕 Tom Baker, *On the Genealogy of Moral Hazard*, 75 Tex. L. Rev. 237 (1996).

保险费。他们有一套精密的信息计算技术，能够分散和转移风险。其基本方法就是“大数定律 + 信息精算”，即根据概率和信息计算保险费，在保费与风险承担之间寻找盈利空间。此外，信息还可以用于激励被保险人有效降低风险。保险公司的营利性与被保险人的降低风险之间并不是表面上的矛盾关系，其内在逻辑性反而体现出两者之间具有正相关性。因此，利益是保险公司的首要动力。一旦被保险人支付保险费，相关损失由保险公司承担。实践中，被保险人通过扩大自己对安全管理水平的投资和注意，预防或减少损失的实际发生，其结果是这部分预防或减少的损失都是保险公司的净利益。承认并给予保险公司的市场利益空间，能够激励其行使市场辅助监管职责。（2）竞争动力。竞争促使保险公司不断优化自身的保险产品和保险合同。任何保险购买人在选择保险公司时，都会衡量价格和产品最优化组合，故保险公司通过提供更低的保费来吸引更多的业务。当然，即使特定的保险市场没有充分竞争，保险公司也会有动力降低被保险人风险，以增加保险服务的客户群和市场规模。

上述可知，保险公司降低风险的直接动机主要是市场利益，而不是社会公益。如果保险公司可以通过降低支付索赔的风险来降低保费，那么它可以用低于竞争对手的价格吸引更多的业务。保险公司的这种运作可以起到社会公益作用。当保险公司的竞争目标与社会在降低风险方面的利益充分一致时，保险可以作为社会有益的安全监管机构。保险公司从事的是为自身利益分散风险的业务，但他们的行为可以带来社会整体利益的提升，利己与利他良好的结合，这是一个优秀市场机制的目标和体现。从这个角度来说，构建能够使市场和社会公益达到最大可能的一致性规则，是当前我国食品安全责任保险立法的关键。

3. 规范食品经营者的市场行为

保险公司辅助监管食品安全的过程主要分为几个方面：对消费者和食品经营者相关信息的获取；行为衡量准则的确立；相应保险支付规模的确定等。这一系列过程都需要来自保险法律和保险市场的专业推动。如前所述，这些监管如果单纯依靠政府，其弊端则十分明显，单纯的政府监管与食品安全市场的需求之间存在差距。而作为市场第三方监管主体的保险公司，能在监管方式和策略等多个层面辅助政府监管。相较于保险对个人的事后赔偿价值，其对市场更大的价值在于，通过使用免赔额和经验评级等保险工具，实现风险共担和风险转移来降低风险成本。

在具体的监管活动上，如同政府监管机构设定行为标准和实施监控行为一样，保险公司必须评估损害的分布并确定安全措施的可行性，管理索赔、核实损害，并将其中涉及的各方及其因果关系进行比较。完成上述活动，如果保险有更好的信息和更好的激励措施来制定有效的行为标准并加以执行，那么将这些通常由政府执行的各种监管职能“外包”给保险公司，对于提高食品安全市场监管效率、分担政府监管的压力肯定是有益的。在上述各项监管活动的基础上，保险公司可以利用精算主义、私人承包和事后索赔调查的方法，通过进一步的规则制定和裁决，从而部分取代或补充政府监管。其方式可能比某些形式的政府控制更精细和更有针对性。即使需要政府监管来克服保险市场失灵，保险活动也能为政府监管提供必要信息，促使其有效监管。

可见，由于信息和市场充分竞争的优势，保险市场在规范市场行为方面更具直接性和效率性。保险市场竞争激烈，特别是在价格方面，[1]在其他方面相同的情况下，收取较低保费的保险公司显然更具吸引力。此外，保险公司对增加其客户群的需求，是保险公司加强监管行为效率的另一重要的推动力量。在此有效监管下，被保险人（食品供应商）的安全食品供应行为能够降低其负担的保险费用，同时也有助于扩张保险公司的市场规模。当然，这并不意味着保险公司总是优于政府监管机构。因为在某些情况下，保险公司的激励动机可能与社会的激励目标不一致。然而在一般情况下，保险公司和社会的利益目标是一致的，至少在通过竞争找到有效方法来降低整体事故和安全成本方面具有一致性。

二、食品安全责任保险法的规则重构

如前所述，保险作为政府安全监管的补充，具有不可忽视的潜在价

---

〔1〕 Daniel Schwarcz, *Regulating Consumer Demand in Insurance Markets*, 3 Erasmus L. Rev. 23 (2010).

值，如规则或技术优势。作为第三方监管主体，保险公司在信息收集和管理等方面也具有优势，可以为制定标准、许可行为、验证结果和评估补救措施方面提供相关信息。

当然，作为以营利为目的的市场主体，保险公司也存在诸多问题，例如，保险人和被保险人之间的利益博弈和取舍，保险公司和政府监管责任对于食品经营者和消费者的影响以及保险法律体系的内部需要协调等。前文重新审视了食品安全责任保险的法律和市场价值：具有潜在价值，但是存在制约性。而在制约性方面，首先，对第三方市场监管作用的期待不应高于对政府监管的期待，客观认识其只是一种补充的市场手段。其次，要努力寻求保险法律体系内部的协调，解决制约其发展的一些体系障碍，例如，食品安全责任保险法律诉讼率极低所反映的是健康保险对责任保险能力的消解。

保险公司作为市场第三方参与食品安全监管，其保险业务必须符合监管目标，因此可以视为政府安全监管的替代或补充。具体的保险参与监管的方式可以通过保险规则的设定来体现。信息收集、识别和管理是保险公司运营以分散和转移风险的基础。保险公司有很多利用信息规则与技术的方式。根据损害发生的时间，可以分为事前预防性规则和事后弥补性规则。其中，预防性规则包括差异化保费、免赔额和共付款、代位求偿权、解除或撤销保险等。而理赔调查、免责认定、抽查被保险人信息等则是损害发生后，保险公司常用的弥补性规则。所有监管规则都应在食品安全责任保险合同订立时明确，并在合同条款中列出。

（一）食品安全责任保险规制的基本前提

1. 食品安全责任保险的基础方法

保险的核心价值是风险分散。保险合同是由被保险人支付保险费，相应的作为支付对价，保险人提供保险产品和服务，使被保险人遇到赔偿责任的时候，其财务状况能够恢复到赔偿责任发生之前的状态。为了提供这种保险，保险公司必须能够准确预测损失。但是事实情况是保险公司无法做到这种预测的准确性。相反，保险公司依赖于大数定律。如果保险公司为众多彼此不相关但是预期损失相同的被保险人提供保险，则总索赔额将等于该群体中任何一个被保险人单个的预期损失乘以该保险向下的总被保险人数。[1]这就是伯努利（Bernouli）的大数定律。大数定律是用来统计随机对象的规律性的定理，通过数据模型演示，该定律得出的基本结论是：大量重复实验最终的结果都会比较稳定。因为随着样本数量的增加，平均损失的概率密度函数趋于集中在均值附近。大数据在保险和金融领域有丰富的运用实践。以保险为例，根据大数定律，随着拥有独立和同等风险的被保险人增加，对每个人预期损失的预测就会更加准确性。保险公司运用大数定律需要一个重要前提，即被保险人的独立性和风险不相关性。被保险人的风险不相关，意味着这些单独的个人可以独立统计，保险公司聚集每个被保险人的小额保费，这样就可以保证任何时候保险产品的险池中都有足够的资金，确保保险赔偿责任发生时，保险公司能够实际履行保险并实际支付损失。相反，如果风险高度相关，那么就会产生聚合它们没有任何益处的结果。

2. 食品安全责任保险的主要工具

保险公司使用许多工具来降低风险，其中较为常用的是财务激励措施。具体措施如下：（1）承保费用的筛选和评估。（2）被保险人赔偿经验的评级。（3）保险范围。（4）免赔额。（5）共同保险。（6）保险范围排除。这些措施的目的是，迫使被保险人与保险公司共同分担损失，以此作为被保险人防止损失的动机。保险公司还采用了其他降低风险的方法。例如，保险公司经常制定和推广自己的安全标准，遵守这些标准会导致保费降低，有时甚至需要作为保险的先决条件。保险公司还会为被保险人提供关于保险问题的知识普及，减少或减轻被保险人索赔的频率和程度。

保险公司将使用侵权索赔数据来评估哪些风险会产生损失以及这些损失的大小。基于这些数据，保险公司可以使用保费、保险范围排除和其他工具来控制风险。例如，如果特别危险的食品会产生大量的食源性疾病侵权索赔，保险公司可以通过增加保费（或完全不包括保险范围）来降低与该食品相关的风险。结果将是鼓励餐馆停止提供这一特定食

---

〔1〕 George L. Priest, *The Current Insurance Crisis and Modern Tort Law*, 96 YALE L. J. 1521, 1540 (1987).

品，从而降低食源性疾病的整体风险。可见，保险公司和被保险人的合同行为以及保险公司合理运用保险工具，会产生有益于社会的市场正外部性，虽然目的是降低自己的（保险公司的和被保险人的）风险，但是受益的是整个社会。

前文列举了保险公司使用的几个保险工具。那么这些工具是如何运用以降低市场和社会风险的呢？以单个的房主保险为例，保险公司先是通过分析大量房主的索赔数据，以获得有关房主提出索赔及规模的信息。然后，将这种风险信息与被保险人在其保险申请和被保险人的索赔历史中提供的信息配对，最后，保险公司根据配对结果，使用合适的金融工具（如保费）来降低风险。例如，保险公司会对拥有游泳池、蹦床或任何其他有吸引力的财产的房主提高保费。而这些高保费的投保要求，有时就会反过来促使房主取出蹦床、完善游泳池的安全防护等，以此获得保险费用的减少，而这些附属设施的完善，就房主家庭成员或其他邻居而言，潜在的安全隐患风险也将降低。这个例子足以看出，保险公司和被保险人的合同行为以及保险公司合理的保险工具的运用，会产生有益于社会的正外部性效果，虽然目的是降低自己的（保险公司的和被保险人的）风险，但是受益的是整个社会。食品安全责任保险的工作方式与上述房主保险相似。当然，我们也应该看到食品安全责任保险中的特殊问题与难点，即食源性疾病的特殊性的确也对食品安全责任保险的作用和效果发生了抑制。

3. 责任保险有效规范风险的条件

正是因为前述的食品安全责任保险的效果不好，笔者认为，为了使责任保险能够有效地规范风险，需要具备下述几个条件：（1）保险公司必须采用风险管理技术才能充当风险监管机构，限制或禁止某些技术的保险法规则会削弱保险公司应对风险的能力。（2）被保险人也须有必要的规避风险措施，并有能力通过谨慎来控制风险。被保险人必须能够采取预防措施，以避免伤害他人。如果被保险人无法控制自己的风险，那么将降低风险的机制强加给被保险人是行不通的。（3）保险公司必须观察被保险人规避风险的水平，以便定价和构建保险合同。（4）保险公司的激励措施必须与社会的激励措施保持一致，亦即保险公司的竞争驱动力和对利润的追求必须引导其活动朝着降低社会风险的方向发展。换句话说，一个能够在不监督其被保险人的风险行为的情况下营利经营的责任保险公司，不是一个有效的风险监管机构。(5) 侵权责任赔偿。如果受害者未能提交足够数量的侵权索赔，或者如果他们一直获得的是不足的损害赔偿金，那么侵权制度对危害的威慑力会降低。如果没有足够的威慑力，责任保险费就会降低。

因此，责任保险公司作为风险监管者的有效性在很大程度上取决于保险的具体目的与内容。在食源性疾病的背景下，影响这种有效性的问题部分与基于食品供应商的认知偏差有关，部分与诉讼困难有关。消费者受到劣势信息的困扰，这些劣势限制了他们识别危险食物的能力，并妨碍了他们将食源性疾病与其来源联系起来的能力。食品供应商受到认知偏见的影响，低估了他们对消费者构成的风险。反过来，这些问题限制了侵权制度对食源性疾病的威慑能力。

（二）消费者认知偏差的法律关注与解决

认知偏差会影响决策者处理风险信息的方式。学者们越来越关注认知偏差以及这些偏见如何导致个人决策不力。而这项研究的前提有一个隐含的假设：商业行为者是理性的，即他们是利润最大化的实体，有时甚至利用消费者的行为偏见。[1]目前而言，行为经济学关注更多的是认知偏差如何影响消费者决策，而对食品生产者或者供应商的认知偏差——食品供应商可能会低估他们提供的食品对自身所带来的风险——尚未引起足够的关注。[2]而这个问题恰恰十分重要。

在认知偏差中，有一种与食品安全特别相关的认知偏差，即乐观偏见。乐观偏见导致个人低估风险的可能性，并高估自己控制风险的能力。与食品安全特别相关的乐观偏见主要体现在两个方面。首先，人们普遍认为自己比大多数其他人更不可能经历不安全事件，如健康问题，

---

〔1〕 Mark Armstrong & Steffen Huck, *Behavioral Economics as Applied to Firms: A Primer*, 6 Competition Pol'y Int'l 3 (2010).

〔2〕 Diogo Thimoteo da Cunha et al., *The Existence of Optimistic Bias About Foodborne Disease by Food Handlers and Its Association with Training Participation and Food Safety Performance*, 75 Food Res. Int'l 27 (2015).

事故和个人悲剧。其次，人们倾向于对自己有利的偏见。换句话说，他们倾向于以对自己有利的方式解释一些并不明确的信息。乐观偏见导致他们对预测过度自信。

例如，家庭中关于食品安全存在大量的乐观偏见。人们普遍认为他们的食物中毒风险低于普通人，他们在自己准备食物时能控制微生物食物的危害。商业食品处理人员也有同样的偏见：他们认为自己比其他人更不可能将食源性疾病传播给消费者。[1]这可能导致食品处理人员放松对食品安全保护的注意态度，从而增加消费者患食源性疾病的风险。

乐观偏见基于人性，所以虽然它被广泛认可，但很难消除。例如，仅仅提供与风险相关的教育和培训是不够的，因为突出的风险因素可能不会改变个人对该风险的乐观看法。实际上，提供有关风险的信息有时会产生相反的效果。因此，乐观偏见的人不太可能对安全教育作出更多积极的反应。

（三）食源性侵权索赔率的影响因素

前面主要描述了食源性疾病侵权索赔严重不足的问题，并解释了这一问题如何限制食品安全责任保险公司作为风险监管机构的有效性。

如前部分所述，食品安全是食品的信用属性，食源性疾病也难与源头联系。食品供应商受到认知偏差的影响，改变了他们对风险的看法，鉴于上述因素，食源性疾病的诉讼率很低并不足为奇。然而，令人惊讶的是这种侵权赔偿低诉讼率的严重性——食品供应商很少会因其造成的危害而受到影响。

虽然对于食源性疾病的极低诉讼率有许多合理的解释，但食源性疾病受害者的承诺对侵权制度产生了深远的影响，因为它可以防止其充分遏制导致食源性疾病的危险行为。

1. 诉讼率不足与需要关注的激励

有一个简短的方程式，可以很好地说明不充分的威慑问题：如果制裁的概率 p 小于 1，并且制裁的幅度等于伤害 h，那么预期的制裁 ph 将

---

〔1〕 Susan Miles & Victoria Scaife, *Optimistic Bias and Food*, 16 Nutrition Res. Revs. 3 (2003).

小于 h。[1]上述方程式应用于食源性疾病时，不足的问题变得明显。如果我们使用每 220 个食源性疾病中提出 1 个索赔的高度乐观的诉讼率（事实上当然不存在）——前文估计的诉讼率（每 220,000 例食源性疾病中提出 1 个索赔）的上限，慷慨地乘以 1000，并进一步假设所有已知的食源性疾病病例均以原告的获赔解决，制裁的可能性为 0.0045（1/220）。如果每年估计的 4800 万例食源性疾病的平均成本为 1626 美元，威慑力不足的问题显而易见。

2. 威慑力不足与观察、定价风险的难度

威慑力不足也会抑制保险公司的有效观察和定价风险能力。为了有效地发挥风险监管机构的作用，责任保险公司必须能够观察被保险人对第三方构成的风险，并分配保险费以反映这些风险。食源性疾病的诉讼率极低可能使责任保险公司不能了解食品供应商实际对公众构成的风险。在缺乏此类数据的情况下，责任保险公司可能难以将具有成本效益的食品安全措施与具有成本效益的措施区分开来；同时也将使保险公司难以为被保险人提供有效的财务激励措施以降低风险。虽然保险公司可以（并且确实）实施成本分摊（如免赔额和共付额），以便为被保险人提供照顾的动力，但成本分摊是一种相对较弱的激励措施。[2]当然，索赔数据并不是风险数据的唯一来源。

食品供应商提出的风险指标也可以在政府执法行动的结果（如餐馆检查结果或政府机构实施的制裁）或私人检查报告中找到。但是为了制定有效的财务激励措施以降低风险，此类信息来源不太可能提供足够清晰的风险数据。一方面，保险公司可能无法获得私人检查的结果；另一方面，关于餐馆检查结果与食源性疾病暴发之间关系的证据通常是混合的，甚至有一些证据表明没有相关性。因此，被保险人和保险公司都可能缺乏有意义的激励措施来降低与食源性疾病相关的风险。

3. 提高侵权索赔威慑力的司法适用

食源性疾病索赔并不是唯一一个存在赔偿不足问题的侵权索赔。为

---

〔1〕 Shavell, supra note 152, at 175.

〔2〕 Baker & Swedloff, supra note 161, at 1420.

了应对各种情况下的不足，相关主体已经制定了纠正性诉讼技术，包括集体诉讼和全行业责任，并且已经提出了其他措施，如增强损害赔偿金。然而，在食源性疾病的索赔中，受害者难以确定他们的伤害与食品或食品供应商的伤害有关。

根据增加奖励办法，可以通过允许在审判中提出申请并让获胜的受害者获得相当于所有索赔所提出的损害赔偿金额的赔偿金。[1]从理论上来讲，这可以产生有效的威慑，特别是如果增加的损害赔偿金完全由责任保险公司承担，那么大多数或所有食品供应商都会选择这种保险。由于增加奖励办法下的赔偿责任奖励比现行制度更能准确地反映不安全食品的社会成本，保险公司收取的保费也将更密切地反映不安全食品的真实社会成本，并迫使食品供应商将这些成本内部化。[2]这种程度的损害使遵守法律标准比违反法律标准便宜。

罗伯特·科特所提供的增强损害赔偿金的例子，是通过将对原告的损害乘以执行错误的倒数来计算总损失。[3]例如，如果只有50%的受害者实际提起诉讼并追回全部补偿性赔偿金，那么加害者造成的社会成本中只有50%会被内化。在这种情况下，加害者支付的总损害赔偿与赔偿损失的比例应等于200%。“这种执法错误的互惠规则会增加对社会最佳数额的损害。”[4]

这种方法的消极作用也要足够重视。首先，它会给一些受害者带来意外收获，同时不会使那些受伤的其他人获得赔偿，从而违背正义观念。还有一个问题是，对被告施加惩罚性赔偿不是因为他或她的故意或鲁莽行为，只是因为有受害者提起诉讼。其次，对于赔偿即使法院能够以合理的准确度（一种非常可疑的假设）估计和强加这种增加的损害赔偿，这种方法也要求所有或几乎所有的食品供应商都要承担足够高的责

---

〔1〕 Catherine M. Sharkey, *Punitive Damages as Societal Damages*, 113 Yale L. J. 347 (2003).

〔2〕 Catherine M. Sharkey, *Economic Analysis of Punitive Damages: Theory, Empirics, and Doctrine*, in Jennifer H. Arlen ed., Research Handbook on the Economics of Torts 487 – 89 (2013).

〔3〕 Cooter, supra note 279, at 1192.

〔4〕 Robert D. Cooter, *Punitive Damages, Social Norms, and Economic Analysis*, 60 L. & Contemp. Probs. 73 (1997).

任保险——可能是数亿美元，并且要求为保险公司建立一个系统来汇集损失或分担风险，这样任何一家保险公司（及其被保险人）都不会承担不成比例的责任。这样的计划需要国家立法，以计算合理准确的不足率，协调损害赔偿。

（四）食品安全责任保险法的主要规则

1. 差异化保费规则

在保险合同订立之前，保险公司最基本的工具是计算与确定差异化保费。所谓差异化保费，是指保险公司根据保单持有人是否有证据证明自己有能力采取有效措施降低风险来确定不同的保费。对于能够证明自己的谨慎性的保单持有人确定较低的保费；对于证明或谨慎性较弱的，则确定较高的保费。差异化保费的产生离不开信息，其主要方法包括：首先，保险公司要求被保险人填写详细的保险申请，这一过程实质上是掌握被保险人详细的个性化特征信息。一般而言，这个详细信息仅针对个人类型的被保险人。集体类型的被保险人没有这种个性化申请流程。但是通过保险合同条款，也能间接实现个人信息筛查。例如，作为被保险人的企业可能会拒绝雇用那些会给集体保险带来负担的个人。通过个性化信息筛查和调查，如食品加工厂现场环境检查，保险公司能够进一步提高这些信息的可信度。其次，保险公司通过与各类食品行业评级机构合作，能够汇集和分析相关风险信息。这些共享数据和服务对于那些没有大量数据的小型保险公司特别有价值，使保险市场更加稳定和更具竞争力。再次，保险公司能够根据个人的“特征评级”不断优化保费。虽然保险公司通常根据事故成本估算的平均值来确定个人保险费率，但是根据保单持有人的风险特征和持续性来定制和调整保费则能更精准体现个性化服务。最后，追溯保险额度调整和预期定价调整。保险公司在保单期间收集有关被保险人损失经历的信息，并在称为“经验评级”的过程中使用该信息，以便对未来保单期进行追溯性定价调整或预期定价调整。[1]

差异化保费为被保险人的风险管理选择提供了明确的价格。在政府

〔1〕 参见美国国家赔偿委员会经验评级（2016）。

监管规则中，被监管人常面临成本与效率的二元选择，而保险公司只需通过差异化保费控制。被保险人自己可以根据成本和折扣优惠选择相应的保险投资。差异化保费避免了政府监管强制性全面安全措施投资带来的低效率，也能激励被保险人提升自我管理能力。

2. 免赔额和共付款

差异化保费是针对不同被保险人支付不同保险费的条款，免赔额和共付款则是保险人和被保险人约定按照一定比例承担损失的条款。保险理论的一个通识是，被保险人获得的保险赔偿和其从保险合同中获得的加强自我关照或管理的激励之间应尽可能保持一种平衡。有效的保险合同要求保险人和被保险人之间分担损失。免赔额和共付款是保险公司与被保险人约定分担损失的主要方式。免赔额和共付款的保险费虽都由保险人与被保险人分担，但是他们之间的区别也很明显。免赔额要求被保险人自行支付部分固定金额的保险损失，保险人承担该固定金额之外的损失，免赔额通常是在保险合同规定的时期内一次性支付。而共付款则通常要求被保险人承担其提交的每项承保损失索赔的一部分。

从对被保险人的激励性角度出发，免赔额和共付款规则不如差异化保费那么有吸引力。因为他们都意味着被保险人即使支付了保险费，也仍然要承担一定数额或者一定比例的损失。但是，免赔额和共付款的优势在于减少了信息管理给保险公司带来的负担。如前所述，保险是一个市场活动，它要尽可能在保险人和被保险人之间保持一种平衡。

3. 代位求偿权制度的运用

保险代位求偿权，是英美普通法代位权制度和现代保险制度结合的产物，最早在英国的《海上保险法》中确立。[1]保险法中的代位求偿理论，是指当保险人赔偿有权从其他来源获得赔偿被保险人的损失时，保险人可以代替被保险人行使的权利，[2]即保险人享有的代位行使被保险人对造成保险标的损害负有赔偿责任的第三人的求偿权利。代位求偿权

---

〔1〕 参见［英］约翰·T. 斯蒂尔：《保险的原则与实务》，孟兴国等译，中国金融出版社1992年版，第79页。

〔2〕 Robert E. Keeton & Alan I. Widiss, *Insurance Law: A Guide to Fundamental Principles, Legal Doctrines, And Commercial Practices*, West Publishing Co., 1988, p. 219.

仅适用于财产保险，[1]核心价值在于调整权利和避免不当得利。

我国《保险法》第60条至第63条对保险代位求偿权的取得依据、取得时间、权利范围以及特殊情形下的权利限制等作出规定。例如，关于代位求偿权与被保险人赔偿请求权发生冲突时，基本明确了被保险人优先的顺序。[2]关于被保险人放弃对第三人的赔偿请求权，则根据放弃的时间作出不同规定：如果放弃行为发生在保险事故发生和保险人未赔偿保险金之间，则保险人不承担赔偿保险金的责任；如果在保险人赔偿保险金后，被保险人未经保险人同意放弃对第三者请求赔偿权利，法律明确规定该放弃行为无效。关于因被保险人的故意或者重大过失致使保险人不能行使代位请求赔偿的权利的，保险人可以扣减或者要求返还相应的保险金。关于代位请求权的对象限制问题，即不包括被保险人的家庭成员或者其组成人员。[3]

代位求偿权对于食品安全责任保险的价值在于，调整和平衡被保险人和保险人的权利，即保险人能够以自己的名义向对被保险人负有赔偿义务的第三者，如食品生产者、经营者、仓储保管者、运输者等，行使代位追偿的权利。关于食品生活或者经营者的雇员是否属于代位请求权的对象问题，应视具体情形而定。在一般情况下，雇员基于“职务”行为产生的后果应由食品经营者承担，此时雇员不成为代位求偿权的对象。当雇员因故意或重大过失行为导致食品安全事故发生，此时雇员可以成为代位求偿权的追偿对象。

4. 保险合同的解除或撤销权

在强制性保险或者一些产品责任保险中，保险公司事实上可以“控制”被保险人的活动。这种控制性也体现在“拒绝保险”中。拒绝保险的常见类型是解除、撤销现有保险合同或拒绝为被保险人续保。具体包括：保险公司有权在保单申请的一定期限内以法律未明确禁止的任何

---

〔1〕 Reuben Hasson, *Subrogation in Insurance Law—A Critical Evaluation*, 5 Oxford Journal of Legal Studies 416 (1985).

〔2〕 参见雷桂森、兰榕燕：《保险人代位权与被保险人求偿权的冲突与处理》，载《法律适用》2011年第5期。

〔3〕 参见康玲：《试论保险代位求偿权的对象限制——对〈保险法〉第62条的解读》，载《中国集体经济》2011年第4期。

理由取消以及如果发现被保险人陈述部分有重大失实，保险人则有权随时解除或撤销保单。[1]我国《保险法》对订立保险合同时根据投保人故意或过失的心理，分别规定了保险人的合同解除权或撤销权。首先，无论投保人是故意还是重大过失，导致的未履行如实告知义务，并且这种未履行行为足以影响保险人决定是否同意承保或者是否提高保险费率，那么保险人都有权解除合同。其次，关于解除合同之后的保险费退还问题，应根据投保人是故意还是重大过失不履行如实告知义务来区别处理。如果是故意，则保险人对于合同解除前发生的保险事故，不承担赔偿或者给付保险金的责任，并不退还保险费；如果是重大过失且该重大过失对保险事故的发生有严重影响，此时的保险人对于合同解除前发生的保险事故，不承担赔偿或者给付保险金的责任，但应当退还保险费。[2]

作为保险法的一般原则，拒绝保险制度完全适用于食品安全责任保险。此外，即使申请过程中没有虚假陈述，如果保险公司确定被保险人参与某项活动（或未采取某些安全措施）导致实质性风险增加，保险公司可以取消或拒绝继续承保。通过适用排除条款，保险公司可以拒绝承保特定的风险。当然，“拒绝保险”制度和《保险法》关于“拒绝给付赔偿金”[3]制度并不重合。

5. 理赔系统及程序规则

保险公司都有自己的理赔系统。责任保险理赔运作方式具体是，专门的调查人员负责调查保险索赔损失、衡量损失以及协商支付；理赔部门再审查调查人员的调查报告，并根据审查结果提供更具统一适用性和预测性的理赔报告。在此过程中，理赔调查员以常规、统一的方式实施集中设计的调查和事实认定程序。

我国《保险法》关于理赔的前提、认定、程序、拒绝理赔的条件等

---

〔1〕 Omri Ben – Shahar & Kyle D. Logue, *Outsourcing Regulation*: *How Insurance Reduce Moral Hazard*, 111 Michigan Law Review 197 (2012).

〔2〕《保险法》第16条。

〔3〕《保险法》第23条、第24条。

都有规定。[1]从中可以得出如下结论：一是保险事故发生后，被保险人有及时通知的义务。否则因为被保险人的故意或重大过失未及时通知，导致关于理赔认定的重要内容无法确定时，保险人有拒绝理赔的权利和可能。二是被保险人应当向保险人提供其所能提供的与确认保险事故的性质、原因、损失程度等有关的证明和资料。与此相对，理赔中保险人的行为规则包括：（1）认为被保险人提供的证明和资料不完整的，及时通知一次性补充提供。（2）及时作出核定，及时将核定结果通知被保险人或者受益人，如果属于保险责任，则根据约定或法定期间及时履行赔付义务。如果核定认为不属于保险责任，及时发出拒绝赔偿或者拒绝给付保险金通知书。（3）对应赔付的数额不能确定的，保险公司应在收到赔偿申请之日起一定期间内，根据已有的证明资料确定的数额先行支付。

可以看出，我国《保险法》实现了保险人和被保险人权利和义务基本平衡，体现了法律对于处于弱势的被保险人权益的优先保护。然而，保险理赔难的问题在现阶段保险市场实践中依然存在，其中保险合同纠纷中理赔纠纷非常突出。仅 2018 年中国银保监会及其派出机构接收并转保险公司处理的保险合同纠纷投诉就有 86, 491 件。其中涉及财产保险公司 48, 296 件，占财险公司保险合同纠纷事项总量的 55. 84%。[2]实践中的难题引发了笔者对保险法的一些反思：（1）既然被保险人的“故意或重大过失”与保险理赔关系如此密切，保险人和被保险人的举证能力又有明显强弱之分，那么这里的举证责任承担和分配就是一个重大问题。（2）关于保险责任的核定问题，保险人的审慎义务与拒付的法律责任也应该更加明确。理赔环节更应基于整体流程（包括产品设计、销售、核保等）来进行判断。（3）保险公司应用简单的规则来确定问题和因果关系，量化损失和解决纠纷。这样不仅能够有效地减少对索赔人的付款延迟，更重要的是能够将法律规定中较笼统的安全标准转变为

[1]《保险法》第 21 条至第 25 条。

[2]《中国银保监会办公厅关于 2018 年度保险消费投诉情况的通报》，载中国银行保险监督管理委员会网 2019 年 3 月 8 日，http://www.cbrc.gov.cn/chinese/newShouDoc/89B31D5C29F14571A90E903EBF5BA5AE.html。

保险公司发布的明确规则，强化有针对性和个性化监管与服务。（4）改变保险公司完全自主理赔模式，借鉴引入由中介或其他第三方机构介入理赔服务的模式。[1]提高保险理赔的公平性和透明性，从根本上解决保险市场发展的“瓶颈”问题。

6. 免责条款及其适用限制

免责条款和前文所述解除或撤销行为具有相似之处，都属于拒绝保险。只是两者适用情形不同。我国《保险法》关于保险公司的免责规定是有条件的适用，主要涉及保险标的转让和保险标的危险程度显著增加，或者被保险人在保险发生之后，赔偿保险金之前放弃对第三人的赔偿请求等特殊的、有条件的情形。例如，因保险标的转让导致危险程度显著增加时，法律给予保险人在收到被保险人通知后，可以约定增加保险费或解除合同，但是被保险人或者保险标的受让人没有通知保险人，并导致最终的保险事故，保险公司不承担责任。[2]还有些免责情形则是被保险人主动行为导致的。例如，保险事故发生后，保险人未赔偿保险金之前，被保险人放弃对第三者请求赔偿权利的，保险人不承担赔偿保险金责任。[3]

免责条款及其适用具有严格条件限制，体现了保险法作为保险市场的规制法律，将保险公司和被保险人视为平等市场主体地位。根据法律规定，保险公司可以在保险合同中免除自己的责任，但是该免责条款应当在订立合同时，在合同、保单或其他凭证上作出足以引起注意的提示，同时要就该条款和提示的内容向投保人明确说明。否则该免责条款无效。[4]食品安全责任保险中较为典型的保险人免责的排除适用情形是，当被保险人即食品生产者或者经营者的雇员故意或重大过失行为引发食品安全保险事故的，此时保险人无须对被保险人承担赔偿责任，因为此时的雇员行为并不是职务行为，其故意或重大过失的犯罪行为后果

---

〔1〕 参见赵春梅：《中国财产保险理赔服务制度设计与选择》，载《理论学刊》2013 年第 6 期。

〔2〕《保险法》第 49 条、第 52 条。

〔3〕《保险法》第 61 条。

〔4〕《保险法》第 17 条第 2 款。

应由其自身承担，而不是被保险人承担。

7. 提供个性化指导和协助的义务

被保险人往往都有风险防范意识以及一定程度的防范能力，但是面对复杂的信息和风险分类，他们明显缺乏专业知识，很难将风险信息管理量化在自己的防范和管理中。保险公司在此方面则具有明显优势，[1]其能够高效获取和分析信息，通过差异化定价等，帮助被保险人降低风险防范的预期成本。因此从风险信息角度来看，保险公司能够履行与政府公共监管机构不同的监管职能：提供风险管理和损失控制服务，“培训”被保险人如何识别、避免和降低风险；常态化监察被保险人的日常管理活动，分析被保险人过往发生损失的经历，从中找出事故原因和损失额度，并教他们如何避免增加保费；[2]提供工具包、信息和指导，帮助被保险人制定降低风险的决策。保险公司还能雇用食品工业、管理、法律等领域的专家，定向研究分析帮助被保险人制定个性化的风险降低计划。例如，提供“食品安全保护”计划，帮助被保险人审查其食品生产工艺的安全性、制造过程中的质量控制及应该附带的警示以及如何改造和组织食品安全生产场所、如何培训员工，还可以进行现场检查指导被保险人如何避免代价高昂的损害赔偿。

鉴于被保险人信息对于保险市场高效运作的重要性，保险公司也有一套系统的信息获取和辨别系统，通常有两种方式：一是在订立合同阶段调查和核实被保险人提供的信息，投保人应当如实告知。这种方式更直接和准确，但是获取及验证详尽信息的成本较高。二是在保险合同成立以后，保险公司对被保险人的信息进行抽查。这种方法只需要对部分被保险人进行彻底调查。如果发现重大虚假信息，并且如果可以证明：(1) 投保人故意或者因重大过失未履行如实告知义务；(2) 保险公司在定价保费和订立合同时依赖该虚假信息，足以影响保险人决定是否同

---

〔1〕 Peter Siegelman, *Adverse Selection in Insurance Markets*: *An Exaggerated Threat*, 113 Yale L. J. 1241 (2004).

〔2〕 Loss Control, Hartford (Feb. 12, 2019), http://www.thehartford.com/business/product/losscontrol.

意承保或者提高保险费率的，保险公司可以撤销或解除合同。[1]这对于被保险人在合同订立阶段提供真实信息是一种激励，同时也比事前调查的成本更低。

保险公司还会采取各种措施帮助被保险人减轻由保险公司所承保的损失。正如前文所述，根据《保险法》的规定，保险合同期间，被保险人应采取合理的措施来减轻损失，否则保险人在某些特定情况下，有权解除或撤销保险。这里被保险人的采取措施减轻损失可以视为被法律所允许的合同义务，而这些合理措施的具体完成，保险公司也有义务提供必要的协助。例如，在食品责任保险合同中，保险公司可以对被保险人选择包装、农场、原材料、运输等第三方交易主体进行协助和监督。通过直接参与的方式，保险公司既可以降低保险成本，又可以准确估算保险损失，还有助于使保险合同当事人和作为市场外部性的消费者，甚至是政府监管的多方主体共赢。

另外，保险公司在选择辩护律师和管理诉讼费用方面拥有丰富的经验和专业知识，当被保险人涉及第三方法律诉讼时，保险公司也能帮助其控制总体诉讼费用，以合理的低成本解决相关法律纠纷。在有些情况下，保险公司可能在诉讼和解决方面的作用甚至超越了保险合同的实质性赔偿原则的影响。[2]

第二节　食品安全责任保险重构的适用规则

当前我国食品安全责任保险法律规范体系日趋完善，政府监管、保险产品及市场服务等领域出现了一些颇具特色的区域典型模式，初步实现了食品安全社会共治目标。但是也呈现诸多发展“瓶颈”，这些问题源于保险市场供给侧要素分配上的结构性失衡。构建食品安全战略框架

---

〔1〕《保险法》第16条。

〔2〕Kathryn Zeiler, Charles Silver, Bernard Black, David A. Hyman & William M. Sage, *Physicians' Insurance Limits and Malpractice Payments: Evidence from Texas Closed Claims*, 1990-2003, 36 J. Legal Stud. S. 10 (2007).

应坚持食品市场需求侧与供给侧的有效匹配。[1]必须以规范体系和监管体系的结构性改革来推进制度调整和发展，减少无效和低端供给，扩大有效和中高端供给，增强供给结构对保险市场需求变化的适应性和灵活性。

一、我国食品安全责任保险适用规则的区域模式

2015 年修订的《食品安全法》明确“国家鼓励食品生产经营企业参加食品安全责任保险”[2]，党的十九大又将食品安全作为国家战略，并鼓励食品安全监管的社会共治。食品安全责任保险是实施社会共治原则的重要制度创新，即将食品安全由政府单一监管模式变为政府主导第三方市场主体参与监管模式。“理论在一个国家实现的程度，总是决定于理论满足这个国家的需要的程度。”[3]截至 2022 年，食品安全责任保险制度从区域试点逐渐发展到全国范围实施，从法律规范体系到市场监管体系，形成了一些具有区域特色的典型模式。对这些典型模式展开分析，提炼出具有普适性的制度标准，不断积累食品安全责任保险制度体系重塑的基本要素和基本经验，具有重要意义。

（一）食品安全责任保险规则体系的地方性适用

1. 规范性质：权利法基础上的强制性原则

《食品安全法》从原则和框架的角度明确食品安全责任保险制度，但是过于笼统的条款无法指导具体制度的实践与适用。《国务院食品安全办、食品药品监管总局、保监会关于开展食品安全责任保险试点工作的指导意见》（食安办〔2015〕1 号）的出台则标志该制度在我国的初步构建。从规范体系的角度出发，当前我国食品安全责任保险法律规范坚持以权利性规范为基础，谨慎适用强制性规范。全球范围内食品安全责任保险制度均对“强制性”持谨慎态度，仅部分国家和地区采用强制适用原则，我国《食品安全法》2015 年增修该条款之前也出现过争议，

---

〔1〕 参见熊先兰、黄颖：《新时代中国食品安全战略的框架构想和实践路径》，载《消费经济》2022 年第 5 期。

〔2〕《食品安全法》第 43 条第 2 款。

〔3〕《马克思恩格斯选集》（第 1 卷），人民出版社 2012 年版，第 11 页。

最终明确的是“国家鼓励食品生产经营企业参加食品安全责任保险”。[1]《国务院食品安全办、食品药品监管总局、保监会关于开展食品安全责任保险试点工作的指导意见》也授权各地“可根据地区食品产业特点和发展现状……开展食品安全责任保险试点”以及“鼓励”一些重点领域的食品经营者积极投保。可见，对于全国范围内食品经营行为，无论是《食品安全法》还是《国务院食品安全办、食品药品监管总局、保监会关于开展食品安全责任保险试点工作的指导意见》都选择以权利性条款作为规范基础。强制性原则的适用则是以授权鼓励地方性规范的方式为试点，并且对试点企业范围有明确要求，主要包括两类：关系民生的重要领域，风险等级较高；地方性法规、地方人民政府制定的规章或者规范性文件已明确的投保食品安全责任保险的企业。各区域基本按照此两种方式推进，但是并不能据此认为我国实行的是强制性食品安全责任保险制度，因为从法律位阶的角度来看，《食品安全法》是地方性法规的上位法。上位法授权允许一定行为范围的强制性，但不能否定上位法的权利法本质。此外，国家鼓励授权模式和区域强制适用模式之间的并存适用的关系，类似于《标准化法》中的国家标准和地方标准的适用关系，即地方标准的技术要求不得低于国家标准。[2]当然，《标准化法》中的标准层级是强制性的，食品安全责任保险的区域强制模式的基础仍是区域的选择权。

学界关于是否应该建立食品安全强制责任保险的争议一直存在。支持强制性保险的理由主要有两点：一是责任保险唯有具有强制性才具备高效性，强制性能解决当前食品安全责任保险投保率不足等问题。二是将现有责任保险体系进行对比，认为食品安全责任保险与车强险、环责险在险种产品、保险利益等方面具有相似性，因此在适用规则上也应保持一致。[3]但是面对学界质疑和争议，《食品安全法》和《国务院食品安全办、食品药品监管总局、保监会关于开展食品安全责任保险试点工

---

〔1〕 参见卢玮：《食品安全责任保险立法模式的比较与选择》，载《法学》2015 年第 8 期。

〔2〕 《标准化法》第 21 条。

〔3〕 参见李西泠、李健男：《食品安全强制责任保险制度的发展及构建》，载《财经科学》2018 年第 12 期。

作的指导意见》明确坚持适用鼓励性责任保险模式。笔者认为，国家立法机关和市场监管机关此处更多的是将食品安全视为关切民生的公益性事项，“坚持以政府监管为主导，市场参与监管为辅助”〔1〕。虽然从法律规范构成角度来看，食品安全责任保险具有一般责任保险属性，但是保险标的、保险权益、市场特征都具有车强险和环责险不可比拟的特殊性。另外，当前我国食品市场规模和发展阶段也是坚持鼓励性模式的重要原因。

2. 规范内容：保险嵌入型食品安全监管体系

依循《食品安全法》和《国务院食品安全办、食品药品监管总局、保监会关于开展食品安全责任保险试点工作的指导意见》的原则，区域规范内容普遍涵盖食品安全监管工作评价体系，例如，有些区域将企业的投保率纳入企业的信用记录和管理指标体系，同时给予已投保企业一定的政策扶持和鼓励，包括优先获得行业专项支持等。《食品安全法》中没有对食品安全责任保险进行具体定义，而《国务院食品安全办、食品药品监管总局、保监会关于开展食品安全责任保险试点工作的指导意见》则从规范性角度定义食品安全责任保险。即“食品安全责任保险，是以被保险人对因其生产经营的食品存在缺陷造成第三者人身伤亡和财产损失时依法应负的经济赔偿责任为保险标的的保险”。就法律性质角度而言，食品安全责任保险与交强险、环责险等相同，属于以“责任”为标的的财产责任保险。因此，在对食品安全责任保险进行具体立法设计时，应当以《保险法》相关概念和原则为基础展开。通过对责任保险共同适用条款和食品安全责任保险特别条款的比较研究，构建食品安全责任保险制度的专门规范和条款。自2015年《国务院食品安全办、食品药品监管总局、保监会关于开展食品安全责任保险试点工作的指导意见》公布，各地结合本地食品安全问题的实际特点开展食品安全责任保险试点，探索建立多方参与互动共赢的激励约束机制。例如，2021年10月出台的《上海市食品安全责任保险管理办法（试行）》。该试行办

〔1〕卢玮：《我国食品安全责任保险制度的困境与重构》，载《华东政法大学学报》2019年第6期。

法第8条规定，根据本地食品经营和市场特征，按照是否为高风险为标准对食品生产经营企业进行分类，其中的高风险企业名单由市场监管机构确立，被列入这一名单的高风险企业适用强制保险模式，“应当根据防范食品安全风险的需要，主动投保食品安全责任保险”。其他食品经营企业则适用非强制性模式，与《食品安全法》和《国务院食品安全办、食品药品监管总局、保监会关于开展食品安全责任保险试点工作的指导意见》保持了一致。

（二）食品安全责任保险规则区域适用模式分析

食品安全责任保险制度确立以来，浙江、上海、河北等地区先后启动食品安全保险试点工作。[1]2021年全国食责险“保费总额累计超13亿元，累计理赔金额约6433万元，河北、上海、浙江等地保费总额超1亿元。食品生产经营者投保率接近7.5%”，[2]形成了一批既能反映整体市场和区域市场衔接，也能保障消费需求的地方规制体系。对这些典型地方模式进行比较分析，并对其中具有普适性意义的规则进行标准化提炼，能够有效促进我国食品安全责任保险制度的全面实施，完善食品安全的社会共治服务体系，推进食品领域全国统一市场目标的实现。

1. 社会共治与因地制宜结合的原则

社会共治是食品领域实现全国统一市场目标的基本原则。食品安全责任保险能够充分发挥保险的风险控制和社会管理功能的前提是由政府、保险公司、食品企业、消费者等多方参与，建立互动共赢的激励约束机制和风险防控机制。这一社会共治原则构成地方适用的目标和基础。例如，宁波市在全国率先试点区域性公共食品安全责任保险制度，设立了独立的第三方运营服务中心，统一规范运作全市工作。[3]河北省

〔1〕参见李红梅：《我国食品安全责任保险的困境与应对》，载《中国保险》2021年第6期。

〔2〕参见周萍：《共同防范化解风险　推动共管共治共享——食品安全责任保险工作座谈会综述》，载《中国市场监管报》2021年10月21日，第5版。

〔3〕参见付秋实：《食责险“宁波模式”：防控食品安全风险的“第三只眼”》，载《金融时报》2017年10月11日，第12版。

也建立了“食品安全监管与责任保险互动机制”[1]，成立专门的经纪服务机构统一组织协调全省试点项目，并对参与的保险企业进行网格化分工。

全国统一食品市场目标的实现也需要因地制宜。每个区域食品经济和市场都独具特色，所面临的责任风险也不同。客观回应区域性市场需求，关注食品安全事故易发领域和风险较高环节以及区域特色食品企业，是政策落地发挥效用的关键。各地区在深入调查和分析当地市场的特点、责任保险的需求基础上，采取了一些有针对性的措施，解决各类区域性问题。[2]例如，宁波市根据本地市场特点推行政府购买保险政策，将具有公益属性的食品安全责任保险费用由属地政府财政承担；上海市则因地制宜率先以地方政府条例形式，明确高风险企业的食品安全责任强制保险义务；[3]河南省汤阴县政府曾经连续两年为全县50万群众购买食品安全险等。

2. 数字经济与保险融合的技术运用

平台经济的兴起是近年来市场最大的经济形态变化，它为包括保险企业在内的所有市场主体提出了新的应用场景和工具。[4]各区域积极探索大数据和平台经济在食品安全责任保险体系构建的作用，推进食品经营模式创新与产业升级。保险企业和平台企业也自发加强合作。例如，美团与人保财险共同搭建“食品安全责任保险网上投保平台”，[5]太平洋保险公司也与“饿了么”平台合作，在全国1400个城市实现食责险覆盖，为130万食品经营者、8000万平台订餐消费者提供保障。数字经

---

[1] 《河北省食责险项目情况》，载河北省保险协会网2021年1月20日，http://www.hbia.cn/。

[2] 参见张瑞纲、陈振宇、邓林云：《我国责任保险市场发展问题研究》，载《西南金融》2020年第1期。

[3] 《上海市食品安全条例》，上海市第十四届人民代表大会第五次会议通过，2017年1月20日。条例中所指高风险食品生产企业主要涉及11类：婴幼儿配方食品、保健食品、医学用途配方食品、乳制品、肉制品、生食水产及蔬菜、食用植物油、冷冻饮品、预包装冷链膳食、集体用餐配送膳食、现制即食食品等。

[4] 参见王先林、曹汇：《平台经济领域反垄断的三个关键问题》，载《探索与争鸣》2021年第9期。

[5] 参见马翠莲：《人保财险携手美团点评首推商户食品安全责任险》，载《金融时报》2017年8月4日，第4版。

济与保险的融合，一方面发挥了平台企业"互联网+餐饮"的技术和平台优势，推动解决食品安全责任险投保率偏低的问题。另一方面可以利用平台自身流量优势，将更多消费导向已参保商户，增强商户参保的市场内驱力。

3. 阶梯性与分段式结合的市场推进策略

食品安全责任保险规则区域适用模式中均采取政府推进市场实施的方式，将食品监管分为事前、事中和事后三个阶段，依据各个阶段的重点问题分别建立风险预防、风险控制和理赔服务机制，逐步构建食品安全风险防控体系。

具体包括：（1）明确区分食品安全责任保险的产品覆盖范围。根据当地保险市场和食品市场特征，依据公益属性程度，将保险产品划分为公益产品、高风险产品和普通商业保险。其中关系民生的重要领域要购买公益型食品安全责任保险，保费由政府财政承担。对于服务人数众多的学校等高风险领域适用强制责任保险，其他普通食品经营类仍适用一般性鼓励参保模式。2021 年我国开展财产保险业务的 88 家备案保险企业中，56 家企业开展了食品安全责任保险的相关业务（见图 3）。

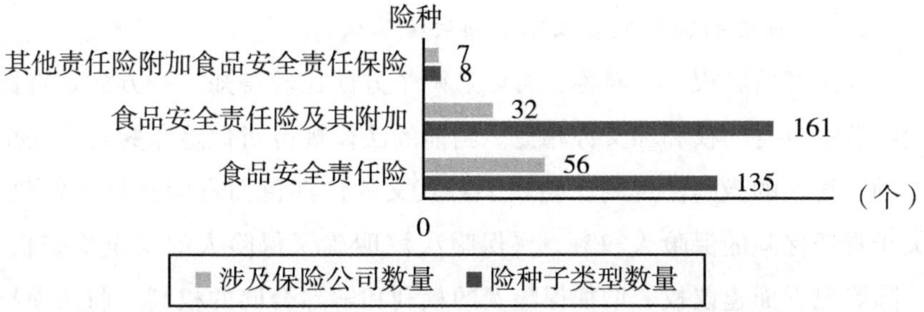

图 3　我国当前食品安全责任保险类型及保险企业

资料来源：中国银保监会"备案产品查询"专页。

（2）保险市场的事前、事中、事后服务体系。区域适用模式的另一个典型做法是，保险企业基本履行了事前调研、事中监管和事后鉴定的第三方辅助监管职责。上海市松江区信鸿快餐公司的食物中毒事件，就是一起运用保险市场阶段性服务体系的典型案例。保险人在承保前对该企业进行风险评估，根据投保人企业性质、规模、管理水平及危险等级等要素确定食品安全责任保险保额，并附加保额变更的适用情形，即当保险人检查发现并提出整改3次的风险问题，被保险人仍不整改的，保险人有权利增加保费。保险合同明确了保险人的食品安全辅助监管职责，同时也列明投保人有配合保险公司做好食品安全风险防控工作的义务。另外，保险合同当事人双方就食品安全损害事故鉴定流程和标准以及结论认定程序等达成了协议。投保人发生致消费者食物中毒事件后，保险人快速启动绿色理赔通道，按照保险合同顺利完成理赔。这一案例集中体现出食品安全责任保险事前、事中、事后服务体系，为实现食品安全社会共治共赢目标提供有效保障。

二、当前食品安全责任保险规则适用存在的问题

食品安全责任保险制度试点运行以来，初步形成了规范体系，呈现快速发展势态。与此同时，相关保险市场数据显示，目前我国食品安全责任保险的比例占10%左右，仍有很大的市场发展空间。[1]下文将从保险者权利、保险定价、侵权责任等角度分析制约食品安全责任保险的法律制度和法律体系因素。

（一）保险的辅助监管权限亟须法律确认

保险经营者权责不对称，可以从两个方面比较得知。一方面是将保险经营者自身的权利和义务相比。当前的法律规范对保险作为食品安全辅助监管人的激励性规制，相较于对其义务性期待而言明显处于弱势。关于责任保险的保险人权利，《保险法》明确了保险人的安全检查权、消除隐患书面建议权、增加保险费的权利和解除合同的权利。前两项权利的行使同时有利于投保人及被保险人，而后两项权利的行使则要符合相应条件，即在投保人、被保险人未应尽保险标的安全责任及合同有效期内保险标的的危险程度显著增加时才能适用。当然，如果仅从责任保险合同双方来说，这个规定并无明显不妥，因为《保险法》是对可能发

〔1〕 参见郑秋云：《发生食品安全问题，有无保险可为企业分担责任?》，载《食品安全导刊》2019年第10期。

生的风险进行防控，相对于明确的保费而言，风险的发生是不确定的。但是，从食品安全辅助监管人的角度来说，保险经营者的权利与其辅助监管的职责是不平衡的。与权利赋予时的谨慎相比，越来越多的地区升级食责险的强制性监管水平。例如，《上海市食品安全责任保险管理办法（试行）》明确了高风险企业应当主动投保以及经营者投保的保险产品，只要其保险责任、赔偿限额、食品安全事故预防等内容与食品安全相关，即视为投保食责险。这种强制责任保险无疑强化了食品安全监管，但是这种强制性措施应该给保险合同的当事人更多的立法和政策鼓励。

另一方面是与《食品安全法》、《保险法》和地方条例中对于食品安全责任保险的保险人明确的义务性规范相比，法律规范中对于监管部门的义务性规范则较为笼统。“政府引导市场运作”社会共治原则的前提仍然是政府监管的作为。如果食品安全责任保险只是单纯的市场行为，那么就应该允许保险市场的经营者自由选择。显然，目前无论是监管部门还是市场对其均抱有较高的辅助监管的期待。因此政府和立法要相应地调整政策供给服务，鼓励和激发保险市场的内驱动力。

（二）食品安全风险特征抑制责任保险定价

定价机制的欠缺是制约保险企业无法推广适用食品安全责任保险的主要障碍，使其在风险评估、事故损失、保险金额及免赔额、风险异质性高等诸多方面存在困难。食品安全风险特征又是影响定价机制的重要因素。风险表征和风险诱因共同构成食品安全风险特征。[1]人身损害表征是风险表征的最高频代表，但是在食品安全诉讼实践中却存在较大争议，因为人身损害赔偿的概念不像财产损害那么清晰，所对应的“事务”边界也不够明确。当前我国食品安全责任保险法律体系尚未将食品安全人身损害表征剥离非相关因素及准确及时地与特定的食品安全风险事件对接。食品安全风险诱因主要是社会系统性风险和操作安全风险，

---

〔1〕 参见耿国靖：《金融风险评估视野下中国食品安全的风险与保险研究——〈我国食品安全责任保险定价研究〉评述》，载《食品与机械》2021 年第 9 期。

当前法律体系对后者防范规制已较为详细具体，对前者的规范则存在不足，主要是无法将个体行为引发的系统性风险与个人承担后果之间进行合逻辑的勾连。因为系统性风险涉及大规模侵权和公共安全，这些后果因素可能直接导入特殊侵权或国家赔偿。

分析区域模式发现，当前食品安全责任保险定价主要遵循均衡保费原则。[1]按照这一原则计算总保费的公式是：总保费 = 纯保费（预定的投资回报率和赔付率）+附加费。均衡保费原则在许多险种中都适用，但是对于具有风险表征和风险诱因叠加影响的食品安全责任保险来说，适用这一原则存在一定弊端，保险企业往往会加入较高的风险附加费，以规避自身经营风险。

（三）食品侵权责任规则抑制保险赔付率

我国责任保险的赔付率一直不高，至今仍在40%上下波动。[2]赔付率过低意味着该险种购买的成本高，高成本则会抑制投保人的保险需求。责任保险赔付率除了受保险产品、保险定价等市场内部供给不足的影响外，与侵权责任法律体系密切相关。侵权责任通常被视为责任保险的前提或者基础，“责任保险赔付必须镶嵌在相应的侵权责任体系之上”[3]。

早期侵权制度认为侵权责任应独立于保险方面而单独运作，其背景理论是法律经济学。这一机制的重点是侵权法的威慑功能，该模型基于的假设是，法律规则影响人的行为，侵权法规则鼓励潜在侵权人和受害者采取有效预防措施，而侵权人本身是否由保险公司承保并不直接决定责任的承担。但是保险公司能够将不确定的巨大损失风险转化为相对较小的保费支付的确定性，这对于潜在侵权人来说具有足够的购买需求动力。但是现有的食品安全侵权责任规范体系，尤其是侵权责任构成要件缺乏规范和标准，包括食源性疾病的判断标准以及信息不对称下消费者

---

〔1〕 Sommarat Chantarat, Andrew G. Mude, Christopher B. Barrett & Calum G. Turvey, *Welfare Impacts of Index Insurance in the Presence of a Poverty Trap*, World Development, 2017.

〔2〕 参见张瑞纲、孙媛：《我国食品安全责任保险制度研究》，载《金融理论与实践》2019年第10期。

〔3〕 张力毅：《比较、定位与出路：论我国交强险的立法模式——写在〈交强险条例〉出台15周年之际》，载《保险研究》2021年第1期。

的诉讼权利保障等。这种缺乏在抑制食源性疾病索赔方面发挥重要作用，使受侵害的消费者无法按照一定的标准将食源性疾病与特定食品联系起来，他们即使怀疑食物来源，也很难获得或保存证据，更无法通过测试确认食源性病原体是否存在。侵权责任的认定困难为加害人和保险人抗辩侵权责任的免除或减轻创造诱因，导致保险给付既不充分也不及时。

（四）保险法项下合同规则与监管规则的互抑性

与食源性疾病侵权责任赔付率相关的问题是食品安全责任保险法律制度的系统性障碍。瓦格纳认为，保险法的定位是“保险需要市场、保险需要政府”。可以说，保险是现行制度中应对风险社会的最优模式〔1〕。然而，当前我国保险法体系仍然属于监管主导契约型，立法上体现为保险契约法与保险监管法的合并，使保险法的商法属性被经济法属性强覆盖，实践中给予保险市场主体的意思自治范围仅限于保险契约的部分。“这种模式使保险法在契约自由与行业监管间难以寻得平衡，契约分类受保险行业经营之影响亦备受争议。”〔2〕保险契约属债法合同中的一种，具有一般合同的品行和要素，核心在于双务有偿。保险合同法的构造理应参照合同法进行。〔3〕

食品安全责任保险制度构造应回归保险法范式，对保险合同法和监管法予以区分。其中，保险合同法需关注保险合同的特质。（1）确立被保险人的合同中心主体地位。基于合同关联性的保险合同主体理论，理论界素有“二分”与“三分”之分野，前者沿袭普通民商事合同二元主体要素，即保险合同当事人为保险人与被保险人，后者的三分主体是指保险人、投保人和受益人，将被保险人纳入保险合同当事人，我国《保险法》即采此观点。最高人民法院的司法解释也进一步明确了被保险人对其保险利益的主张权利。但是总体上，普通合同

〔1〕 参见［德］格哈德·瓦格纳主编：《比较法视野下的侵权法与责任保险》，魏磊杰、王之州、朱淼译，中国法制出版社 2012 年版，第 442 页。

〔2〕 樊启荣、张晓萌：《民法典编纂背景下我国保险法之发展——以保险法与民法诸部门法之关系为视角》，载《云南社会科学》2016 年第 1 期。

〔3〕 参见江朝国：《保险法基础理论》，中国政法大学出版社 2002 年版，第 29～32 页。

当事人的相对性痕迹仍十分明显，例如，协商变更保险合同的主体仅限保险人和投保人。(2) 保险合同法与保险监管法的立法比重差异。现行体例为八章的保险法中，保险合同法条款仅占30%，保险公司设置、经营规则和监管等条款体现了强烈的监管法特色。即使在保险合同法中，体现合同自由的授权型规范占全部合同条款比重也明显低于义务型规范(见表6)。

表6 保险合同法中授权性规范和义务性规范对比

保险合同条款	规范性质	表述	数量/条	含重叠比例/%	不含重叠比例/%
一般条款(共21条)	义务性规范	应当、不得、无效	19	90	43
	授权性规范	有权、按照约定、自愿	11	52	4
财产保险(共19条)	义务性规范	应当、不得、无效	15	79	37
	授权性规范	有权、按照约定、自愿	11	58	16

注：表格由笔者根据《保险法》“保险合同”条款自行整理。

此外，保险法体系内部的互抑性还体现在商业保险规则分类的同质性上。医疗当前对食品安全责任保险抑制影响较为突出的是健康保险。健康保险一般会覆盖与食源性疾病相关的大部分医疗费用，并且健康保险逐渐凸显其社会保障的替代功能，与食品责任保险侵权责任认定难相比，医疗健康保险的规则和标准更为明确。虽然大多数健康医疗保险政策都有代位条款，允许健康保险公司从侵权行为人或判决书中收取保险公司所承担的医疗费用，但医疗保险公司几乎从不追究索赔的食源性疾病费用。[1]保险公司可能放弃对食源性疾病的代位求偿索赔，原因与受害者不提出索赔有很多相似性，最主要的是食源性信息识别障碍。因此，从保险产品开发和合同规则设计来说，如何避免保险内

〔1〕 See A. Mitchell Polinsky & Steven Shavell, *The Unease for Product Liability*, Harvard Law Review 1462 (2010).

容和效果的同质性，是激发保险市场内部消费者和经营者的内驱力的关键。

（五）信息不对称制约责任保险市场需求

食品安全是由信息经济学驱动的。理想模型市场的消费者能够拥有充分的信息，包括与食品相关的危险；而那些不安全食品的供应商则相应地也会受到潜在风险的影响，如企业商誉贬损、市场份额减少，经营收入减少甚至企业倒闭等。从理论上看这个模型市场，潜在的风险构成食品供应商的风险成本，基于经营风控的需要，企业也会进行内部食品安全风险约束，确保食品的高度安全性。[1]但是，现实的食品市场运行方式与理想市场模型相距甚远，风险从供应商转移到消费者。食源性疾病溯源的特点和困难使消费者即使在食用这些有风险的食品后，通常也无法判断是否由这个不安全食品导致疾病。食品市场大量存在道德风险和逆向选择，所谓逆向选择，通常又被概括为“劣胜优汰”。逆向选择反映了保险市场的失灵。在保险市场中，保险费率是根据市场调研分析后得出的平均风险设定。如果平均风险大于低风险，那么这个平均费率会引来高风险者投保，而非低风险者。这会大大增加保险公司因亏本而退出市场的概率。

保险市场的逆向选择主要是由信息不对称引起的。[2]信息不对称问题已经是食品问题的一个基本状况。消费者关于食品安全的了解明显不如生产、加工、经营这些食品的经营者。如前所述，食品信息不对称的问题存在于食品种植、加工、准备或以其他方式处理等几乎所有环节，基本覆盖“从农场到餐桌”整个系统。[3]全球粮食系统日益增加的相互联系使供应链高度复杂且难追踪信息，导致消费者与他们消费的食物之间存在大量信息断裂的问题。

---

〔1〕 See Diana Crumley, *Achieving Optimal Deterrence in Food Safety Regulation*, 31 Rev. Lltig. 353 (2012).

〔2〕 See Dsavid L. Weimer & Aidan R. Vining, *Policy Analysis: Concepts and Practice*, Prentice Hall, p. 120.

〔3〕 See Roberto A. Ferdman, *The Decline of the Small American Family Farm in One Chart*, Wash. Post, (Sept. 16, 2014).

三、食品安全责任保险适用规则的域外制度

责任保险位列全球各主要国家保险业务的第四位，也是这些国家和地区财产保险中涉及标的较多的业务。[1]与保险市场的攀升对应，这些国家或地区的食品安全责任保险形成了一些具有特色的监管规范。

（一）食品安全责任保险辅助监管的定位与分工

食品安全社会共治理念决定了食品安全监管需从政府治理、市场监管以及公共安全等角度综合分析和综合治理。食品生产经营市场的系统性和复杂性，使实践中食品经营者往往处于两难境地：面临行政监管的严厉制裁，却又无法从政府监管部门处获得充分的支持。因此，部分食品经营者转向寻求私人风险防控。私人风险防控措施主要包括自我检测、标准体系和第三方认证体系。自我检测和标准体系主要适用于拥有足够资源的大型零售商，如好市多超市自己进行测试，以确保他们购买的转售食品的安全和贴上正确的标签。[2]而那些没有充足资源、能力或者意愿采用自我检测及标准实施的经营者，会选择市场第三方认证体系来降低风险。第三方认证提供独立和严格的食品检查与评估，以确保其安全。例如，沃尔玛超市在接受供应商的食品运输前，会要求对方提供第三方食品安全认证证明。[3]当然，第三方认证也面临争议，即谁来监管他们的行为？第三方认证机构不受任何统一标准的约束，未获得许可或受到任何监督，并且不必向除付费客户以外的任何人报告调查结果。而与此同时，第三方认证过程中存在固有的利益冲突，第三方认证者在经济上依赖于委托他们的食品经营者。与上述两种私人风险防范不同的是，保险市场提供“分担式”第三方责任。保险公司不仅评估风险，还承担风险责任。因此，与第三方认证机构不同，保险公司具有从降低风险方面获得直接经济利益的可能，这种差异使保险公司成为私人监管食

---

〔1〕 参见魏平、魏丽：《国际财产保险业务结构研究及启示》，载《保险研究》2018 年第 3 期。

〔2〕 See Karen Stabiner, *Private Eyes in the Grocery Aisles*, N. Y. TIMES, (Apr. 4, 2015).

〔3〕 See Stephanie Armour et al. , *Food Sickens Millions as Company – Paid Checks Find It Safe*, Bloomberg Mkts, (Oct. 11, 2012).

品安全风险主体有吸引力的选择。

（二）涵盖保险条款的食品安全认证标准制度

小微型食品经营者面临更多的风险，为此一些国家和地区开发了基于分组的管理和鼓励方法。美国弗吉尼亚州制定食品安全指南，将保险与食品有机结合形成认证标准，这一积极主动的政策获得了消费者的支持，通过市场反馈的形式进而刺激小微经营者寻求获得相应类型标准的认证。针对农产品生产者的食品安全标准程序，肯塔基州政府花费600万美元购买了保险。[1]最有代表性的是一项名为“Red Tomato”的农民支持计划，[2]这是一项针对农产品经营者自愿参加的食品安全计划，目的是帮助他们拿到优质产品认证，提升产品竞争力和抗风险能力。该计划包括两个部分或者步骤：一是个性化评估和支持，二是责任保险政策。该保险条款覆盖了产品销售到客户使用整个过程的责任保险政策，包括对单次发生的200万美元的、整个保险期间的总额400万美元的保险覆盖。这项保险政策目标和保险范围都是确定的，类似于保险格式合同的一种。

（三）激励责任保险市场需求动力的权利体系

责任保险的覆盖率与其市场准入密切相关，而保险人的参与需求对于责任保险产品和市场准入来说非常重要。以美国的农产品责任保险为例，有72%的农民有责任保险，其中64%的人表示他们购买需求主要来自客户要求，这些客户包括批发商、零售商、农贸市场商户等。而对于责任保险产品的选择权，50%的农民表示有充分的选择，19%的农民表示只有一个选择，31%的农民表示没有研究保险产品选项问题。此外，67%的农民表示他们在获得责任保险的信息和覆盖范围方面不存在障碍（见图4）。[3]可见，保险人对于购买责任保险的需求动因主要来自消费者的要求。作为保险产品的一种，责任保险必须促进消费需求的提升，这个消费需求不一定直接来自保险人。

---

〔1〕参见grasshoppers官网2022年1月9日，http：//www. grasshoppersdistribution. com。

〔2〕参见redtomato官网2022年1月2日，http：//www. redtomato. org。

〔3〕See Tom Baker & Sean J. Griffith, *The Missing Monitor in Corporate Governance：The Directors' & Officers' Liability Insurer*, 95 Geo. L. J. 1795（2007）.

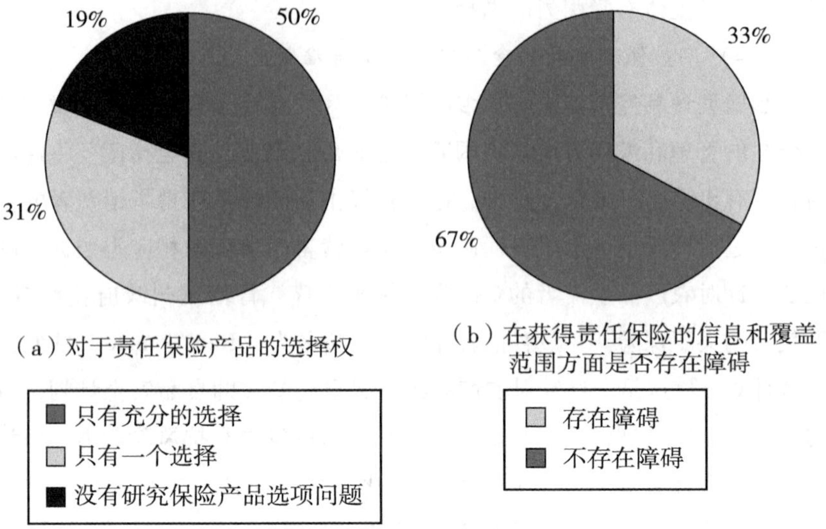

图 4　责任保险产品信息获得障碍和选择权

此外，政府并不强制在经营者向学校或其他机构供应食品的保险计划时促进责任保险购买率。虽然从表面上看责任保险覆盖率相对较低，仅有华盛顿州、马萨诸塞州和俄克拉何马州三个州较高，但是这三个州的高覆盖率主要源自政府对保险市场内部需求的回应和政策激励，这些责任保险覆盖条款往往纳入经营者内部规范，融合经营者的企业标准。可见，责任保险的高覆盖率并不必然存因于强制覆盖，经营者完全可能出于企业经营安全内在需要而购买责任保险。

四、我国食品安全责任保险规则适用路径

（一）加强监管权和辅助监管权限的法律适配与协调

保险是现代经济中普遍存在的监管形式，而且这一监管形式不仅不会造成冲突或者削弱政府监管职责，甚至起到辅助或部分替代政府实施职能的作用。我国的食品药品监管局是主要的食品安全监管部门，其监管方式主要是由上而下的行政命令与规范。在法律允许市场第三方辅助监管参与的当下，这一主要监管方式需要进行相应的权力适配与协调，包括将保险公司监管和政府监管这两种监管权力和职责的内容进行比较与协调，并在此基础上确定监管工作分工。这种适配主要包括两个方

面：一是明确政府的直接监管与间接接管的范围，二是根据市场需求完善政府监管的手段。

1. 政府监管的直接（完整或独立）介入

这里的直接介入可以从两个意义上理解。首先，工具意义上的政府独占性监管。具有代表性的工具就是法律，尤其是行政措施和刑事制裁的适用。刑事制裁只能由以政府为代表的公权力进行，私人保险公司不能作出这样的措施。其次，范围意义上的政府监管。保险公司作为市场主体，其对市场规律的遵循决定了它无法对所有的风险承担责任。保险公司无法保障的部分，就是政府应该直接或者托底的部分。具体包括以下方面：（1）战争或恐怖主义袭击风险；（2）“已知的未知数”风险，即保险公司运用概率和算法无法更为精确分配的风险；（3）被保险人故意造成的损失；（4）保险公司承保范围仅限于支付对价的保险合同覆盖的损失；（5）保险公司受市场规律驱使主动放弃成本过高的产品。

2. 政府监管的间接（部分或辅助）介入

从市场动因来说，保险市场的竞争迫使保险公司成为监管机构。然而，保险公司可能会出现一些外部因素，会以监管不足的方式造成市场失灵。例如，知识和专利法律保护的限制。保险公司创新的安全监管工具或方法可能需要专利保护，否则，通过制定新的安全标准进行创新的保险公司，不能排除其他不分担投资成本的保险公司模仿这种创新并从中获益。但是，这些安全标准又具有公益性，市场规则如何在这两者之间选择？这就需要保险公司之间或者各业务部门之间能够相互协调，共同投资这些具有公益性价值的个别保险公司的专利方法。另外，这其中首要受市场尊重和保护的应该是知识产权的独创性，需要知识产权法律体系的配套支持。

需要注意的是，保险公司监管的一些风险可能会在未来出现，这意味着保险公司降低此类风险的努力将在很大程度上使未来的保险公司受益。例如，对于某些食源性疾病，保险公司在保险合同有效期内提供治疗支持，而该合同的受益者可能惠及合同到期后的其他保险公司。即使对于先前这个保险公司而言，提供治疗支持的成本很低，但是仍会产生寒战效应。也就是说，保险合同的期限性和食源性疾病的潜在未来影响等会产生突破个案保险合同当事人利益之外的外部性，就市场的角度而言，这种外部性损害了整个保险市场的动力。而调整这种潜在危害的外部性问题需要市场监管机构从市场和法律的角度进行规制。

3. 保险公司的辅助监管功能

保险公司在食品安全责任保险体系中承担着监管辅助人的角色，在其履行监管辅助人职责时，食品安全和责任保险以及市场法律应该提供保障，以最大化发挥保险作为监管的附加价值——鼓励其超越政府监管要求的标准，创新改进监管方式。

食品安全监管单纯依靠政府具有明显的弊端。首先，政府监管缺乏持续的内驱力。任何监管最终都落实为人的行为，政府监管人员没有因监管而获得激励。他们的动力更多地来自职业伦理和职务约束，这种被动的、外在的约束，与内生的、主动的市场约束相比激励作用明显不足。其次，政府监管在专业性和技术性方面也存在缺陷，他们基于学科背景和专业的分工更多的是前端的粗线条式工作领域划分，并不一定具备先进的信息获取和聚合以及预测工具的运用能力。当然，政府监管有能力组成一支精密的信息专业人员队伍，但是此种做法产生的人力和技术成本是非常昂贵的，造成的财政压力可想而知。通常而言，政府监管多采有限的资源来监督复杂行业行为的模式，其常用的方法是对其所监管的一小部分样本开展定期或不定期地抽查。可见，单纯依靠政府监管的效果与构建全国统一食品市场的需求距离甚远。市场中的第三方监管主体的存在必要性也一目了然。

（二）基于风险防控目标规范食品侵权责任体系

1. 责任保险驱动侵权责任法律体系的发展

责任保险是一种源于法律责任赔偿、分散风险的保险。[1]责任保险对于侵权责任法律体系具有深刻的作用，一方面，责任保险符合侵权法的赔偿—正义规范；另一方面，责任保险对这一规范的有效实施具有推进作用，尤其是在侵权赔偿责任超过赔偿义务人（责任保险的被保险

---

〔1〕 参见张瑞纲、吴叶莹：《责任保险与侵权风险的关系研究》，载《金融理论与实践》2021年第2期。

人）的资产时，此时责任保险就能及时补偿侵权法律关系中的受侵害人。“除责任保险外，侵权法很少或根本没有任何意义。”〔1〕放在这个语境下理解责任保险才有意义。一方面，侵权案件中最重要的就是损害赔偿，与责任保险是密不可分的。责任保险成为大多数侵权索赔的事实上的要素。另一方面，侵权索赔支付的赔偿金一般低于责任保险覆盖的赔偿责任。也就是说，在侵权责任赔偿法律关系中，作为责任保险的被保险人，其购买的责任保险覆盖的赔偿责任金额可以作为其承担侵权责任的上限金额。责任保险的这一特点决定了，与作为侵权体系的重要内容相比，责任保险更应被视为该侵权体系发展的驱动力。〔2〕此外，责任保险除弥补侵权行为中被告因其侵权行为承担的损害责任外，还具有其他功能。虽然责任保险合同的当事人是保险人和被保险人，但是当保险发生时，通常又是向合同的第三方，即被保险人侵害或因为被保险人的行为受到损失的保险受益人提供赔偿，因此责任保险也具有承担损害赔偿使第三方受益的作用。

2. 基于侵权责任和责任保险衔接的侵权法

作为责任保险前置体系的侵权法应对风险社会的现实需求作出制度回应，改变传统威慑矫正理念形成的固有体系，打破基于个体救济的固有赔付结构，通过责任保险将第三方纳入赔付体系，逐步构建社会风险防控和风险分配规则。〔3〕笔者认为，《民法典》侵权责任承担方式缺乏社会化的救济方案，仍局限于“加害人—受害人”固有赔付结构，导致《民法典》侵权责任法救济功能在司法适用中无法得到全面发挥，难以满足风险社会下的侵权损害救济需求，严重束缚了责任保险在侵权领域的适用。包括食品安全责任保险在内的责任保险体系存在赔付率、保险范围、保险方式等各类问题，导致社会效果和市场内需力与预期存在很大差距。尤其是食品安全责任保险，虽然政府主导推进在制度层面取得

---

〔1〕 Tom Baker, *Liability Insurance as Tort Regulation: Six Ways That Liability Insurance Shapes Tort Law in Action*, 12 CONN. INS. L. J. 1 (2005).

〔2〕 参见张瑞纲、吴叶莹：《责任保险与侵权风险的关系研究》，载《金融理论与实践》2021年第2期。

〔3〕 参见何国强：《风险社会下侵权法的功能变迁与制度建构》，载《政治与法律》2019年第7期。

了一些突破，但是一方面其既未纳入强制险范畴，缺乏法律强制性；另一方面又缺乏一般商业保险的灵活性和吸引力，导致通过责任保险来实现食品侵权社会化救济的功能受限。

从法律体系角度对食品安全责任保险进行制度供给，有必要构建直面风险社会需求的基于侵权责任和责任保险衔接的侵权法体系，如建立“理性人”标准；从个人行为规范、行业准则和商业惯例等确定侵权者的过错等级；制定侵权赔偿金标准等。其中，允许受害者获得相当于所有索赔所提出的损害赔偿金额，这可以产生有效的食品安全风险防控的威慑力，特别是如果增加的损害赔偿金完全由责任保险承担，并且大多数或所有食品供应商都被这种保险所涵盖。由于增加赔偿额度能更准确地反映生产经营不安全食品的诉讼成本，保险公司收取的保费也将更密切反映其真实社会成本，并迫使食品经营者将该成本内化为提高食品安全性的压力。[1]

（三）构建以科学定价机制为核心的保险合同

我国尚未建立食品安全责任保险制度具体法律规范，相关制度仅在《保险法》和《食品安全法》中。法律体系的不完备是造成当前食品安全责任保险制度发展缓慢的重要原因。当然，全国范围的食品安全责任保险试点初步形成一些区域性典型模式。对这些典型模式进行标准化构造，是构建和完善食品安全责任法律制度的重要内容。构建以科学定价机制为核心的责任保险合同法律体系，是紧随其后的一项重要任务。保险合同的定价机制应面对市场需求，通过大数据精算能够反映风险成本的保险费率。[2]从市场需求角度看，投保人是否购买保险产品主要考量两个因素：保险赔付责任覆盖范围和保险费率。相关统计学研究发现，这两者之间又有明显关联性。调整保险费率有利于增加投保需求和保险覆盖。[3]保险费率调整应从市场需求出发，遵循科学合理的定价机制。

---

〔1〕 Catherine M. Sharkey, *Economic Analysis of Punitive Damages: Theory, Empirics, and Doctrine*, in Jennifer H. Arlen ed., Research Handbook on the Economics of Torts 487 - 89 (2013).

〔2〕 参见杜莉、郑立纯：《我国绿色金融政策体系的效应评价——基于试点运行数据的分析》，载《清华大学学报（哲学社会科学版）》2019 年第 1 期。

〔3〕 参见胡洁冰：《食品安全责任保险强制化推广路径选择》，载《统计与决策》2017 年第 5 期。

责任保险通常有两种定价方法：精算定价法和金融定价法。(1) 精算定价法。又分为分类精算和个体精算。分类精算的优点是数据获得较容易，因此更节约成本，相应的缺点则是无法准确获得评估数据；个体精算的优点是获得数据和保险费率更准确，缺点是成本太高。由于食品安全责任保险的风险异质性高，运用精算定价方法时应根据个体风险损失经验对分类费率进行个性化调整。随着保险和其他金融的不断融合，精算定价法的缺陷也逐渐明显，主要体现在这种定价方法忽略了市场时间价值因素。(2) 金融定价法。包括资本资产定价模型和期权定价模型。资本资产定价模型虽能较好地呈现保险公司承保期望收益率与风险保费利率之间存在的关系，但是该模型在确定市场组合风险利率时却存在困难。期权定价模型的理论基础在于，期权与保险都是以规避金融风险为目的。就合同本质而言，保险合同可以视作投保人和保险人之间的期权合同。期权定价模型因为期权与保险的相似性，依据该模型能取得期权费，也便能获得保险定价。[1]

总体而言，食品安全责任保险定价机制应以金融定价法为主，补充适用精算定价法，从而提高保险定价的准确率和可行性。同时要简化理赔手续，建立食品安全责任保险快速理赔通道，以拓宽险种覆盖面。

第三节　食品统一大市场目标下的标准化构造

国际食品贸易增加了食品安全的监管风险。这些风险主要是由于不遵守现有的食品安全标准，或各国关于农业或食品加工业的卫生和相关标准的不同，或标准中所体现的基本原则的不同。[2]

一、食品安全监管标准的规则构造

自20世纪70年代《关税和贸易总协定》的东京回合谈判以来，各

---

〔1〕 参见吴开兵、仇铮、曹思静：《保险公司视角下的“保险+期货”定价模型及其验证》，载《保险研究》2021年第5期。

〔2〕 Cary Coglianese, Adam M. Finkel & David Zaring, *Import Safety—Regulatory Governance in the Global Economy*, University of Pennsylvania Press, p. 89 (2009).

国政府合作制定共同使用的国际标准被认为是处理食品安全标准差异的基本方法。这种方法在诸多方面具有积极作用。例如，通用标准使遵从性问题的检测更容易；进口商对进口产品的“安全”承担法律责任，需要共同的国际标准来实际实施；许多食品安全标准被嵌入或引用在政府法规中。共同的国际标准降低了这些监管措施造成不必要的非关税贸易壁垒的可能性。在《关税和贸易总协定》乌拉圭回合期间，成员方通过谈判《实施卫生与植物卫生措施协定》，解决了食品安全标准跨国差异的问题。《实施卫生与植物卫生措施协定》是世贸组织条约的一个组成部分，对所有成员方具有约束力，并可通过争端解决机制强制执行。通过《实施卫生与植物卫生措施协定》成员方承诺，每当有国际标准能够达到预期的消费者保护水平时，就会使用“国际标准”。如果一个国家的法规要求遵守不同于国际标准的标准，则可能会产生非关税贸易壁垒。该成员必须利用“有关国际组织开发的风险评估技术”提供科学证据，以表明监管措施本应保护的风险确实存在，而国际标准无法达到消费者对这些健康或食品安全风险的预期保护水平。相比之下，有效地将“国际标准”转换为“国内标准的国内法规则”更符合世贸组织法律。

（一）食品安全国际标准的制定主体

制定国际标准需要专业知识，将制定标准的任务委托给外部的技术专家机构是一个高效可行的方法。因此，《实施卫生与植物卫生措施协定》以附件的形式将食品安全国际标准交由食品法典委员会制定。农业贸易和食品法典标准安全不仅涉及农药残留等问题，还涉及水果、蔬菜、奶制品和许多加工食品的质量、标签、安全处理、运输和储存。此前也至少有四个组织制定了广泛使用的食品和食品安全国际标准，每一种都是可行和可信的，并且在《实施卫生与植物卫生措施协定》的谈判中都被反复讨论。这四个组织的决策规则也有所不同，采用标准所需的通过程序从简单多数到一致通过。此外，许多个人和群体在食品安全标准方面都有利害关系——而这四个组织的利益相关者代表也有所不同。每一个国家的谈判代表都希望将标准制定委托给一个可能制定有利于其国家利益的标准的机构。但是，信息方面的限制可能会妨碍谈判者准确预测委托给一个组织而不是另一个组织的分配后果的能力。在缺乏相应信息的情况下，谈判代表只能根据这些备选机构的合法性元素来判断和选择。

（二）标准谈判制定中的偏好选择理论

标准的跨国差异已成为普遍的非关税贸易壁垒。通过将标准制定委托给国际专门机构而实现的国际协调标准，成为各国政府寻求实现高质量标准和减少监管环境中跨国差异的手段。而在谈判承认这些标准的过程中，会产生代表国家或地区之间的利益冲突引发的表面上的谈判选择偏好问题。例如，《实施卫生与植物卫生措施协定》是在卫生和植物卫生条例和障碍工作组（WGSP）中协商的，这是一个农业谈判小组委员会。WGSP每隔几个月举行一次正式会议，对每个成员方开放。然而，在这些正式谈判会议中，穿插着来自澳大利亚（非正式代表凯恩斯农业出口商集团）的各种非正式会议，这种安排通常由发达国家为正式谈判制定议程。同时，他们需要促进《实施卫生与植物卫生措施协定》将有利于最不发达国家通过农业贸易实行自由化。最不发达国家被要求减少保护主义壁垒，同意将知识产权保护纳入《关税和贸易总协定》/世界贸易组织。但发展中国家也能够否决他们明显反感的标准制定者的选择。

制度选择会产生监管分配的实际后果。选择一个国际组织来制定影响市场准入的标准时，风险很高。各谈判代表都会谨遵本国或地区消费者和市场利益，但谈判者无法充分预见其选择的后果。相反，对于谈判者来说，通过对分配结果的准确预期，在可能的监管机构中作出最佳选择的信息，是实质性代价。从理论上讲，在对谈判者预测机构选择后果的能力作出强烈假设时，至少有三个理由要注意。第一，参与标准制定组织的具体行动者往往与参与导致标准制定任务授权的国际或跨政府谈判的行动者不同。因此，谈判人员可能会得到不完整的资料。第二，改变某一特定国际组织制定的技术标准的法律地位，例如，使遵守以前的可选标准成为市场准入的先决条件，从而改变了利害关系。第三，代表团本身可能导致标准制定组织的正式或非正式机构的变化。虽然各国政府可能试图预测后果，但实际达到这种预期的困难表明，各国政府的偏好在很大程度上是基于他们过去对他们正在考虑作为国际标准制定者的组织的经验。在这一方面，可能不仅与其利益相关者在过去的替代机构环境中的客观表现不同，而且与一个国家的利益相关者过去的经验也不同。例如，仅基于少量过去经验的期望比基于广泛经验的期望更有可能是错误的。

当政府或一个国家的利益相关者的其他代表缺乏关于一个国际组织的信息时，他们通常可以采取一些方法来获得这些信息，但这样做会产生额外的成本。例如，当一个国家没有国内监管机构时，就不太可能有专门知识的公职人员来评估将该问题领域的标准制定委托给某一个特定国际机构或另一个国际机构的后果。这种劣势在发展中国家很普遍。一个国家参加国际谈判的代表所掌握的信息越多，他所追求的偏好就越接近于那些可以通过假设完整的信息来预测的偏好。如果某些国家或所有国家都有信息方面的限制，那么解释制度选择也需要考虑其他因素。

国际标准的适用存在的一个基本问题是，如何处理标准的国际性适用带来的全球贸易效益与国内食品经济发展的矛盾。当然，在世界食品市场区域统一全球化的背景下，标准适用带来的矛盾要比其他问题要小，但是仍然存在一定的利益冲突。

二、保险合同的标准化规则

（一）保险合同标准化的提出

几乎所有的保险单都是标准形式的合同。合同法早就认识到这类合同所带来的特殊问题。人们更应该关注标准化合同的优缺点，而不是关注这些合同实际上成为标准合同的过程。虽然保险单是附合同这一事实对理解管理其经营的法律很重要，但同样重要的是，许多保险公司经常使用同样的标准形式的保险单。因此，保险的标准化不仅包括一家公司向所有客户提供相同保单，在极端情况下还包括所有公司向所有客户提供相同的保单。

财产和意外伤害保险标准化发展的原因可以阐明其目前的优缺点。以火灾保险合同为例，早期的火灾保险公司遇到三个问题。首先，没有关于损失概率的可靠统计数据。他们直观地知道，砖结构比木结构更不可能燃烧，但量化的损失概率是不可用的。这些公司本身没有数据，因为它们才刚刚开始运营；也没有任何人拥有这样的数据。其次，不知道如何计算保险费和不具备偿付能力。任何保险公司的首要竞争优势是它的偿付能力。如果没有偿付能力，无论保单条款多么有吸引力，无论保费有多低，保险公司都无法支付损失。事实上从这个角度来看，低保费根本就不是一种优势。保险公司收取的保险越少，保险公司在损失发生时支付索赔的可能性就越小。最后，损失概率数据的缺失、竞争的力量和人性结合在一起，产生了价格战。由于不确定准确的保费是多少，并且急于抢占市场份额，保险公司有时会将保费竞争到低于后来被证明是支付成本所必需的水平。这些价格战对保险公司来说并不好，因为降低了利润。而且价格战对投保人来说也很有风险，尽管许多投保人从中受益。如果保险公司因为从未收取过足够高的保费来弥补其损失而无力偿债，那么投保人在遭受损失后就无法得到任何赔偿。

（二）保险合同标准化的发展

解决上述困境的办法是对偿付能力的各种监管，这些监管的目标旨在确保保险公司有足够的资本，敦促其谨慎投资资产，准确披露他们的财务状况。与此同时，保险公司找到了自己解决这些问题的方法。

1. 保险数据的汇集与合并

为了解决损失概率数据缺失的问题，保险公司开始汇集有关索赔经验的数据，以创建一个更广泛、统计上更可靠的数据库。他们拥有的关于损失和索赔特征的数据越多，他们对损失概率的估计就越准确，他们对能够支付索赔所需要收取的保费就更有信心，但它只是保险公司解决问题所需要做的一部分。合并的只有是同一事物的数据才有意义。如果我为闪电引起的火灾投保，而你为烟囱缺陷造成的火灾投保，汇集我们的损失和索赔数据将不会使我们中的任何一个人能更准确地为我们的保险定价。

2. 标准形式的保险单

要根据汇总数据预测自己的预期损失，每个保险公司都必须承诺以基本相同的条款向投保人支付费用。这标志着现代标准形式的保险单的诞生。每个保险公司都必须出售相同的标准形式的保险，以便让所有的保险公司获得数据汇集的好处。保险公司会在服务的价格和可靠性上竞争，但不会在保险条款上竞争。公众从保险公司那里获得了增强的金融稳定性，但代价是失去产品差异化的潜在利益。

这似乎是一个合理的权衡。在早期火灾保险，在大多数行业，总有一些叛逆者认为他们可以做得更好，价格比他们的竞争对手低。此外，一些保险公司提供的保单覆盖范围异常狭窄。最终，如前所述，行政法规试图通过制定最低资本标准、进行定期审计等方式来解决这些问题。一些最早的标准形式的政策是由法律逐字逐句规定的，著名的情况发生在美国纽约，该保险单的最新版本——1943 年的纽约标准保险单有时仍在使用。

在解决价格战和不可靠的损失数据造成的破产风险的传统方法出现之前，保险公司已经开发出自己的方法。他们成立组织，负责接收和汇集个别保险公司提供的数据，并准备这些保险公司使用的标准保单，使汇集的数据有意义。但这些组织并没有就此止步。为了防止价格战，控制这些组织的保险公司，他们会只向同意按规定的费率收取费用的保险公司提供汇总数据。这一要求的总体效果是确定了价格，结果是利率设定在竞争水平。破产往往可以被避免，但代价是容忍潜在的无竞争力的定价。

3. 保险 ISO 标准体系

当责任保险在 1880 年以“雇主责任保险”的形式出现时，没过多久责任保险公司采用了相同的方法成立了费率局来汇集数据和准备标准政策。随着 19 世纪末和 20 世纪初新型责任保险的发展，它们也遵循了同样的模式。因此，几十年来，通过操纵价格，通常可以提高偿付能力。

许多数据汇集和标准政策表格的准备现在都是在一个被称为保险服务组织的服务实体的保护伞下，即国际标准化组织（International Organization for Standardization，ISO），该实体成立于 1947 年。就在 20 世纪 80 年代末，ISO 仍在为保险公司准备所谓的“咨询费率”，以便促进平行定价，尽管在许多市场仍然存在激烈的价格竞争，但绝大多数的财产和责任保险单现在都是用 ISO 准备的标准表格编写。保险公司采用这些形式的语言，把它们放在带有自己标志的政策上，甚至可能到处调整它们。但所有重要的保险条款和除外条款都是一样的。即使对最大的保险公司来说也是如此，因为它们往往像规模较小的公司一样依赖于ISO数据，ISO可提供超过1100类商业责任保险数据以帮助保险公司预估损失成本、规则和政策形式。

（三）标准化与市场进入障碍

要了解ISO体系对减少保险市场进入障碍的作用，可以观察一下美国最大的责任保险公司“老可靠”保险公司的新市场发展策略。“老可靠”保险公司决定通过向当地餐馆出售责任保险来进军俄亥俄州西南部的责任保险市场。“老可靠”保险公司以前从未在俄亥俄州西南部销售过这样的保险，它不知道这类餐馆的损失率是多少。当然它可能会猜测与其投资的其他类似地区的损失率。但如果有其他保险公司在俄亥俄州西南部销售餐馆保险，那么“老可靠”保险公司不用猜测该地区的损失率，完全可以通过ISO获得这些数据。但只有销售与目前主导该市场的公司相同的保单的数据才对其有意义。“老可靠”保险公司可能想要低估定价，以获得准入——但如果没有ISO的数据，它甚至无法开始估计这个价格应该是多少。

可见，即使是大型保险公司也会采用与其他保险公司相同的标准形式，因此，至少在某些方面，保险公司这样做对投保人有利。毫无疑问，大公司是足够大的保险购买者，可以通过必要的经济杠杆来要求定制的政策标准。保险购买者通过接受标准化的保险，可以在不同保险公司的标准化合同中进行比较和选择保险公司。虽然大公司有足够的议价能力起草自己的定制政策语言，并提出定价。然而，这些业务和可能竞标该保险的保险公司的额外起草和不确定性成本，远远超过了从头开始根据每个业务的需求精确定制保险所能获得的优势。这样的定制并不经常发生，因为它对投保人和保险公司来说都太贵，而且会导致保单语言的意义和应用无法被充分预测。当定制偶尔发生时，通过将“背书”附加到标准保单上，逐步进行更改，即只改变需要更改的标准化覆盖范围的部分。出于同样的原因，背书本身也是高度标准化的。

在责任保险方面，越来越多的法定和监管规定既要求列入某些政策规定，又禁止列入其他政策规定。例如，美国的各州强制福利法，要求州签发的所有健康保险政策中应包括特定形式的保险。同样，根据法律或法规，大多数州要求在汽车保险政策中应包含某些标准条款和保险范围。相反，某些种类的规定往往被法律或法规禁止。通过法律的运作，所有这些不同类型的授权都具有标准化的效果，即将一些政策条款的来源（以及某些其他条款的缺失的来源）确定在政策本身。此外，标准化对保险单的解释方式具有重要的影响。因为大多数保险政策上市之前必须获得监管批准。

结 论

经过上述对我国食品安全责任保险制度的现状、困境的分析，对食品安全责任保险的法理价值和制度价值的梳理，以及对食品安全责任保险立法的基础方法、基本条件、主要工具和主要规则的思索，我们可以凝练出食品安全责任保险制度重构的三个核心要素。

第一，厘清食品安全责任保险制度的法律价值和定位。食品安全风险的内涵与外延均大于食品安全责任保险所覆盖的范围，两者所涉风险“存在开放性与收敛性之别”。[1]厘清两者之间风险利益目标的差异，准确定位食品安全责任保险在整个食品安全法体系的功能和价值，是下一步研究食品安全责任保险制度的技术创新和个性服务的前提。食品安全责任保险无法分散全部的食品安全风险，只是食品安全风险分散与风险管理的一种制度手段。食品安全监管的主体仍然是政府及其监管机构，保险公司可以作为第三方辅助监管。

第二，明确食品安全责任保险制度的法律属性。食品安全责任保险制度是《食品安全法》明确的保障食品安全的法律制度，但是食品安全责任保险并不是

---

〔1〕 参见肖峰：《我国食品安全制度与责任保险制度的冲突及协调》，载《法学》2017 年第 8 期。

《食品安全法》的“下位法（制度）”。作为食品安全保障的一种工具制度，食品安全责任保险在制度价值层面更多应属于责任保险法范围。责任保险是商业保险的一种，制度运行必须遵循市场规律和保险法规则。明确食品安全责任保险的保险法属性，有助于从规范操作角度开发与创新能够保障食品安全的特色保险产品。

第三，着重从保险法角度构建食品安全责任保险制度的具体规范。保障食品安全是食品安全责任保险法律制度构建的核心目标，要实现这一目标，必须充分结合保险法理论与制度规范。以《食品安全法》和《保险法》为基础，围绕《食品安全法》对食品安全责任保险制度的目标，侧重从《保险法》规则和技术角度总结和构建具体规范。具体可以借鉴《机动车交通事故责任强制保险条例》《环境污染强制责任保险管理办法（草案）》[1]，以及其他37种责任保险险种和产品[2]规则，从食品安全责任保险的基本原则、投保规范、理赔系统、违约罚则等，构建我国的食品安全责任保险条例。

总之，在食品安全责任保险领域，由于消费者缺乏足够的信息来充分了解他们购买的食品的风险，因此必须采取某种形式的食品安全监管。食品药品监督管理局、农业农村部等机构以某种方式规范食品安全标准。此外，食品安全还通过法院适用侵权法、食品安全法甚至刑法等进行事后的法律监管。但“徒法不足以自行”也是食品安全所面临的司法和执法困境。如果将食品安全的市场行为属性重新明确，那么很多问题可能就有新的方向和途径。食品供应企业的市场主体及其市场行为属性，其所产生的问题，可以让市场本身来解决。将商业保险纳入食品安全监管的范围，由保险法、侵权法和代理法来明确和规范其监管职能，也许是食品安全责任保险制度构建的有效的内容。

食品安全责任保险制度确立以来，在缺乏明确、具体的法律规范指引的条件下，仍然在区域性试点中形成一批既体现区域市场特征和需

---

〔1〕 生态环境部：《生态环境部召开部务会议　审议并原则通过〈环境污染强制责任保险管理办法（草案）〉》，2018年5月7日。

〔2〕 中国保险监督管理委员会：《中国保监会关于印发〈责任保险统计制度（试行）〉的通知》，2016年1月21日。

求，又具有规模示范效应的典型模式。这些典型模式凝聚了我国食品安全责任保险制度适用规则上的诸多标准经验，尤其是社会共治与因地制宜相结合原则、数字经济与金融保险技术的融合运用、政府推进市场按阶段推进的保险产品策略等，突出体现了我国食品安全战略目标的阶段性成果，为全国统一食品大市场的构建积累了法律基础、实践资源和示范标准。当然，食品安全责任保险具体适用仍然存在保险第三方市场监管权责失衡、责任保险定价机制不明确、食品侵权责任规则抑制保险赔付率等诸多系统性制约。这些制约的本质是，食品市场制度供给不足或者不规范。只有直面这些问题，走出这些问题带来的困境，才能进一步讨论食品安全责任保险制度的构建。只有先对价值、方法进行合理性效益性论证，而后才是具体内容的构建。应努力寻求保险法律体系内部的协调，解决制约其发展的一些体系障碍，包括对政府监管权和保险公司辅助监管权进行法律上的适配与协调，基于风险防范目标完善侵权法律体系，以及构建科学的责任保险定价机制等。

参考文献

一、中文著作类

1. 江朝国:《保险法基础理论》，中国政法大学出版社 2002 年版。

2. 李贤平:《概率论基础》（第 3 版），高等教育出版社 2010 年版。

3. 刘金章主编:《财产与责任保险》，清华大学出版社 2010 年版。

4.《马克思恩格斯选集》（第 1 卷），人民出版社 2012 年版。

5. 邱聪智:《从侵权行为归责原理之变动论危险责任之构成》，中国人民大学出版社 2006 年版。

6. 孙积禄:《保险法》，高等教育出版社 2008 年版。

7. 中共中央宣传部编:《习近平新时代中国特色社会主义思想学习纲要》，学习出版社、人民出版社 2019 年版。

8. 中共中央宣传部编:《习近平新时代中国特色社会主义思想学习问答》，学习出版社、人民出版社 2021 年版。

二、中文论文类

1. 杜莉、郑立纯:《我国绿色金融政策体系的效应评价——基于试点运行数据的分析》，载《清华大学学报（哲学社会科学版）》2019 年第 1 期。

2. 樊启荣、康雷闪:《保险价值之法本质及功能解释》，载《法学》2013 年第 4 期。

3. 樊启荣、张晓萌:《民法典编纂背景下我国保险法之发展——以保险法与民法诸部门法之关系为视角》，载《云南社会科学》2016 年第 1 期。

4. 耿国靖:《金融风险评估视野下中国食品安全的风险与保险研究——〈我国食品安全责任保险定价研究〉评述》，载《食品与机械》2021 年第 9 期。

5. 何国强:《风险社会下侵权法的功能变迁与制度建构》，载《政治与法律》2019 年第 7 期。

6. 胡洁冰:《食品安全责任保险强制化推广路径选择》，载《统计与决策》2017 年第 5 期。

7. 黄荻:《浅析北京市昌平区实施食品安全责任保险试点工作的推行方式》，载《劳动保障世界》2019 年第 2 期。

8. 康玲:《试论保险代位求偿权的对象限制——对〈保险法〉第 62 条的解读》，载《中国集体经济》2011 年第 4 期。

9. 雷桂森、兰榕燕:《保险人代位权与被保险人求偿权的冲突与处理》，载《法律适用》2011 年第 5 期。

10. 李红梅:《我国食品安全责任保险的困境与应对》，载《中国保险》2021 年第 6 期。

11. 李华:《我国食品安全强制责任保险制度的构建》，载《商业研究》2012 年第 5 期。

12. 李西泠、李健男:《食品安全强制责任保险制度的发展及构建》，载《财经科学》2018 年第 12 期。

13. 卢玮:《食品安全法制与伦理耦合机制研究》，载《山东社会科学》2013 年第 11 期。

14. 卢玮:《食品安全责任保险立法模式的比较与选择》，载《法学》2015 年第 8 期。

15. 卢玮:《我国食品安全责任保险制度的困境与重构》，载《华东政法大学学报》2019 年第 6 期。

16. 彭飞荣：《风险与法律：食品安全责任的分配如何可能》，载《西南政法大学学报》2008 年第 2 期。

17. 孙平：《食品安全刑法保护问题研究——以法国相关立法为视角》，载《刑法论丛》2013 年第 3 期。

18. 汪盛齐：《食品安全责任保险体系构建及案例分析》，载《食品安全导刊》2019 年 Z2 期。

19. 王先林、曹汇：《平台经济领域反垄断的三个关键问题》，载《探索与争鸣》2021 年第 9 期。

20. 王泽鉴：《侵权行为法之危机及其发展趋势》，载王泽鉴编：《民法学说与判例研究》第 2 卷，中国政法大学出版社 1998 年版。

21. 魏平、魏丽：《国际财产保险业务结构研究及启示》，载《保险研究》2018 年第 3 期。

22. 吴开兵、仇铮、曹思静：《保险公司视角下的“保险 + 期货”定价模型及其验证》，载《保险研究》2021 年第 5 期。

23. 肖峰：《我国食品安全制度与责任保险制度的冲突及协调》，载《法学》2017 年第 8 期。

24. 徐景和：《科学把握食品安全法修订中的若干关系》，载《法学家》2013 年第 6 期。

25. 杨岚：《食品安全与现代企业的社会责任》，载《现代商业》2011 年第 15 期。

26. 杨立新：《有关产品责任案例的亚洲和俄罗斯比较法研究》，载《求是学刊》2014 年第 2 期。

27. 杨柳：《我国食品安全责任保险研究》，载《山东社会科学》2012 年第 6 期。

28. 张力毅：《比较、定位与出路：论我国交强险的立法模式——写在〈交强险条例〉出台 15 周年之际》，载《保险研究》2021 年第 1 期。

29. 张瑞纲、陈振宇、邓林云：《我国责任保险市场发展问题研究》，载《西南金融》2020 年第 1 期。

30. 张瑞纲、孙媛：《我国食品安全责任保险制度研究》，载《金融理论与实践》2019 年第 10 期。

31. 张瑞纲、吴叶莹:《责任保险与侵权风险的关系研究》，载《金融理论与实践》2021 年第 2 期。

32. 赵春梅:《中国财产保险理赔服务制度设计与选择》，载《理论学刊》2013 年第 6 期。

33. 赵晓旭:《产品安全与产品责任保险——以美国、欧盟和日本为视角》，载《财经论坛》2010 年第 5 期。

34. 郑秋云:《发生食品安全问题，有无保险可为企业分担责任?》，载《食品安全导刊》2019 年第 10 期。

三、中文报纸类

1. 崔吉子:《韩国: 多部法律构建食品安全体系》，载《法制日报》2013 年 7 月 2 日，第 10 版。

2. 付秋实:《防控食品安全风险的“第三只眼”》，载《金融时报》2017 年 10 月 11 日，第 12 版。

3. 胡笑红:《食品安全源头污染未引起足够警觉》，载《中国食品报》2012 年 11 月 28 日，第 3 版。

4. 李军建、张海燕:《如东实现校园食堂食品安全责任保险全覆盖》，载《中国市场监管报》2017 年 7 月 4 日，第 3 版。

5. 李婉怡:《发挥风险管理者功能　确保“舌尖上的安全”》，载《解放日报》2017 年 10 月 23 日，第 6 版。

6. 马翠莲:《人保财险携手美团点评首推商户食品安全责任险》，载《金融时报》2017 年 8 月 4 日，第 4 版。

7. 孙维非:《德国: 企业自律政府监督两手都过硬》，载《法制日报》2013 年 7 月 2 日，第 10 版。

8. 魏黄河:《保险在食品安全领域大有作为》，载《河南日报》2017 年 7 月 3 日，第 6 版。

9. 周萍:《共同防范化解风险　推动共管共治共享——食品安全责任保险工作座谈会综述》，载《中国市场监管报》2021 年 10 月 21 日，第 5 版。

四、中文译著类

1. ［德］格哈德 · 瓦格纳主编:《比较法视野下的侵权法与责任保

险》，魏磊杰、王之州、朱淼译，中国法制出版社 2012 年版。

2. ［美］戴维·G. 欧文：《产品责任法》，董春华译，中国政法大学出版社 2012 年版。

3. ［美］厄普顿·辛克莱：《屠场》，薄景山译，四川文艺出版社 2010 年版。

4. ［美］理查德·A. 波斯纳：《法律的经济分析》（上），蒋兆康译，中国大百科全书出版社 1997 年版。

5. ［美］罗纳德·哈里·科斯：《企业、市场与法律》，盛洪、陈郁译，格致出版社、上海三联书店、上海人民出版社 2009 年版。

6. ［美］马修·德夫林编：《哈贝马斯、现代性与法》，高鸿钧译，清华大学出版社 2008 年版。

7. ［加］乔治斯·迪翁、［美］斯科特·E. 哈林顿编：《保险经济学》，王国军等译，中国人民大学出版社 2005 年版。

8. ［美］所罗门·许布纳、小肯尼思·布莱克、伯纳德·韦布：《财产和责任保险》（第 4 版），陈欣、高蒙、马欣、胡晓莹等译，中国人民大学出版社 2002 年版。

9. ［美］约翰·罗尔斯：《正义论》，何怀宏等译，中国社会科学出版社 1988 年版。

10. ［美］约瑟夫·弗莱彻：《境遇伦理学：新道德论》，程立显译，中国社会科学出版社 1989 年版。

11. ［英］Malcolm A. Clarke：《保险合同法》，何美欢、吴志攀等译，北京大学出版社 2002 年版。

12. ［英］亚当·斯密：《国富论》，杨敬年译，陕西人民出版社 2001 年版。

13. ［英］约翰·T. 斯蒂尔：《保险的原则与实务》，孟兴国等译，中国金融出版社 1992 年版。

五、法律法规、文件类

1. 《保险法》，1995 年 6 月 30 日第八届全国人民代表大会常务委员会第十四次会议通过，2015 年 4 月 24 日第十二届全国人民代表大会常务委员会第十四次会议第三次修正。

2.《标准化法》，1988 年 12 月 29 日第七届全国人民代表大会常务委员会第五次会议通过，2017 年 11 月 4 日第十二届全国人民代表大会常务委员会第三十次会议修订。

3.《上海市人民政府办公厅关于加强金融服务促进本市经济转型和结构调整若干意见》，2010 年 8 月 9 日。

4.《国家食品安全监管体系“十二五”规划》，2012 年 6 月 28 日。

5.《国务院食品安全办、食品药品监管总局、保监会关于开展食品安全责任保险试点工作的指导意见》，2015 年 1 月 21 日。

6.《民法典》，2020 年 5 月 28 日。

7.《上海市食品安全条例》，2017 年 1 月 20 日。

8.《上海市食品安全责任保险管理办法（试行）》，2021 年 10 月 12 日。

9.《食品安全法》，2009 年 2 月 28 日第十一届全国人民代表大会常务委员会第七次会议通过，2015 年 4 月 24 日第十二届全国人民代表大会常务委员会第十四次会议修订，2018 年 12 月 29 日第十三届全国人民代表大会常务委员会第七次会议第一次修正，2021 年 4 月 29 日第十三届全国人民代表大会常务委员会第二十八次会议第二次修正。

10.《浙江省食品安全委员会办公室、浙江省食品药品监督管理局、浙江省人民政府金融工作办公室、中国保险监督管理委员会浙江监管局关于印发浙江省开展食品安全责任保险试点工作的指导意见的通知》，2015 年 3 月 27 日。

11.《中共中央、国务院关于加快建设全国统一大市场的意见》，2022 年 3 月 25 日。

六、数据、案例类

1. 北大法宝法律数据库，案号：（2016）沪 0117 民初 16066 号。

2. 北大法宝法律数据库，案号：（2018）沪 0112 民初 35451 号。

3. 北大法宝法律数据库，案号：（2016）沪 0117 民初 16065 号。

4. 北大法宝法律数据库，案号：（2020）辽 0682 民初 1505 号。

5. 北大法宝法律数据库，案号：（2020）鲁 02 民终 8180 号。

6. 北大法宝法律数据库，案号：（2018）粤 0606 民初 13058 号。

七、中文网页类

1. 陈玺撼：《“天使之橙”深圳吃巨额罚单，没收119万余元，这事却在上海反转?》，载上观新闻网2019年2月17日，https://www.shobserver.com/news/detail? id=133493。

2. 戴正聪、连待待：《宁波深化“三项机制”构建食品安全责任保险“宁波模式”》，载中国食品安全网2020年7月20日，https://www.cfsn.cn/front/web/site.shengnew show? newsid=38129。

3. 《凤凰新闻新冠肺炎COVID-19全球疫情数据实时动态》，载凤凰网2022年6月30日，https://news.ifeng.com/c/special/7uLj4F83Cqm。

4. 郭丁源：《以供给侧结构性改革积极扩大内需》，载中国国家发展和改革委员会网，https://www.ndrc.gov.cn/wsdwhfz/202203/t20220307_1318212.html?code=&state=123。

5. 《河北省食责险项目情况》，载河北省保险协会网2021年1月20日，http://www.hbia.cn/。

6. 李佳琪：《哈市首批食安险试点单位落地——在校师生因饮食造成疾病有保险能赔》，载哈尔滨新闻网2020年10月1日，https://www.sohu.com/a/404005171_349336。

7. 《上海推广食品安全责任险》，载中国日报网，http://www.chinadaily.com.cn/hqgj/jryw/2014-02-24/content_11274257.html。

8. 王森：《陕西省打造金融精准扶贫示范区新品牌》，载中保网，http://xw.sinoins.com/2018-01/16/content_252680.htm。

9. 《张高丽：完善体系、创新方式、加强监管　努力保障“舌尖上的安全”》，载新华社网，http://www.gov.cn/guowuyuan/2015-01/29/content_2811961.htm。

10. 《浙江省食品安全委员会办公室关于食品安全责任保险试点、千万学生饮食放心工程、四个“你我”活动等相关情况的通报》，载浙江省食品药品监督管理局网2020年11月2日，http://zw.zjfda.gov.cn/info! detail.do? id=48323。

11. 《中国银保监会办公厅关于2018年度保险消费投诉情况的通报》，载中国银行保险监督管理委员会网2019年3月8日，http://

www. cbrc. gov. cn/chinese/newShouDoc/89B31D5C29F14571A90E903EB F5BA5AE. html。

八、外文文献类

1. Abraham & Kenneth S. , *Four Conceptions of Insurance*, University of Pennsylvania Law Review, (Mar. 5, 2012).

2. Agricultural Adjustment Act of 2014, Pub. L. No. 113 – 79, § 11022, 128 Stat. 649 (2014).

3. Alberto Cavaliere: *Product Liability in the European Union: Compensation and Deterrence Issues*, *European Journal of Law and Economics*, 2004, p. 299 – 318.

4. Alexia Brunet Marks, *Check Please: Using Legal Liability to Inform Food Safety Regulation*, 50 Hous. L. Rev. 723 (2013).

5. Amanda Belanger, *A Holistic Solution for Antibiotic Resistance: Phasing Out Factory Farms in Order to Protect Human Health*, 11 J. Health & Biomedical L. 145 (2015).

6. A. Mitchell Polinsky & Steven Shavell, *The Unease for Product Liability*, Harvard Law Review, 1462 (2010).

7. Amy O'Connor, *Insurers: Product Recalls a Death Sentence' to Food Manufacturers*, *Coverage Demand Still Lags*, Ins. J. , http: // www. insurance journal. com/magazines/features/2013/10/07/306786.

8. April K. Bogard et al. , *Ground Beef Handling and Cooking Practices in Restaurants in Eight States*, 76 J. Food Protection 2132 (2013).

9. Article 14, Insurance and other financial guarantees, Basel Convention on the Control of Transboundary Movements of Hazardous Wastes and Their Disposal, (May. 27, 2014).

10. a sample organizational chart for this kind of group – based, GAP certification and to learn more about the process, http: //www. ngfn. org/ resources/food – safety and click on the Primer on Global GAP Group Certification.

11. Baker & Swedloff, supra note 161, at 1420.

12. Becky Price & Janet Cotter, *The GM Contamination Register: A Review of Recorded Contamination Incidents Associated with Genetically Modified Organisms (GMOs)*, International Journal of Food Contamination 1 (2014).

13. Ben - Shahar & Logue, supra note 17, at 201.

14. Boys et al., *The Food Safety Modernization Act*, supra note 20, at 397, 400.

15. Bridget M. Hutter & Clive J. Jones, *From Government to Governance: External Influences on Business Risk Management*, 1 Regulation and Governance 27 (2007).

16. Brooks: *Food Science*, Cole Publishing Company, 1984, p. 453.

17. Buzby & Frenzen, *Food Safety and Product Liability*, 24 Food Policy 648 (1999).

18. Buzby, Frenzen & Rasco, *Product Liability and Microbial Foodborne Illness*, Agricultural Economic Report No. (AER - 799) 45, April 2001, p. 9.

19. Cal. Rptr. 697, 59 Cal. 2d 57, 377 P. 2d 897, 13A, L, R. 3d, 1963, p. 1049.

20. Carol A. Heimer, *Insuring More, Ensuring Less: The Costs and Benefits of Private Regulation Through Insurance*, 28 in Embracing Risk: The Changing Culture of Insurance and Responsibility 116 (2002).

21. Cary Coglianese, Adam M. Finkel & David Zaring, *Import Safety—Regulatory Governance in the Global Economy*, University of Pennsylvania Press, p. 89 (2009).

22. Catherine M. Sharkey, *Economic Analysis of Punitive Damages: Theory, Empirics, and Doctrine*, in Jennifer H. Arlen ed., Research Handbook on the Economics of Torts 487 - 89 (2013).

23. Catherine M. Sharkey, *Punitive Damages as Societal Damages*, 113 YALE L. J. 347, (2003).

24. Catherine Sharkey, *Insurance as Safety Regulator*, JOTWELL (Oct. 9, 2012).

25. Cooter, supra note 279, at 1192.

26. Ctr. For Sci. , In The Public Interest, Outbreak Alert! 2008: Closing the Gaps in Our Federal Food – Safety Net i (2008).

27. Ctrs. *Estimates of Foodborne Illness in the United States*, Disease Control & Prevention (Jan. 8, 2014).

28. *Dangerous Contaminated Chicken*, Consumer Rep. , http://www.consumerreports.org/cro/magazine/2014/02/the – high – cost – of – cheap – chicken/index.htm.

29. Daniel Schwarcz, *Regulating Consumer Demand in Insurance Markets*, 3 Erasmus L. Rev. 23 (2010).

30. Dennis G. Maki, *Coming to Grips with Foodborne Infection – Peanut Butter, Peppers, and Nationwide Salmonella Outbreaks*, 360 New Eng. J. Med. 949 (2009).

31. Diana Crumley, *Achieving Optimal Deterrence in Food Safety Regulation*, 31 Rev. Lltig. 353 (2012).

32. Diogo Thimoteo da Cunha et al. , *The Existence of Optimistic Bias About Foodborne Disease by Food Handlers and Its Association with Training Participation and Food Safety Performance*, 75 Food Res. Int'l 27 (2015).

33. Donna J. Wood, *The Strategic Use of Public Policy: Business Support for the* 1906 *Food and Drug Act*, 59 Business History Review, 403 (1985).

34. Don Sapatkin, *Restaurant Inspection Rates Vary by County*, Philly. Com, http://articles.philly.com/2015 – 07 – 18/news/64539884_1_inspection – reports – fewer – violations – food – safety [http://perma.cc/5K7X – GRQV].

35. Doorn, C. J. M. & Pape, *Productaansprakelijkheid en Productveiligheid*, in E. H. Hondius & G. J. Rijken eds. , Handboek Consumentenrecht,

2011, p. 371 – 398.

36. Dsavid L. Weimer & Aidan R. Vining, *Policy Analysis: Concepts and Practice*, Prentice Hall, p. 120.

37. European Communities – Measures Affecting the Approval and Marketing of Biotech Products, WT/DS 291/R, WT/DS 292/R and WT/DS 293/R, 2006.

38. European Food Safety Authority and European Centre for Disease Prevention and Control (EFSA and ECDC), *The European Union Summary Report on Trends and Sources of Zoonoses, Zoonotic Agents and Food – borne Outbreaks in* 2017, *EFSA Journal* 2018: 16 (12).

39. Food Safety Modernization Act, 21 U. S. C. § 350/ (2012).

40. Gary T. Schwartz, *The Ethics and the Economics of Tort Liability Insurance*, 75 Cornell L. Rev. 313 (1990).

41. generally Tom Baker, *Health Insurance, Risk, and Responsibility After the Patient Protection and Affordable Care Act*, 159 U. PA. L. REV. 1577 (2011).

42. Genetically Modified Organism Presentation, *Department of Trade and Industry*, Sep. 13 2013, https://www.thedti.gov.za/parliament/2013/GMOS.pdf.

43. George L. Priest, *The Current Insurance Crisis and Modern Tort Law*, 96 YALE L. J. 1521, 1540 (1987).

44. Gregory Messenger, *The Development of World Trade Organisation Law: Examining Change in International Law*, Oxford University Press, 2016, p. 342.

45. Gregory M. Sehieber, *The Food Safety Modernization Act's Tester Amendment: Useful Safe Harbor for Small Farmers and Food Facilities or Weak Attempt at Scale – Appropriate Farm and Food Regulations?*, 18 Drake J. Agric. L. 240 – 41 (2013).

46. Health Insurance Coverage of the Total Population, http://kff.org/other/state – indicator/total – population/ [http://perma.cc/

CRC8 – QK8N].

47. Helena Bottemiller Evich, *Why President Obama and Congress Turned Their Backs on Food Safety*, Politico, http://www.politico.com/story/2015/07/sickness – in – the – system – 120057.html.

48. J. C. Buzby, P. D. *Frenzen/Food Policy*, 24 (1999), p. 637 – 651.

49. Jean C. Buzby et al., *U. S. Dep't of Agric*, *Agricultural Econ.* Report No. 799, Product Liability and Microbial Foodborne Illness 1 (2001), http://www.ersusda.gov/media/533488/aer799.pdf.

50. Jean C. Buzby & Paul D. Frenzen, *Food Safety and Product Liability*, 24 Food Pol'y 637 (1999).

51. Jeffrey Tempel, *Insurance Policy as Social Tools and Social Systems*, 51W&M Law. Rev. 1489 (2010).

52. Jeffrey W. Stempel, *Assessing the Coverage Damage: Asbestos Liability and Insurance After Three Decades of Dispute*, Connecticut Insurance Law Journal, 2005, p. 349.

53. Jerry R. Skees, Aleta Botts & Kimberly A. Zeuli, *The Potential for Recall Insurance to Improve Food Safety*, 4 The International Food and Agribusiness Management Review 99 (2001).

54. Joana Ferreira, GMOs, *A Global Debate: Brazil*, *Second Largest GMO Producer in World*, EPOCH Times, (Jul. 8, 2013).

55. John Aloysius Cogan Jr., *The Uneasy Case for Food Safety Liability Insurance*, 4 Brooklyn Law Rev 81.

56. Joseph E. Stiglitz, *The Contribution of the Economics of Information to Twentieth Century Economics*, 115 Q. J. Econ. 1441 (2000).

57. Judith Van Erp., *Naming en Shaming in Het Contractenrecht? Het Reputatie-effect Van Schadevergoedingen Tussen Ondernemingen*, in Van Boom, Giesen & Verheij, *Gedrag en Privaatrecht*, *over Gedragspresumpties en Gedragseffecten Bij Privaatrechtelijke Vraagstukken*, Boom Juridische

Uitgevers, 2013, p. 153 – 180.

58. Karen Stabiner, *Private Eyes in the Grocery Aisles*, N. Y. TIMES, (Apr. 4, 2015).

59. Kathryn A. Boys et al., *The Food Safety Modernization Act: Implications for U. S. Small Scale Farms*, 41 Am. J. L. & Med. 395 (2015); Kathryn, *A Boys*, *Food Product Liability Insurance: Implications for the Marketing of Specialty Crops*, Choices Mag., 4th Q. (2013).

60. Kathryn A. Boys et al., The Food Safety Modernization Act, supra note 20, at 397, 400.

61. Kathryn Zeiler, Charles Silver, Bernard Black, David A. Hyman & William M. Sage, *Physicians' Insurance Limits and Malpractice Payments: Evidence from Texas Closed Claims*, 1990 – 2003, 36 J. Legal Stud. S10 (2007).

62. KEETON & WIDISS, supra note 13, § 6. 3 at 629 – 30.

63. Kenneth S. Abraham, *Four Conceptions of Insurance*, 161 U. Pa. L. Rev. 653 (2013).

64. Kevin S. Murphy et al., *Does Mandatory Food Safety Training and Certification for Restaurant Employees Improve Inspection Outcomes?*, 30 Int'l J. Hosp. Mgmt. 150, 151 (2011).

65. Kim Jo Dene Donat, *Engineering Akerlof Lemons: Information Asymmetry, Externalities, and Market Intervention in the Genetically Modified Food Market*, 12 Minn. J. Global Trade 2 (2003).

66. Kristin Choo, *Hungry for Change*, 95 A. B. A. J. 56 (2009).

67. Laura Green Brown et al., *Frequency of Inadequate Chicken Cross – Contamination Prevention and Cooking Practices in Restaurants*, 76 J. Food Protection 2141 (2013).

68. Leicester Brown, *Who Will Feed China*, 9 World Watch 10 (1994).

69. Loss Control, Hartford (Feb. 12, 2019), http://www.thehartford.com/business/product/losscontrol.

70. Lynne Terry, *A Game of Chicken: USDA Repeatedly Blinked When Facing Salmonella Outbreaks Involving Foster Farms*, Oregonllve Com (May 1, 2015).

71. Mariano-Florentino Cuellar, *Modeling Partial Agency Autonomy in Public - Health Policymaking*, 15 The Oretical Inquiries In L . 471, 490 (2014).

72. Mark Armstrong & Steffen Huck, *Behavioral Economics as Applied to Firms: A Primer*, 6 Competition Pol'y Int'l 3 (2010).

73. Matteo Ferrari, *Risk Perception, Culture and Legal Change: A Comparative Study on Food Safety in the Wake of the Mad Cow Crisis*, Cambridge University Press, 2009, p. 89.

74. Multistate Outbreak of Listeriosis Linked to Commercially Produced, *Prepackaged Caramel Apples Made from Bidart Bros.* Apples (Final Update), CTRS. For Disease Control & Prevention (Feb. 12, 2015), http://www.cdc.gov/listeria/outbreaks/caramel - apples - 12 - 14/index.html.

75. Neal D. Fortin, *Food Regulation: Law, Science, Policy, and Practice*, 2nd edition, Wiley, 2017, p. 431.

76. News Release, World Health Org., *World Health Day* 2015: *From Farm to Plate, Make Food Safe* (Apr. 2, 2015).

77. Omri Ben - Shahar & Kyle D. Logue, *Outsourcing Regulation: How Insurance Reduce Moral Hazard*, 111 Michigan Law Review 197 (2012).

78. Peter Lawrence, *Negotiation of a Protocol on Liability and Compensation for Damage Resulting from Transboundary Movements of Hazardous Wastes and Their Disposal*, 7 Review of European Community and International Environmental 249 (2002).

79. Peter Siegelman, *Adverse Selection in Insurance Markets: An Exaggerated Threat*, 113 Yale L. J. 1241 (2004).

80. Phil Rothenberg. *Japan's New Product Liability Law: Achieving*

Modest Success, *Law and Policy in International Business*, 2000, p. 453.

81. Progressive and Lo Jack *Offering Discount on Comprehensive Insurance and Stolen Vehicle Recovery System*, Respectively, the Auto Channel, http://www.theautochannel.com/news/2007/03/06/039261.html.

82. Proposal in Response to 12th Five - Year Plan for Development of Agricultural Science and Technology, (Dec. 30, 2011).

83. Pub. L. No. 59 - 384, 34 Stat. 768 (1906).

84. Reuben Hasson, *Subrogation in Insurance Law—A Critical Evaluation*, 5 Oxford Journal of Legal Studies 416 (1985).

85. Richard A. Merrill & Jeffrey K. Francer, *Organizing Federal Food Safety Regulation*, 31 Seton Hall L. Rev. 61, 100 - 02 (2000).

86. Robert D. Cooter, *Punitive Damages*, *Social Norms*, *and Economic Analysis*, 60 L. & Contemp. Probs. 73 (1997).

87. Robert E. Keeton & Alan I. Widiss, *Insurance Law: A Guide To Fundamental Principles*, *Legal Doctrines*, *And Commercial Practices*, West Publishing Co., 1988, p. 219.

88. Robert L. Scharff, *Economic Burden from Health Losses Due to Foodborne Illness in the United States*, 75 J. Food Protection 123 (2012).

89. Roberto A. Ferdman, *The Decline of the Small American Family Farm in One Chart*, Wash. Post, (Sept. 16, 2014).

90. Ronald Adams, *Fast Food*, *Obesity*, *and Tort Reform: An Examination of Industry Responsibility for Public Health*, 110 Business and Society Review 297 (2005).

91. Rosenbaum D., *Food Safety Partners*, *Northbrook IL*, Personal Conversation, July, 1998.

92. Schwarcz, supra note 58, at 1400.

93. Shavell, supra note 152, at 175.

94. Sheila A. Smith, *Intimate Rivals*, *Chapter 5: Food Safety*, Columbia University Press, p. 162 (2015).

95. Sommarat Chantarat, Andrew G. Mude, Christopher B. Barrett &

Calum G. Turvey, *Welfare Impacts of Index Insurance in the Presence of a Poverty Trap*, World Development, 2017.

96. *South Africa – Republic of Agricultural Biotechnology Annual, Global Agricultural Information Network Report*, USDA Foreign Agricultural Service, (Dec. 8, 2013).

97. Statement of J. Robert Hunter, *Director of Insurance, Consumer Federation of America, Before the Task Force on Long Term Solutions for Florida's Hurricane Insurance Market*, http://www.myfloridacfo.com/pressoffice/documents/retrievedocument.asp? documentid = %7B2fd42ddc – fc35 – 4380 – a 45e – 2649e354aa15%7D, (Jan. 26, 2021).

98. Stephanie Armour et al., *Food Sickens Millions as Company – Paid Checks Find It Safe*, Bloomberg Markets, (Oct. 11, 2012).

99. Stephanie Strom, *Perdue Sharply Cuts Antibiotic Use in Chickens and Jabs at Its Rivals*, N. Y. Times (Jul. 31, 2015).

100. Steven Shavell, *Minimum Asset Requirements and Compulsory Liability Insurance as Solutions to the Judgment – Proof Problem*, 36 Rand J. Econ p. 63 (2005).

101. Steven Shavell, *On the Social Function and Regulation of Liability Insurance*, 25 Geneva Papers on Risk & Ins. 166 (2000).

102. Susan A. Schneider, *Examining Food Safety from A Food Systems Perspective: The Need for A Holistic Approach*, Wisconsin Law Review, 2014, p. 398.

103. Susan A. Schneider, *Notes on Food Law: An Overview of the Food Safety Modernization Act*, 44 Ark. L. Notes 39 (2011).

104. Susan K. Laury & Melayne Morgan Mclnnes, *The Impact of Insurance Prices on Decision Making Biases: An Experimental Analysis*, 70 J. Risk & Ins. 219 (2003).

105. Susan Miles & Victoria Scaife, *Optimistic Bias and Food*, 16 Nutrition Res. Revs. 3 (2003).

106. Tetty Havinga, *Private Regulation of Food Safety by*

Supermarkets, 28 Law & Policy, 515 (2006).

107. Tetty Havinga, *The Influence of Liability Law on Food Safety. On Preventive Effects of Liability Claims and Liability Insurance*, 2SSRN Electronic Journal, 24 (2012).

108. The terms Living Modified Organism (LMO) and Genetically Modified Organism (GMO) are Interchangeably Used in the Various International References.

109. Timothy D. Lytton & Lesley K. McAllister, *Oversight in Private Food Safety Auditing: Addressing Auditor Conflict of Interest*, Wis. L. Rev. 289 (2014).

110. Tom Baker, *Liability Insurance as Tort Regulation: Six Ways That Liability Insurance Shapes Tort Law in Action*, 12 Conn. Ins. L. J. 1 (2005).

111. Tom Baker, *On the Genealogy of Moral Hazard*, 75 Tex. L. Rev. 237 (1996).

112. Tom Baker & Sean J. Griffith, *The Missing Monitor in Corporate Governance: The Directors' & Officers' Liability Insurer*, 95 Geo. L. J. 1795 (2007).

113. Tom Baker & Thomas O. Farrish, *Liability Insurance and the Regulation of Firearms*, in Suing the Gun Industry, 292 (2005).

114. Top China Imports from the World (Feb. 20, 2018), http://www. worldsrichestcountries. com/top china imports. html.

115. U. S. Dep't of Agric., Office of Inspector Gen., Audit Report 50601 -0001 -23, USDA Controls over Shell Egg Inspections 11 - 13, 13 n. 42, 17 - 18 (2012).

116. U. S. Gov't Accountability Office, GAO - 15 - 290, High Risk Series: An Update 1, 262 - 66 (2015), http://www. gao. gov/assets/670/668415. pdf.

117. U. S. Gov't Accountability Office, GAO -05 -549T, Overseeing the U. S. Food Supply: Steps Should Be Taken to Reduce Overlapping

Inspections and Related Activities 21 (2005), http://www.gao.gov/products/GAO-05-549T [http://perma.cc/SF8P-7YNU].

118. U. S. Gov't Accounting Office, Food Safety: Selected Countries' Systems Can Offer Insights into Ensuring Import Safety and Responding to Foodborne Illness 2 (2008).

119. Van Dam, *Dutch Case Law on the EU Product Liability Directive*, in *Product Liability in Comparative Perspective*, Cambridge University Press, 2005, p. 126-137.

120. Victor P. Goldberg, *The Devil Made Me Do It: The Corporate Purchase of Insurance*, 5 Rev. L. & EcON. 541 (2009).

121. XuWei, *LiabilityInsurance Proposed for Food Industries*, China Daily, (Jul. 3, 2014).

